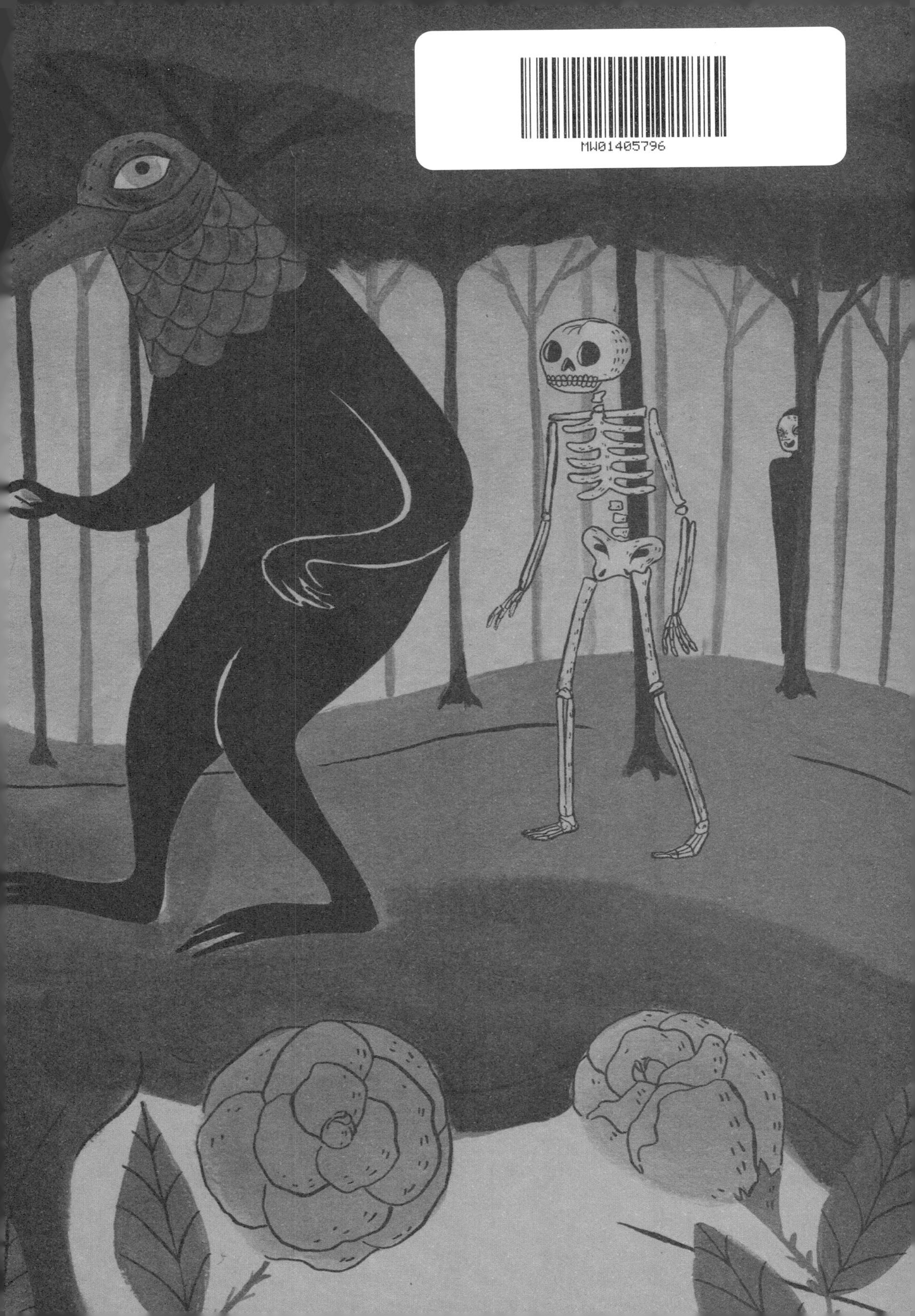

El miedo

El miedo

María Hesse

Lumen

A Boris, tú que te asomaste al bosque tenebroso de mi mente y decidiste cogerme de la mano y sentarte a mi lado

El bosque tenebroso de mi mente

Ven a darte un paseo
por el bosque tenebroso de mi mente
a ver si lo soportas,
a ver si no te asustas,
a ver si eres capaz
de ver lo que yo veo,
no apartes la mirada.
A ver si eres capaz de entender lo que yo sé.

Ven, asómate al abismo
del bosque tenebroso de mi mente,
mira lo que hay abajo,
restos de las batallas.
He tenido que luchar
hasta caer exhausta
y a veces he perdido.
Hoy te quiero enumerar las batallas que gané.

Lorena Álvarez

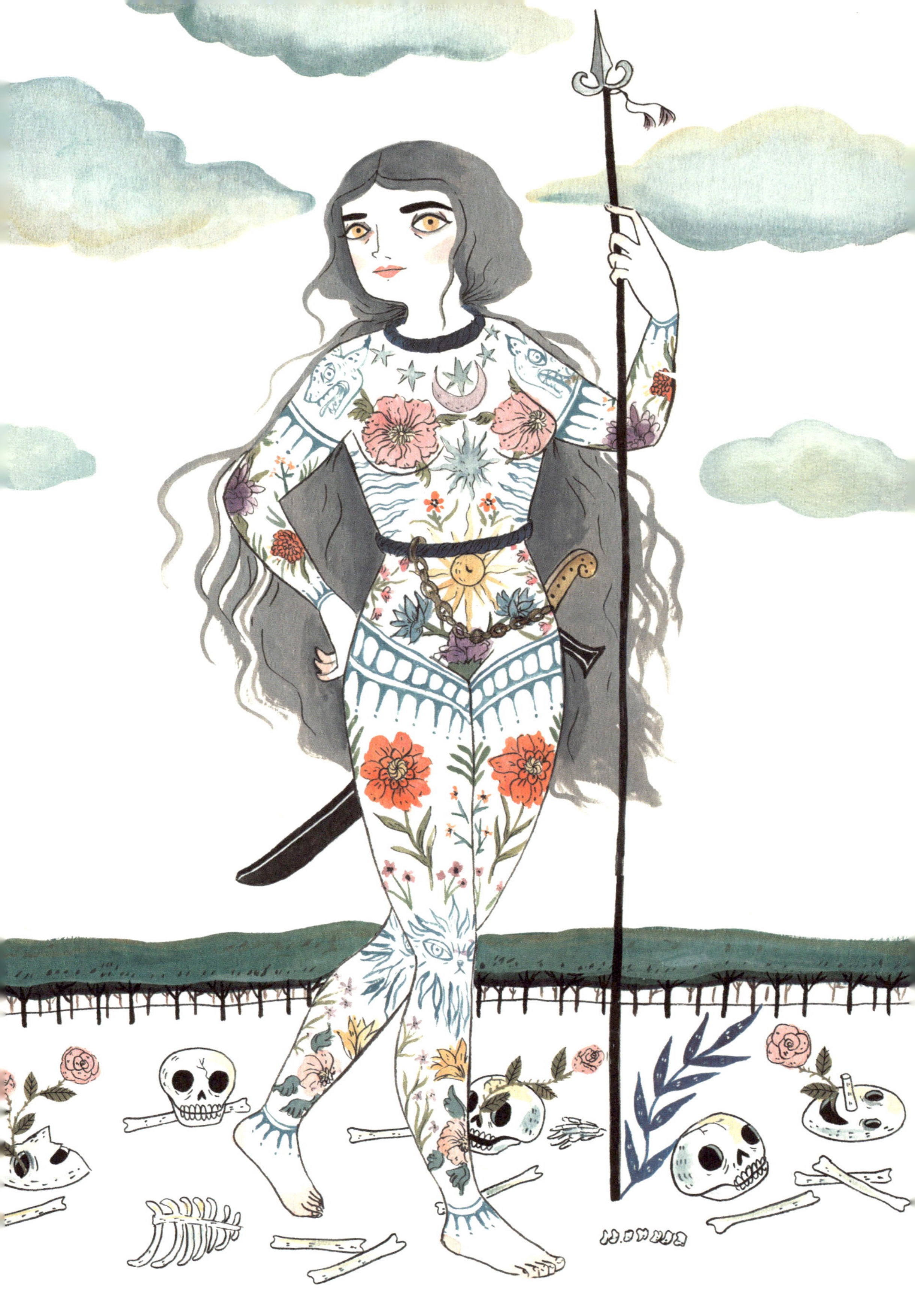

Hurgando en la Herida

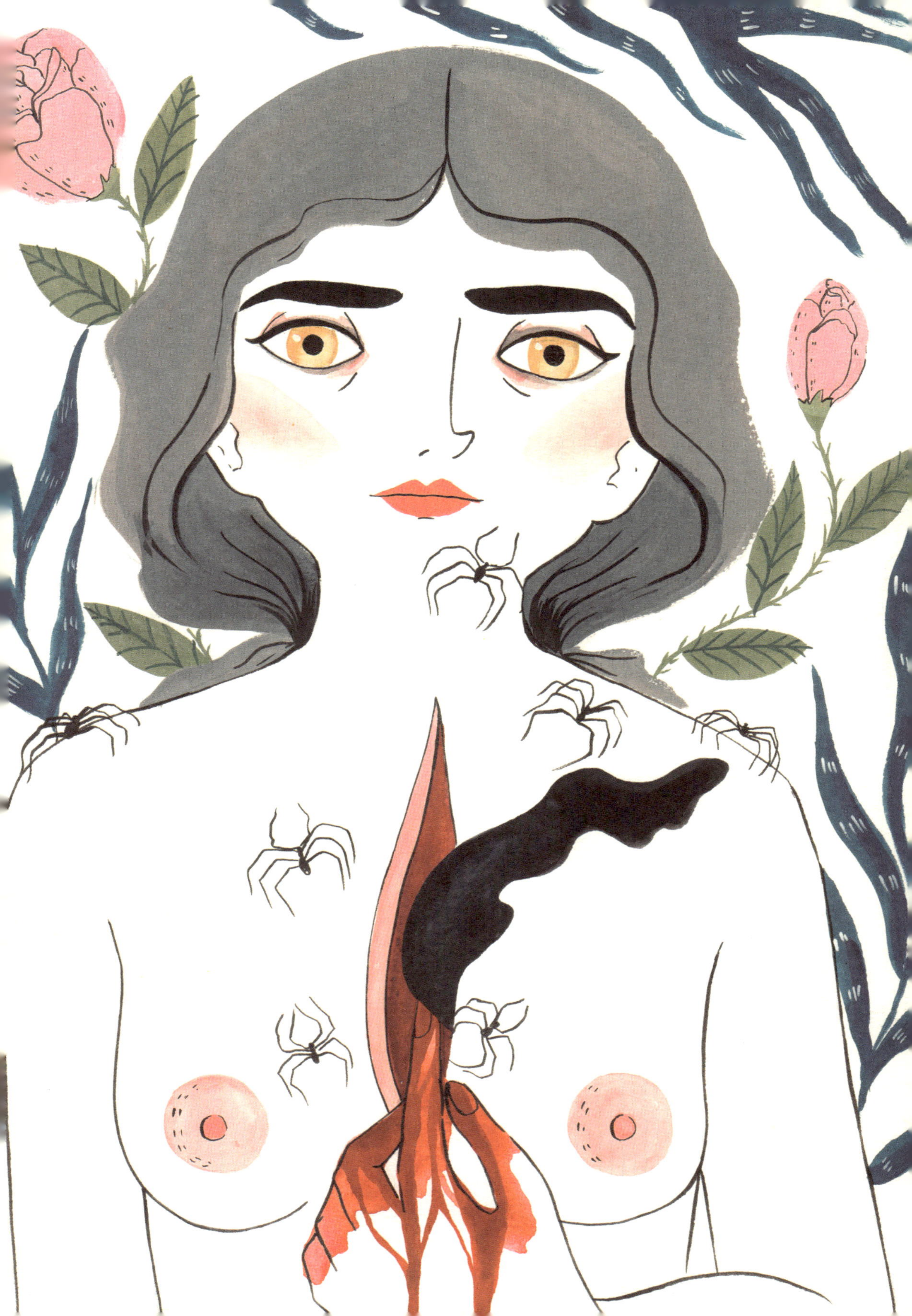

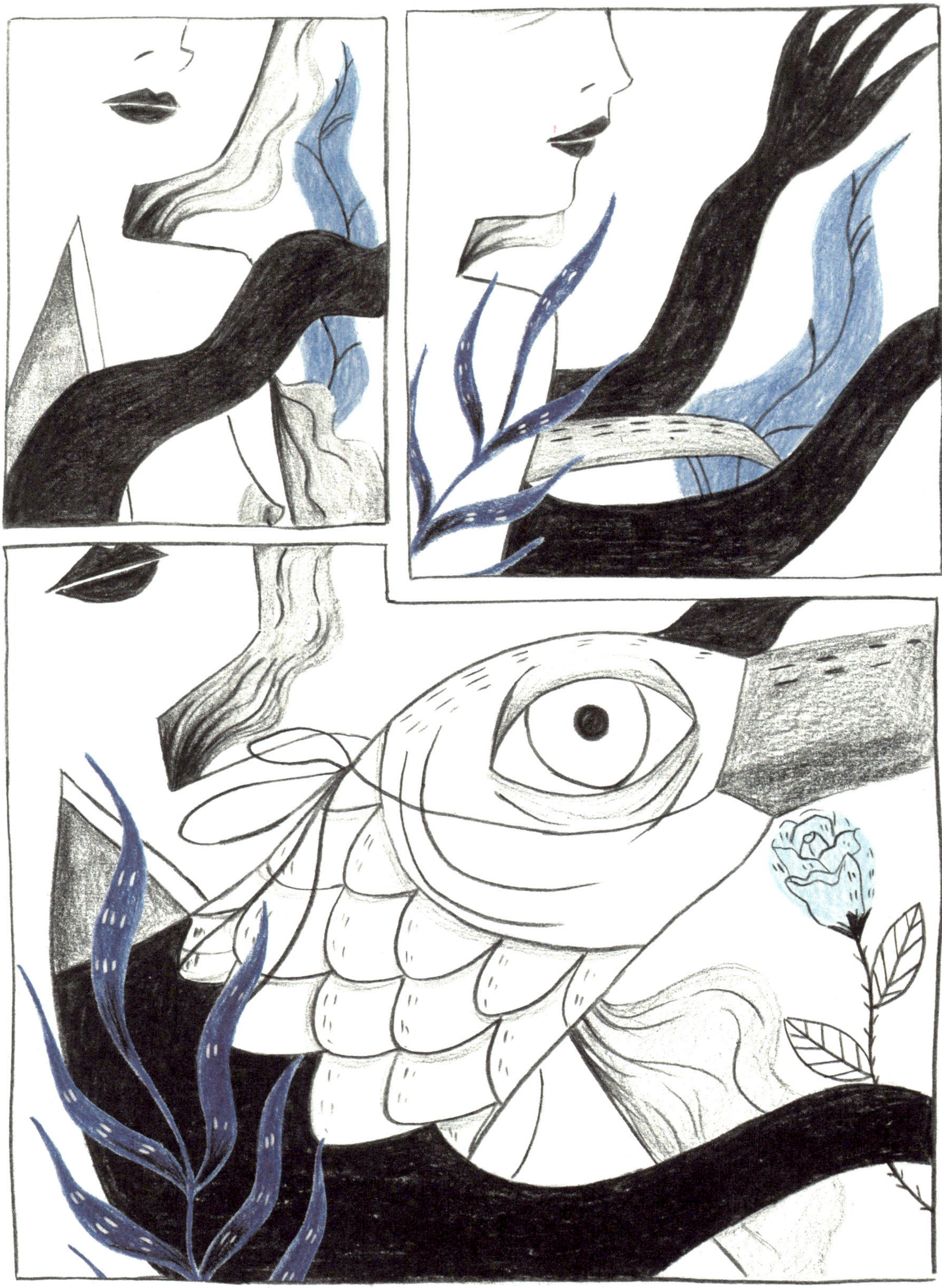

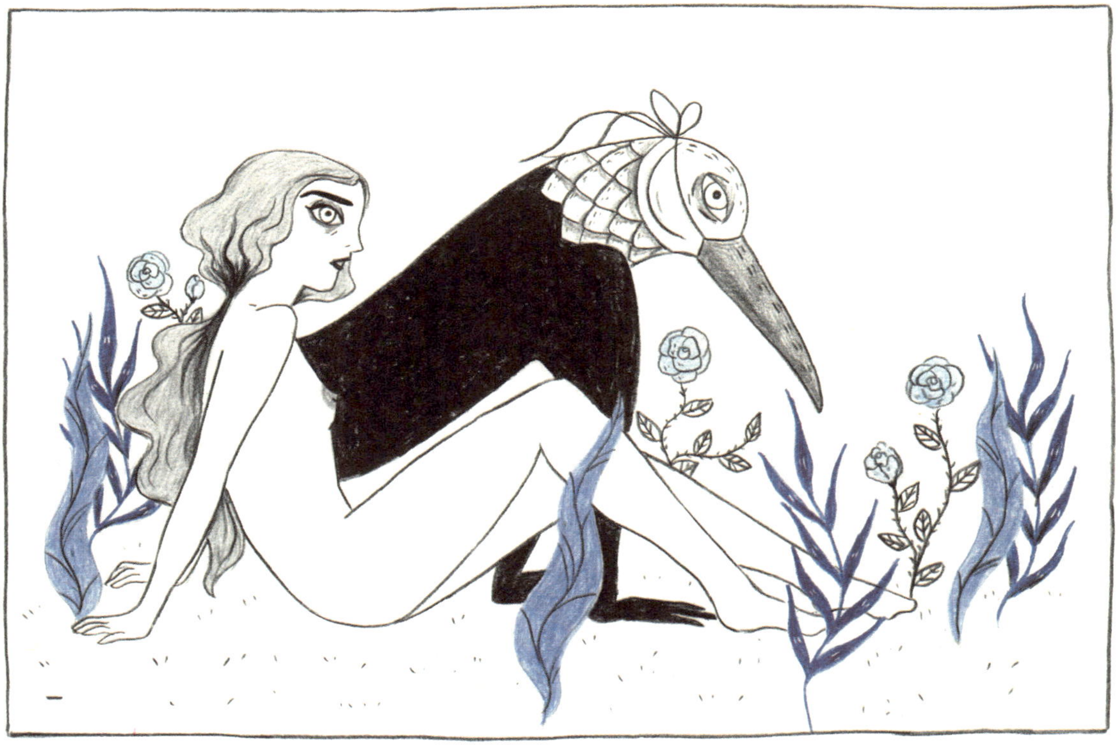

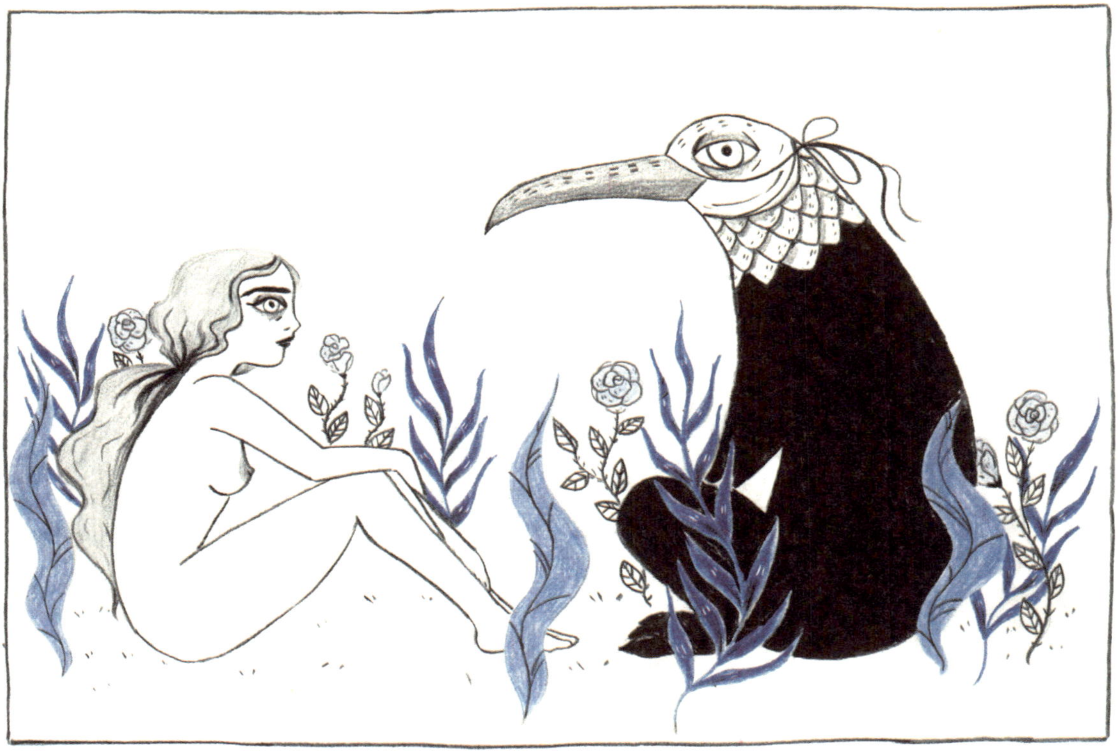

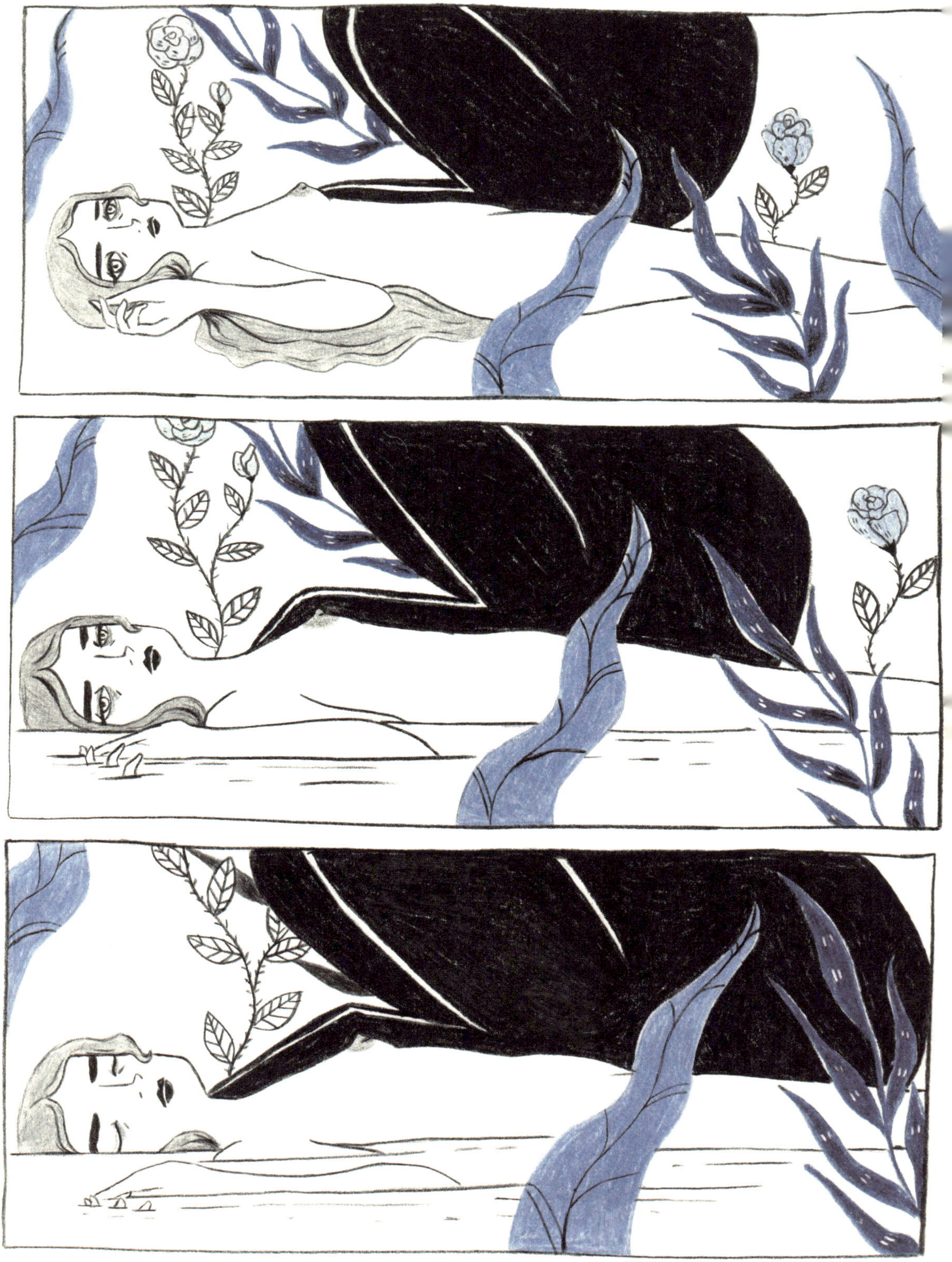

Siempre había estado ahí dentro, agazapado, cortándome a ratos la respiración, un ardor de estómago, nada importante. Un soplo cardiaco, prolapso de la válvula mitral, algo que no me impedía hacer una vida normal.

Pero un día se hizo tan grande que ya no cabía dentro de mi cuerpo. Abrió aquella herida invisible, la que había cicatrizado mal, o que tal vez ya estaba de nacimiento, y salió fuera, pero no para marcharse.

Se sienta encima de mí presionándome las costillas y el abdomen. A veces pesa tanto que solo quiero quedarme tirada en el suelo y desaparecer.

Aunque la mayor parte del tiempo he aprendido a convivir con ese ser viscoso, que no es uno solo. Incluso he aprendido a mirarlo a la cara. A todas sus caras.

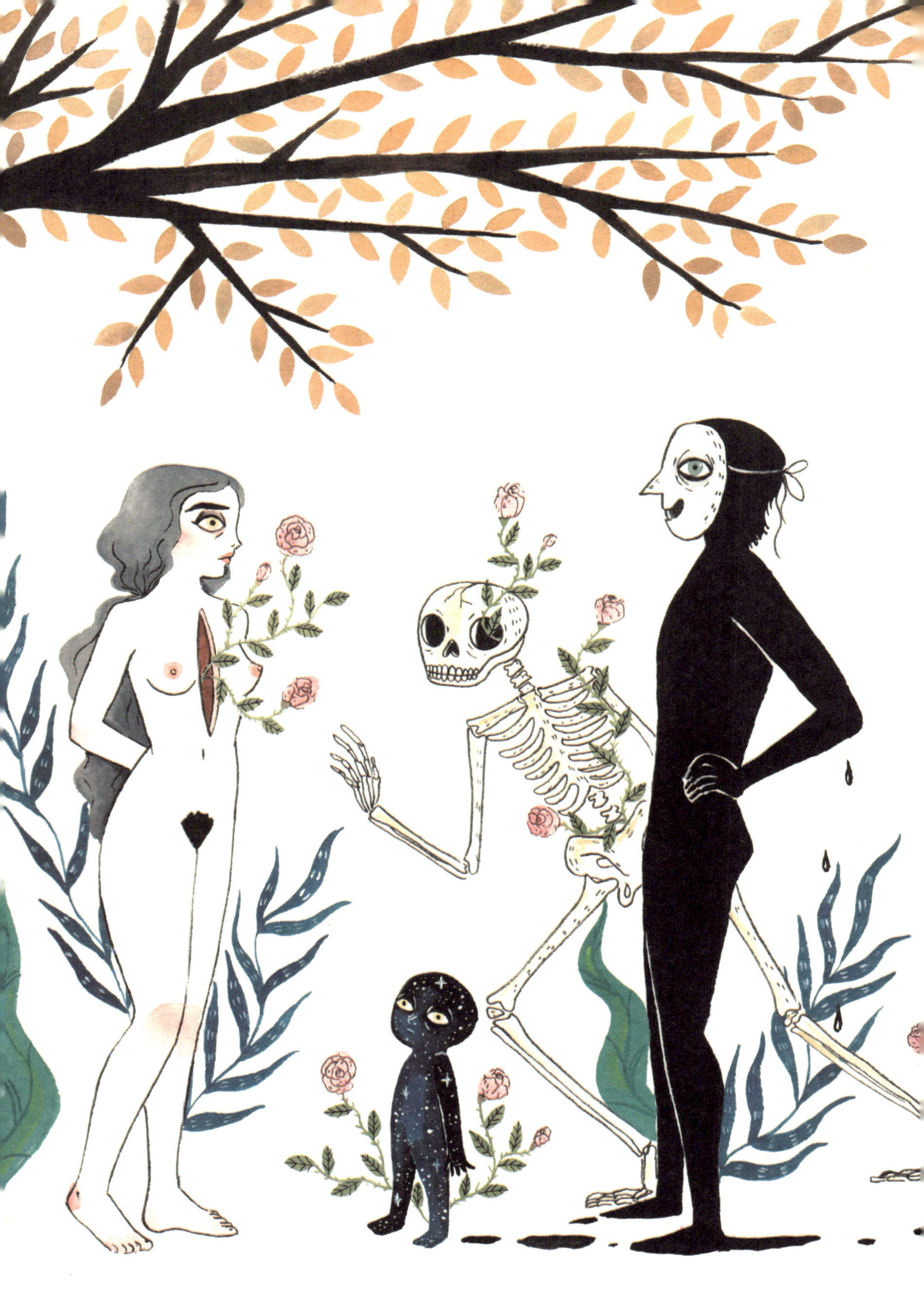

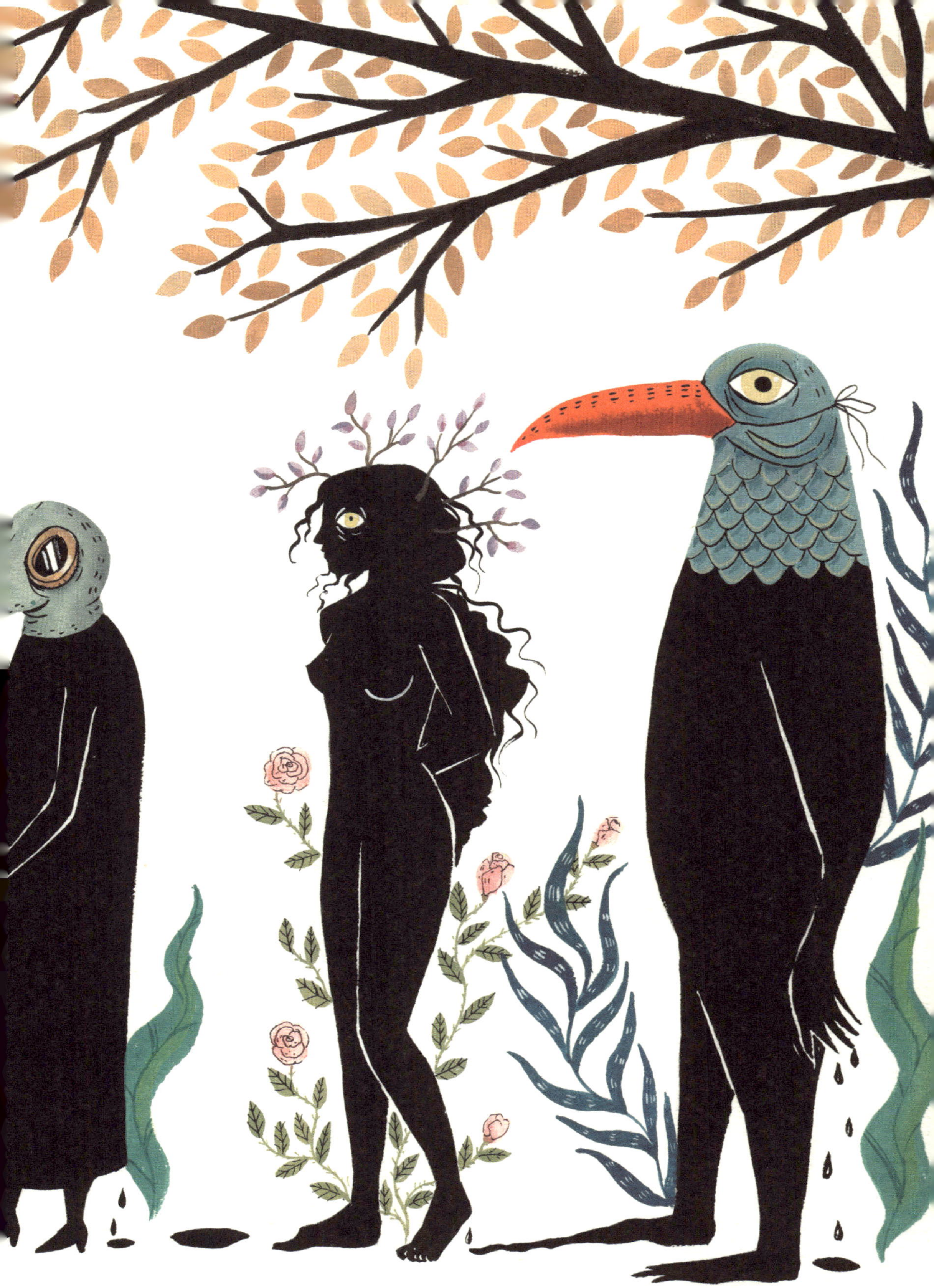

CHICA-PELÍCANO SOBREVOLANDO EL MIEDO

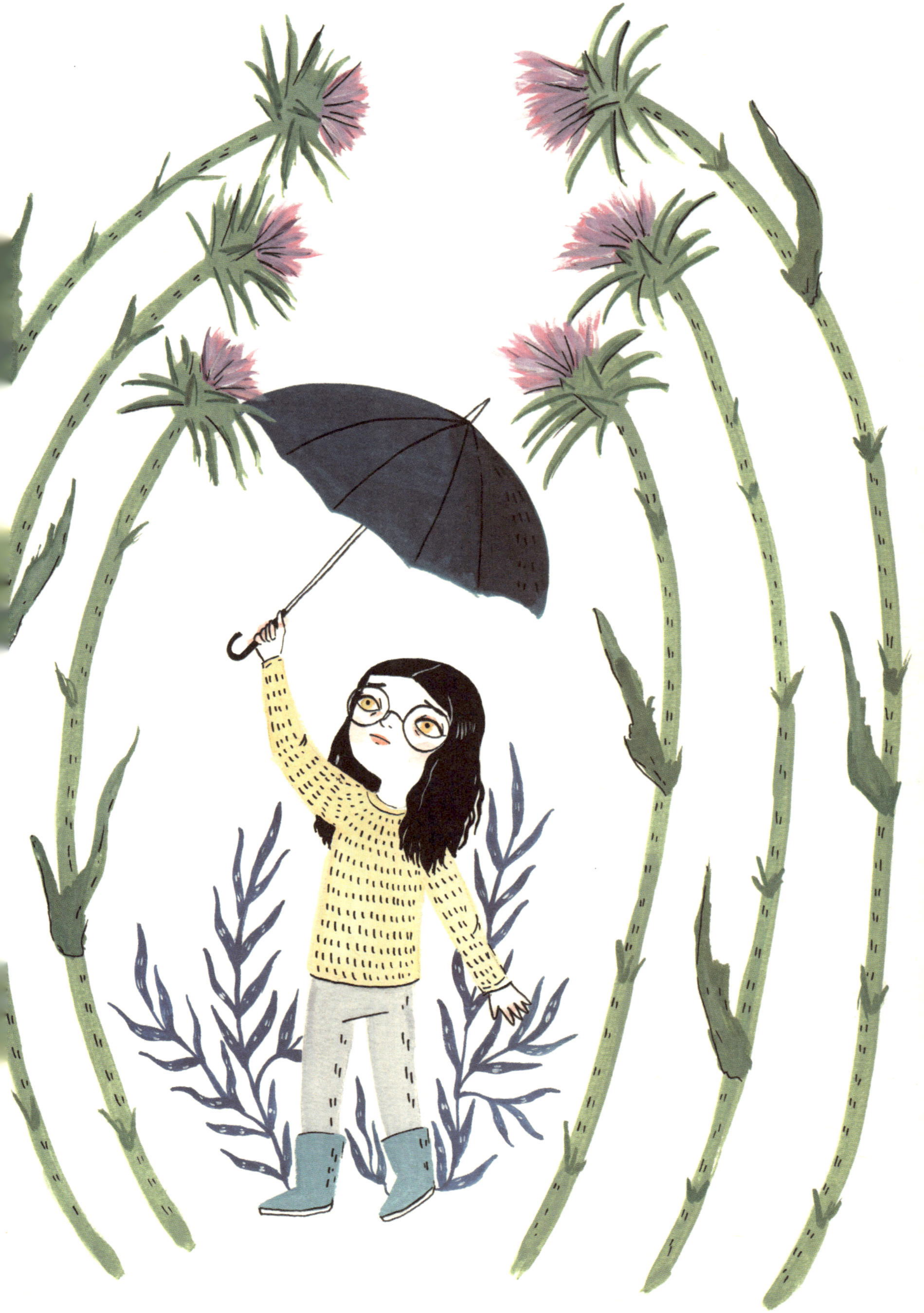

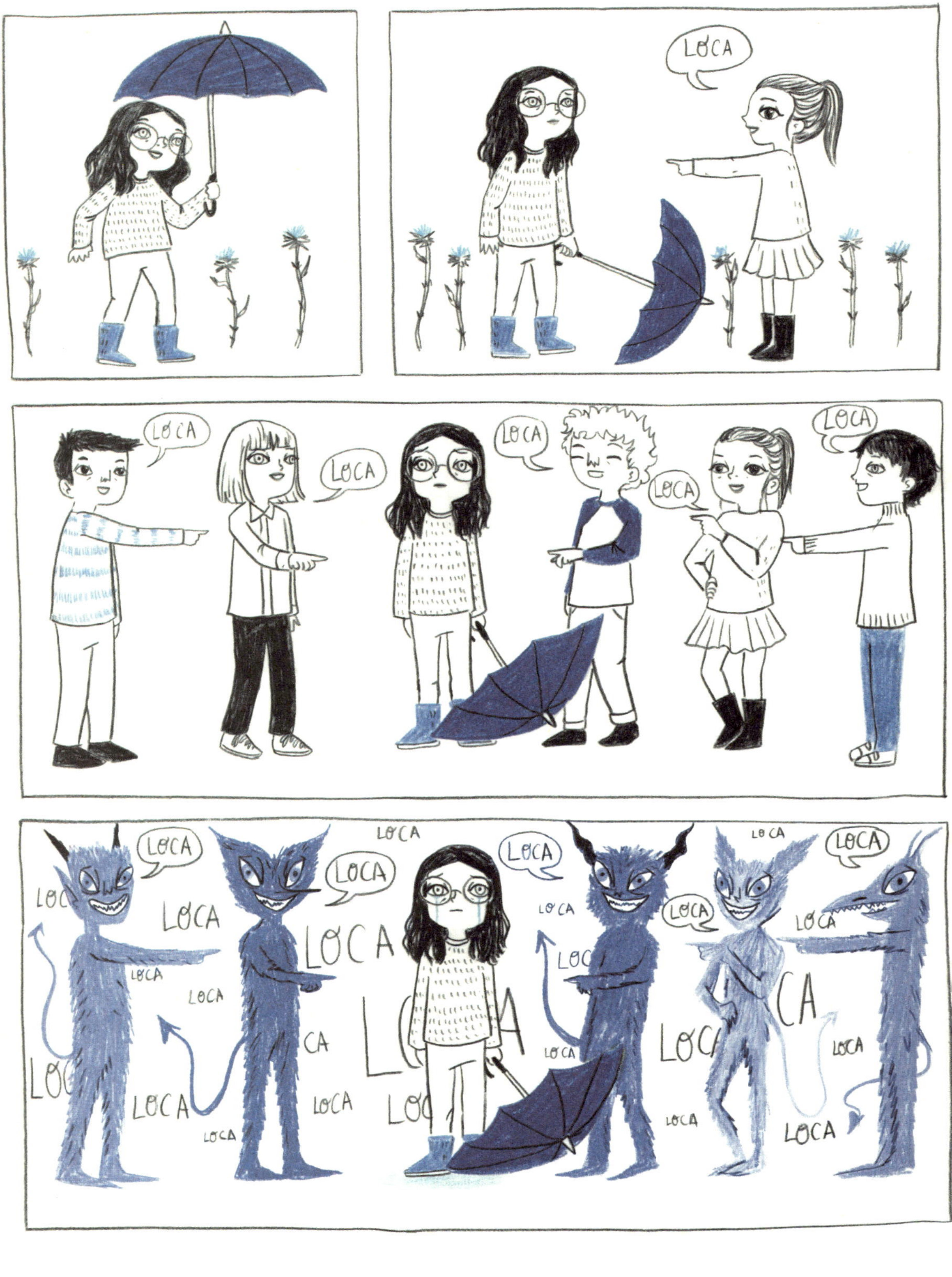

LOCA
LOCA
LOCA
LOCA
LOCA
LOCA
LOCA
LOCA
LOCA
LOCA
LOCA
LOCA
LOCA
LOCA
LOCA
LOCA
LOCA
LOCA
LOCA
LOCA
LOCA
LOCA
LOCA
LOCA

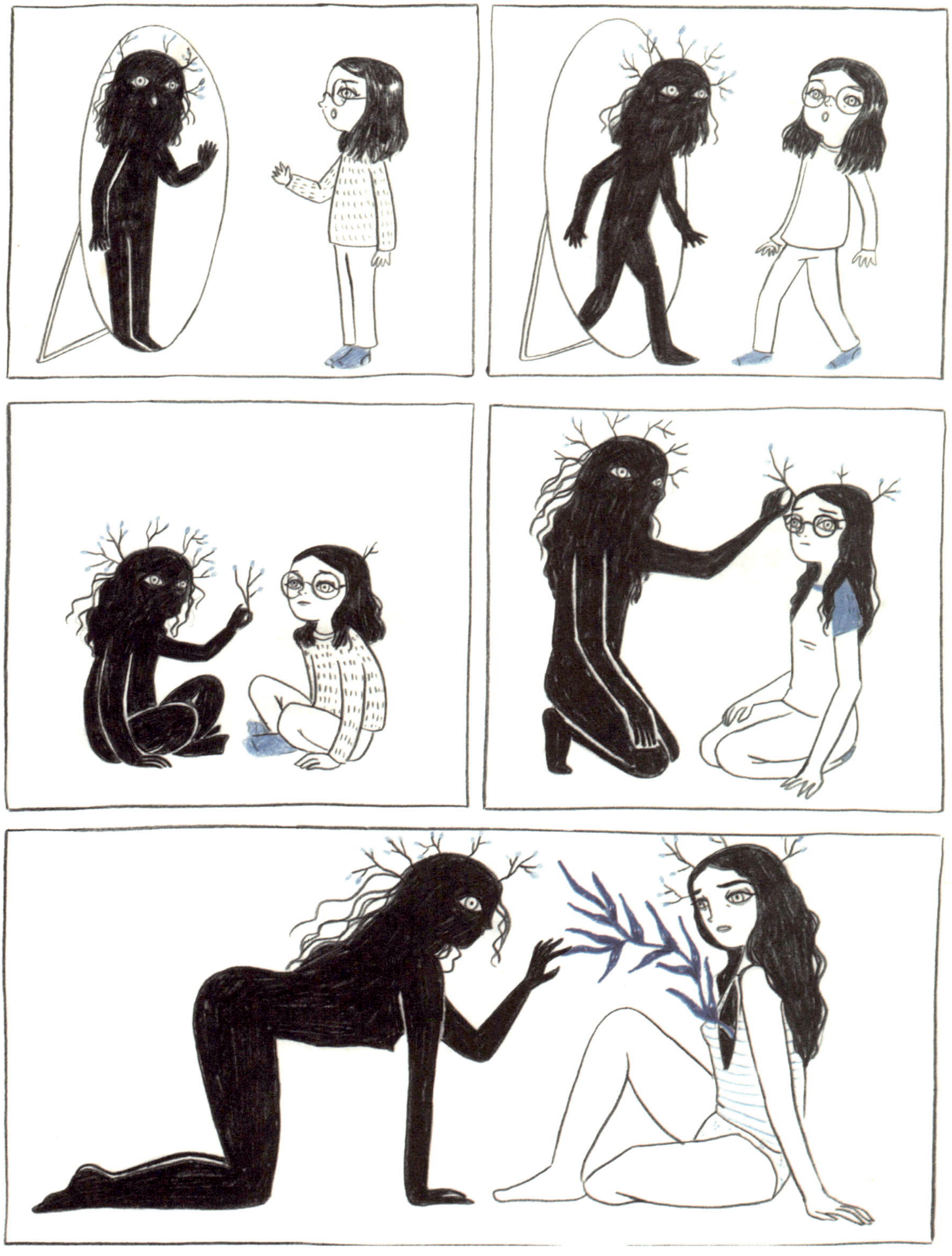

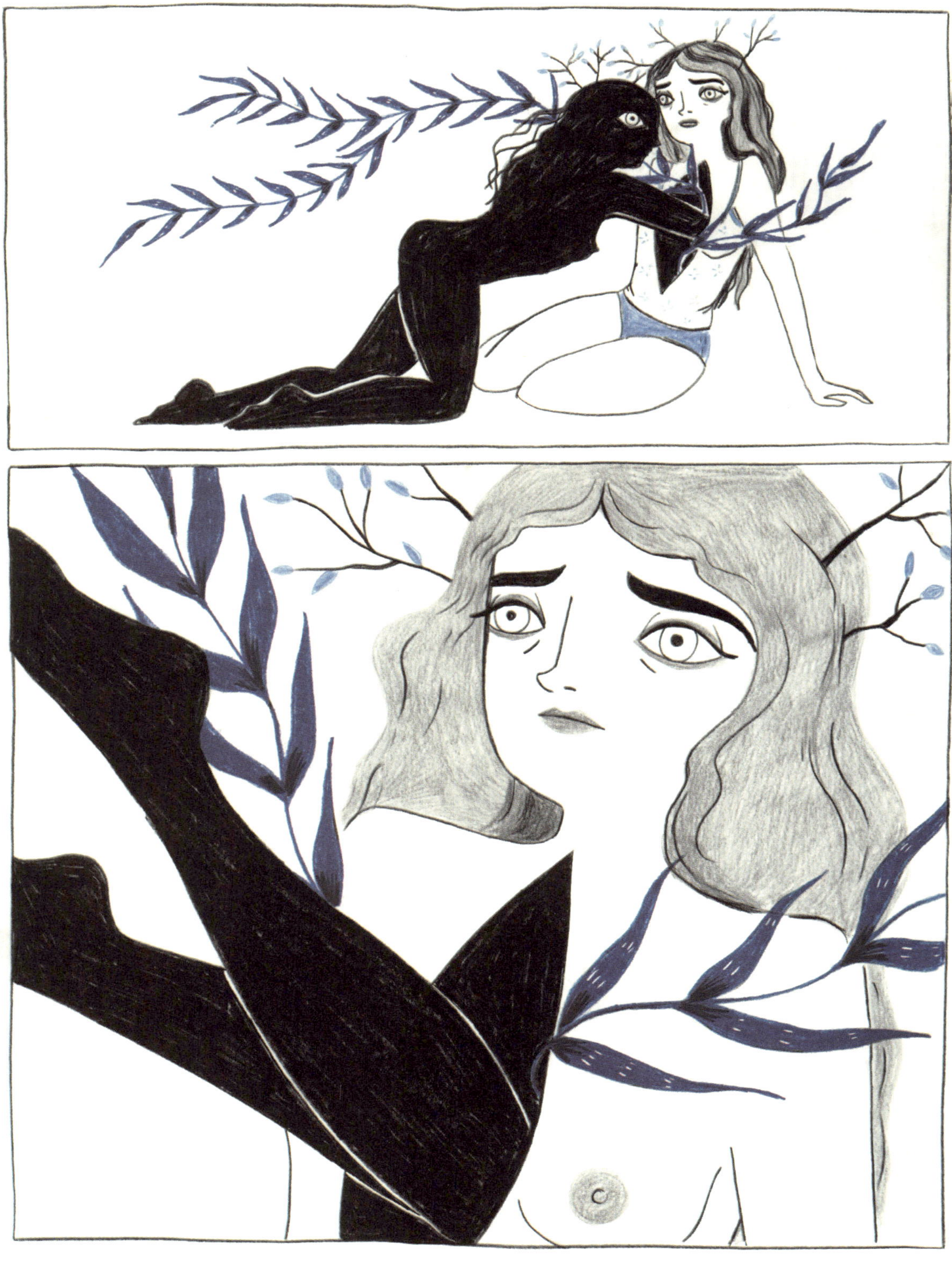

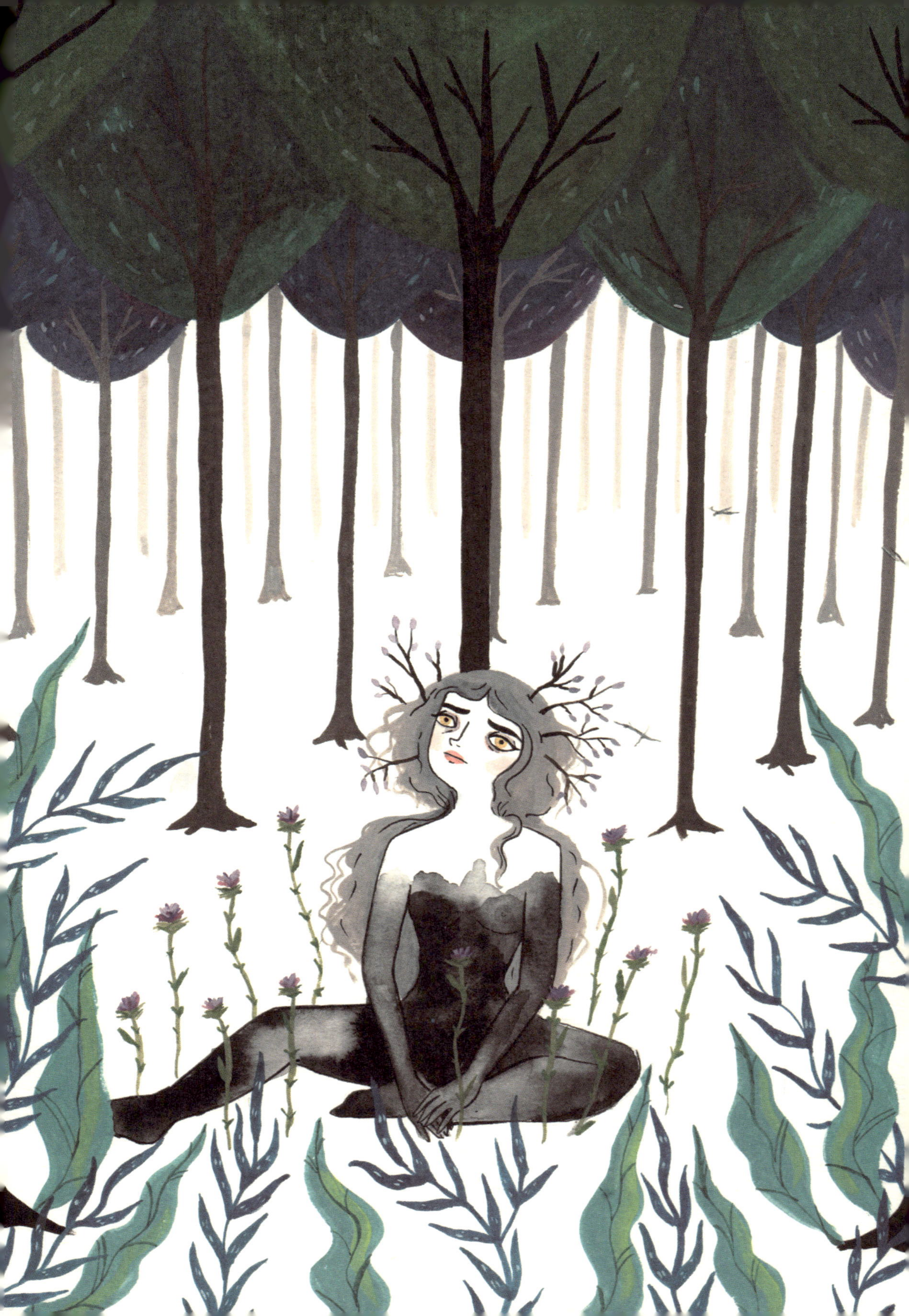

Qué chiquilla era yo entonces
qué cuerpo listo para ser abierto como una langosta
qué pueblito tan provinciano
qué cangrejo ermitaño en pos de más noble coraza
qué traqueteo de guijarros en la playa
qué nube de lluvia sobre el mar
qué poza de marea de subida y bajada

Qué ojeada eché a la eternidad y no se la devolví
en qué libro me compuse
qué estudio fugaz
brillante manchita de sangre
bolsas líquidas en fuga

Qué chica-pelícano sobrevolando el miedo
qué terrón de mica partiéndose
en diminutos espejos cortantes por los cuales
el eclipse del sol parecería normal
qué saco de huevos
qué frasco a la deriva
ansiando hundirse
ser encontrado
desencarnarse
qué masa de piernas difuminadas

Adrienne Rich

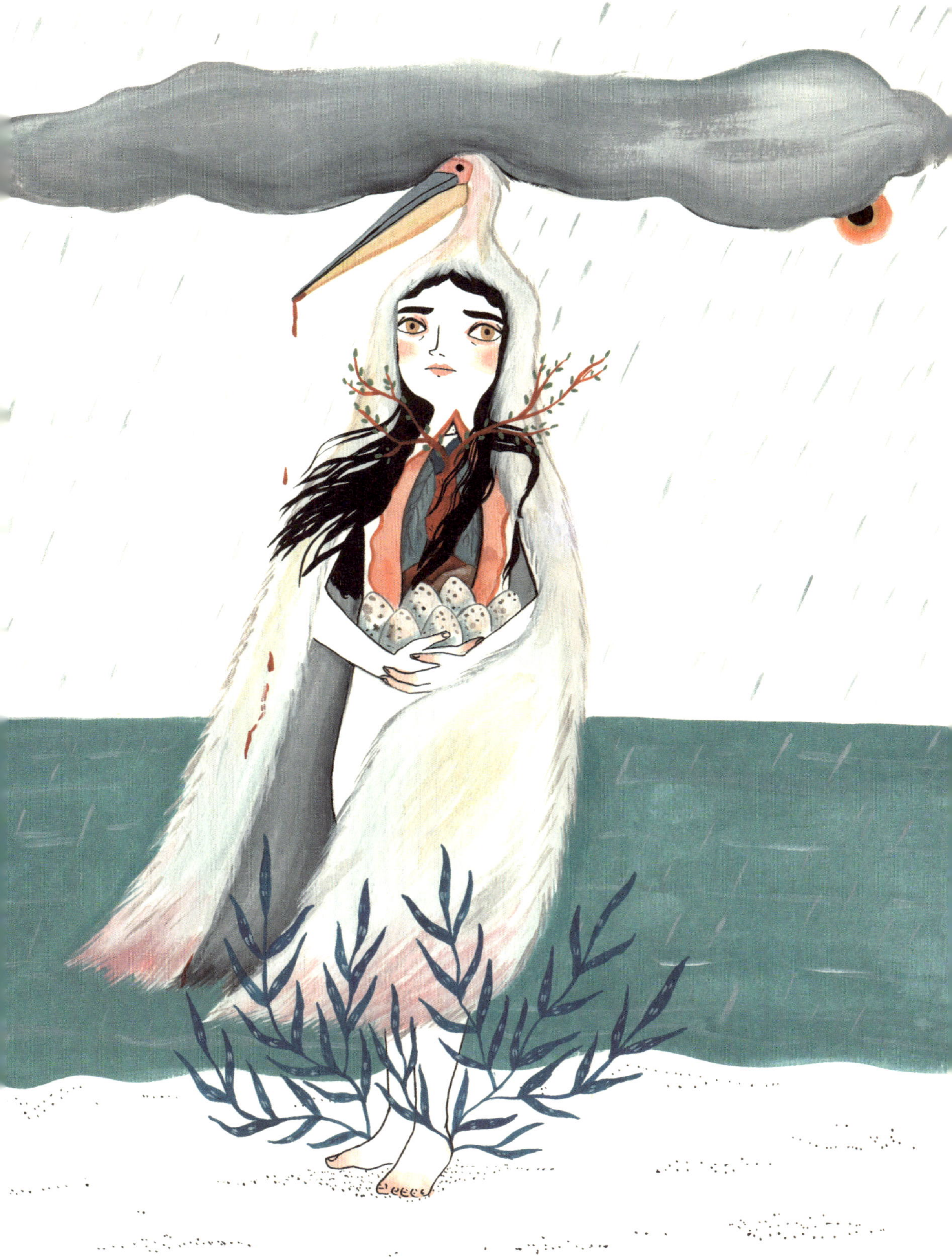

miedo
Del lat. *metus* 'temor'.
1. m. Angustia por un riesgo o daño real o imaginario.
2. m. Recelo o aprensión que alguien tiene de que le suceda algo contrario a lo que desea.

Dicen que hay miedos que se heredan y otros que aprendemos y que están ahí para protegernos, para prevenirnos ante alguna amenaza. Si una vez tocamos el fuego y nos quemamos, lo normal es que temamos volver a tocarlo.

Esos miedos no nos preocupan, los comprendemos, pero ¿de dónde vienen los otros, los que no entendemos, los que nos paralizan o nos crean tristeza y ansiedad? ¿Qué hacemos con ellos?

Algunas experiencias son tan traumáticas que la mente crea una guarida donde meterlas para que no campen por la memoria. Sin embargo, a veces asoman por una pequeña rendija, un tentáculo nos roza o nos aferra y tira de nosotros hacia abajo, y el sentimiento que provoca tiene tanta fuerza que nos reafirma en la idea de encerrarlo bajo doble llave.

Cuando siento un miedo que me parece irracional, me pregunto si brota de alguna de esas experiencias que aún andan en sus guaridas llenas de candados, y si no será mejor que su raíz permanezca allí oculta, no sea que al abrirse suceda como con Pandora y se desaten todos los males.

Pero esas raíces crecen como los baobabs y si no tienes cuidado acaban adueñándose de todo. Así, el bosque tenebroso de nuestra mente se va haciendo cada vez más oscuro, más denso, más lleno de peligros…

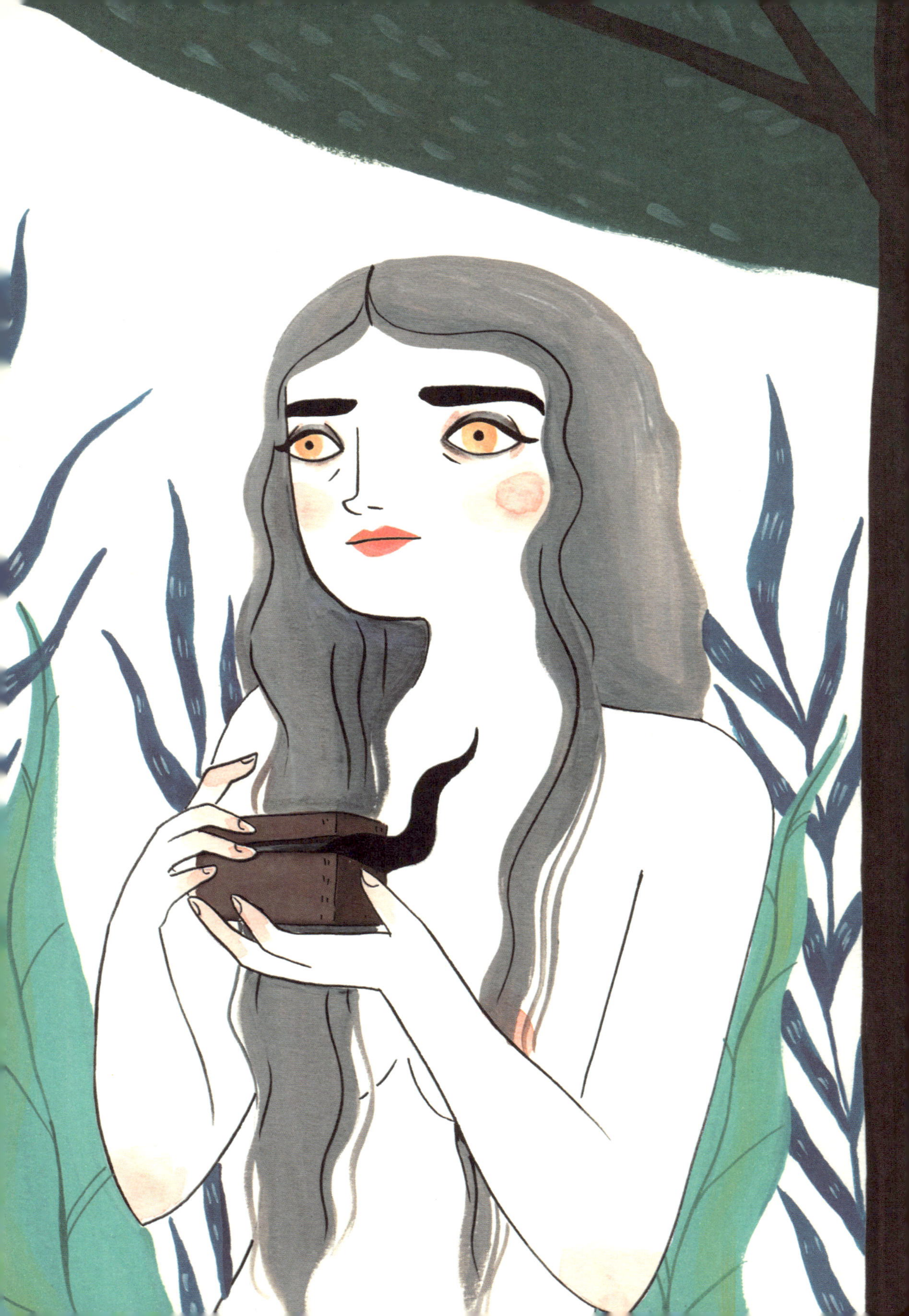

Cuesta no ceder al miedo. Yo quiero pensar que eso que decía Marie Curie es cierto, que «no hay que temer nada en la vida, solo comprenderlo», y que «es el momento de comprender más, para temer menos».

Así que he decidido entrar en el bosque muy despacio, vencer el miedo al miedo, resistir al impulso de hacerme un ovillo y cerrar los ojos para esconderme de los lobos. Quiero atravesarlo, como un personaje de cuento. Escapar de sus garras, incluso de su vientre, igual que Caperucita o Hansel y Gretel. Plantarles cara para que no corten, porque, como le pasó a la Bella Durmiente, los husos de las ruecas conservan el filo detrás de las puertas cerradas.

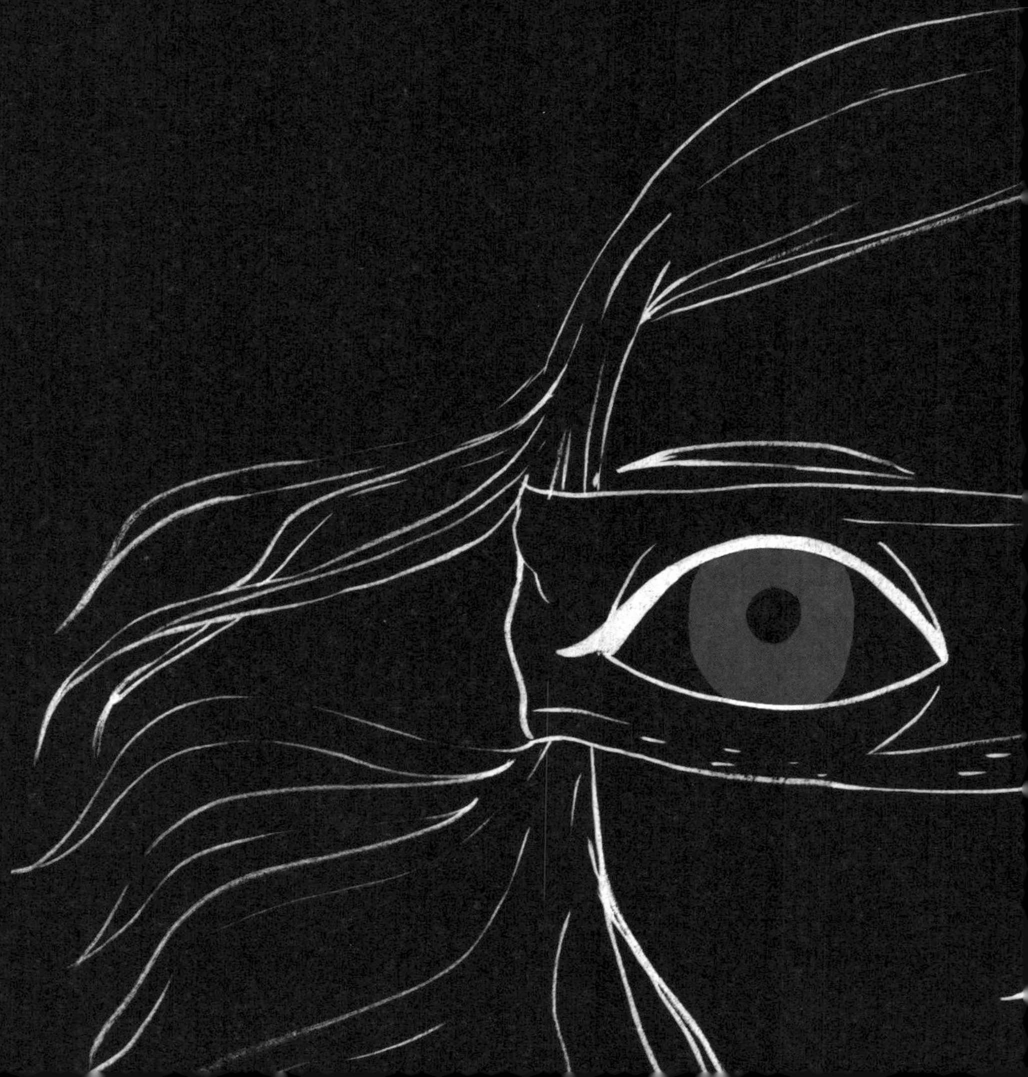

Me quedo de pie frente a la linde, escuchando los aullidos entre las sombras y cogiendo fuerzas. El primer paso para cruzar el bosque es saber dónde empieza.

¿Cuándo comencé a tener miedo? ¿Cuál fue mi primer temor? ¿Lo recuerdo? Cuando era muy niña, tuve que vivir unos meses tumbada y completamente a ciegas. Iban a someterme a una operación de cataratas por traumatismo, y antes de introducir la lente que haría las funciones del cristalino había que esperar a que el ojo dejara de sangrar por dentro. Ese podría haber sido mi primer momento de pánico, pero no lo fue: mi madre estuvo a mi lado, hizo que me sintiera segura.

Luego creces y caminas sola… y los miedos van asomando entre las hojas.

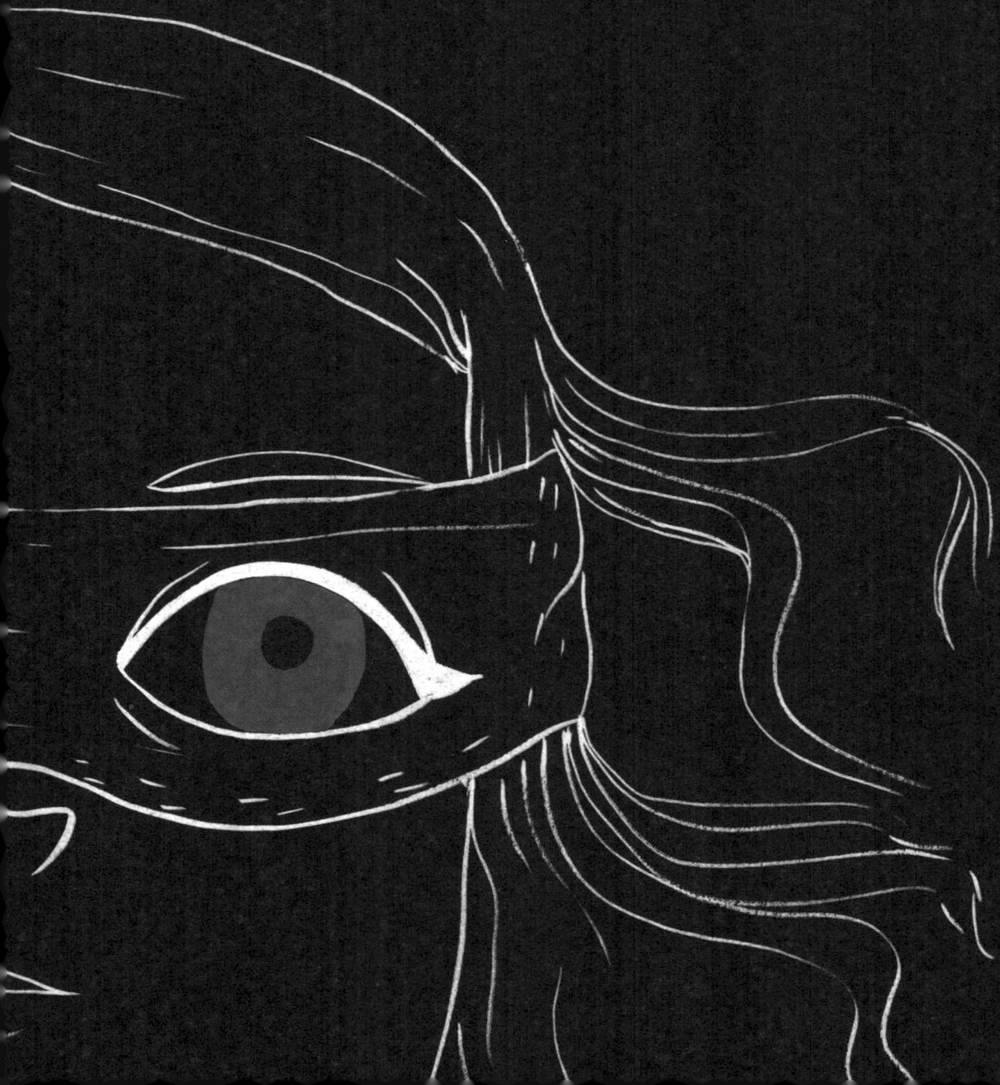

A mí me acechan muchos miedos y sé que al menos dos de ellos, la soledad y la enfermedad mental, nacieron en el mismo instante.

Fue un día concreto, en un colegio nuevo, cuando una niña decidió que era gracioso llamarme «loca». Los demás la imitaron y esa etiqueta se quedó conmigo semanas, meses, años… toda la primaria. Nadie quiere ser amigo de la loca, así que, además de loca, me sentí sola. La espina se clavó tan hondo que se fue filtrando en mi interior y creí que a lo mejor era cierto, y el miedo a estar loca sembró también el miedo a quedarme sola toda la vida.

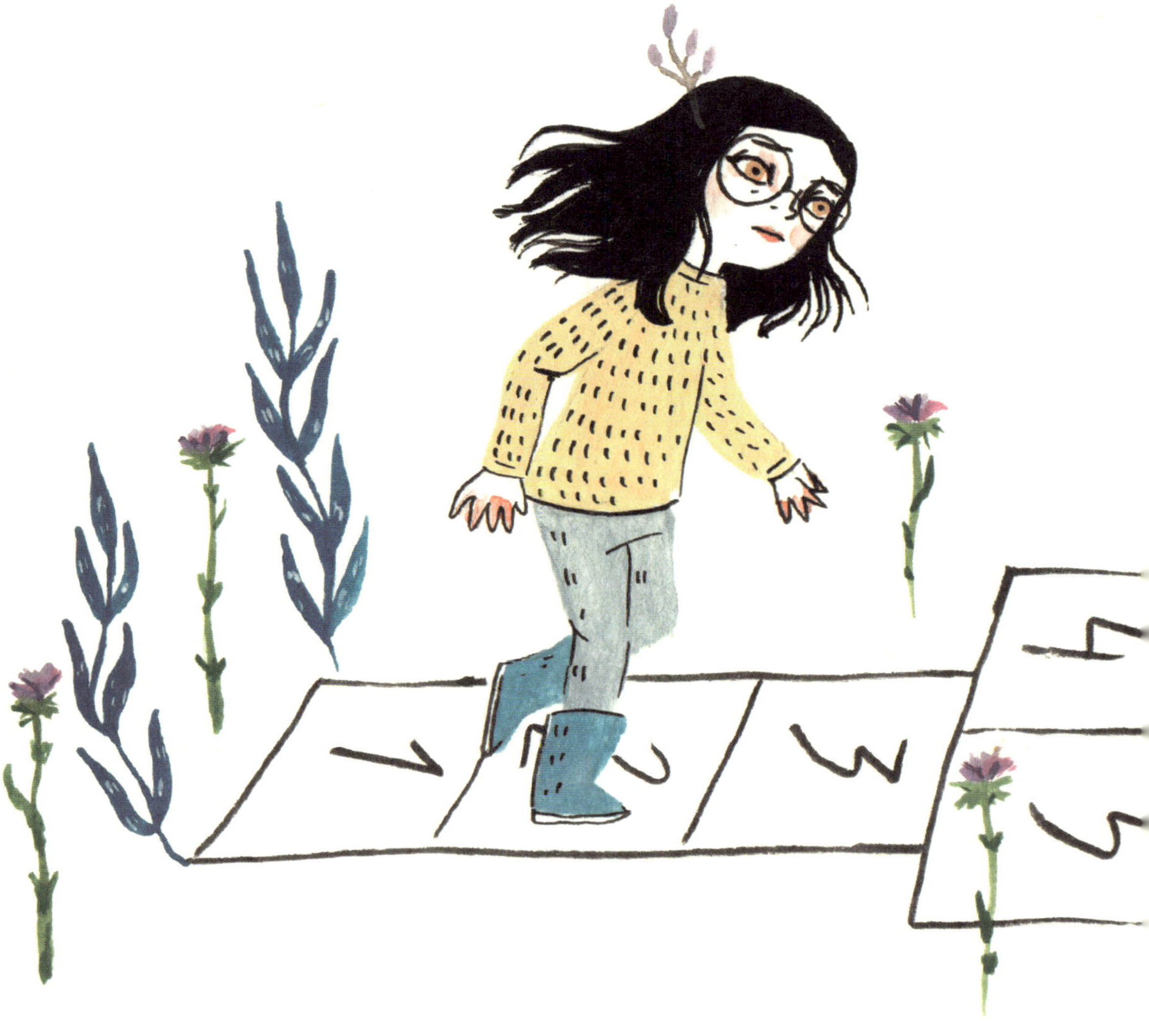

Aun así, nunca hice un gran esfuerzo por encajar dentro del otro grupo, el grande, el que insultaba. A mí me gustaba leer, dibujar y estar en mi mundo, y se me daban mal los deportes. Aunque me eligieran la última para hacer equipos en educación física, no entrené ni intenté que se me dieran mejor. En cambio, sentí que ser de las raras no estaba tan mal.

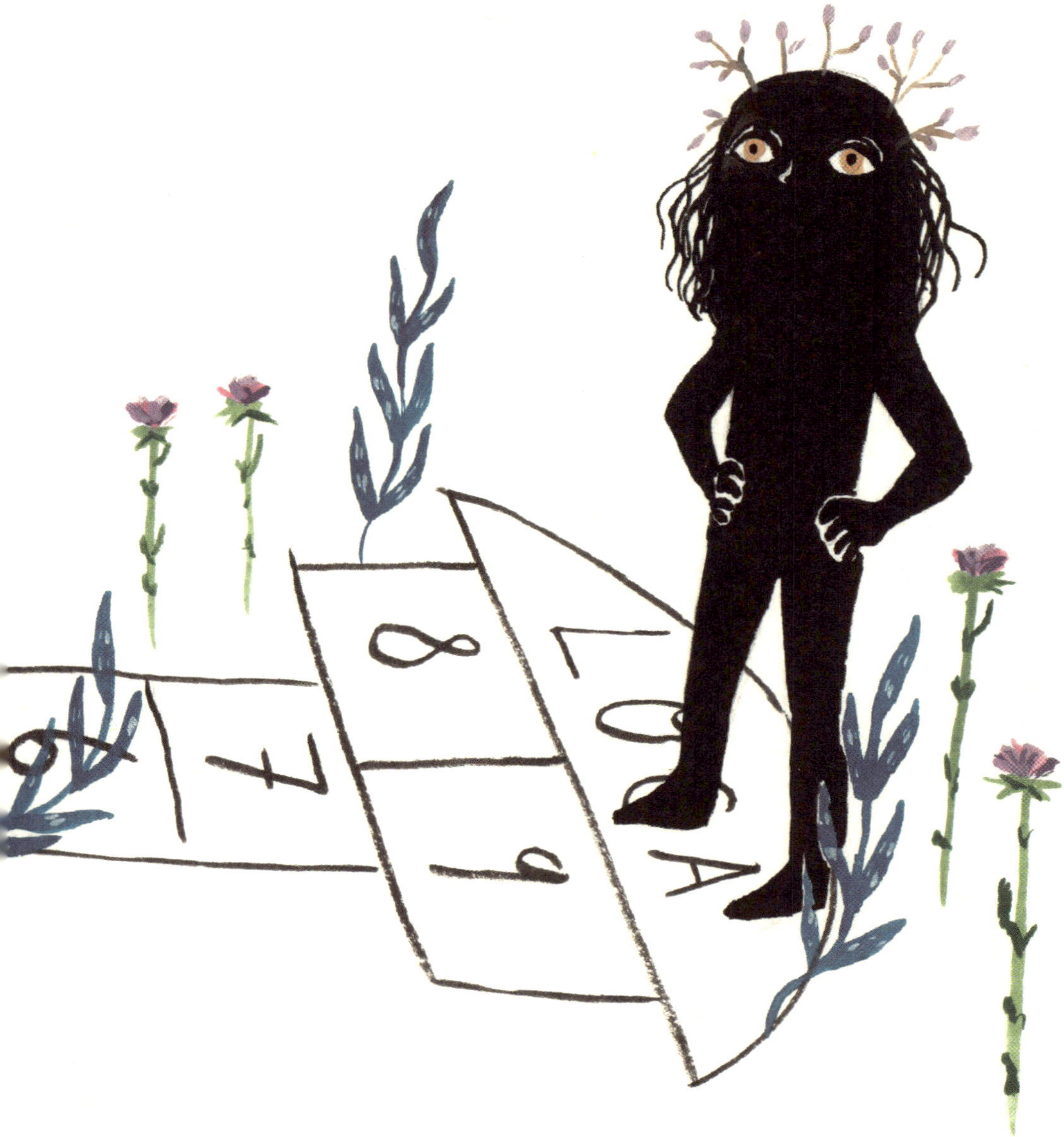

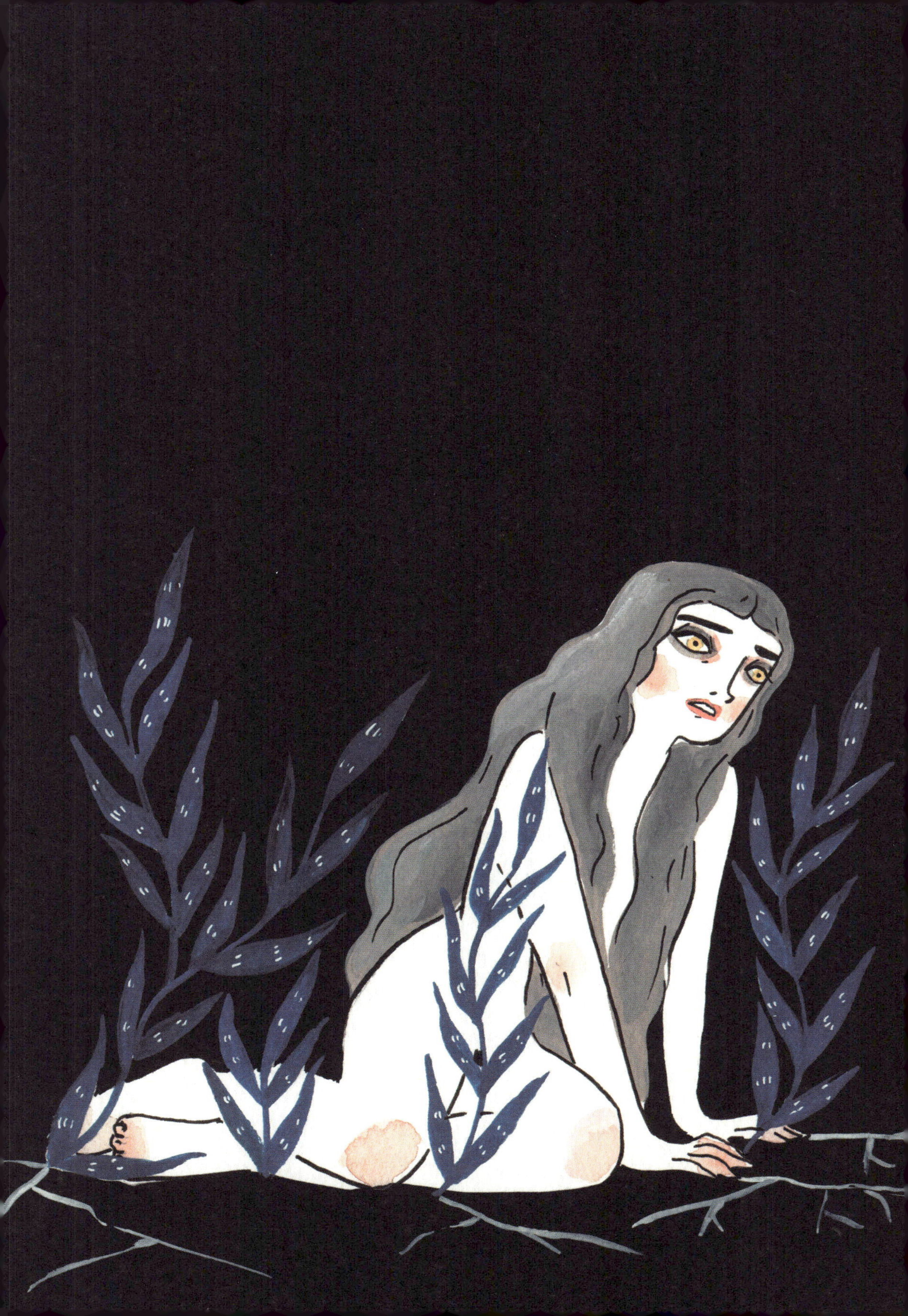

Con el tiempo, esa loca fue conociendo a «la gorda», «la puta», «el emo»… y nosotras, las marginadas, nos juntamos. Ellas debían de ser igual de raras que yo, porque nunca me llamaron «loca» y les dio igual que no caminase por los mismos senderos trillados que el resto. Poco a poco aquella palabra se fue desinflando hasta hacerse tan pequeña que pensé que ya no existía.

Pero sí existe, sigue dormitando en su madriguera, y basta el ruido de una ramita a mi paso para que se desperece y asome la cabeza: el chasquido de una frase, de una mala experiencia puntual, de una mirada… Se hace grande cuando menos lo espero. Se hizo enorme cuando tuve que enfrentarme a la enfermedad mental y el suicidio de alguien a quien quería mucho. Pensé que tal vez fuese genético y que me podría pasar a mí. ¿Lo habría heredado?

También creció cuando comencé a vivir con Luis y me vi caminando entre hojas secas. Cuando sus palabras me hacían perder la sensación de realidad y sentía que todo lo que pensaba era humo y el suelo bajo mis pies se tambaleaba. Los lobos saben cómo camuflarse entre la maleza.

La sombra de Luis

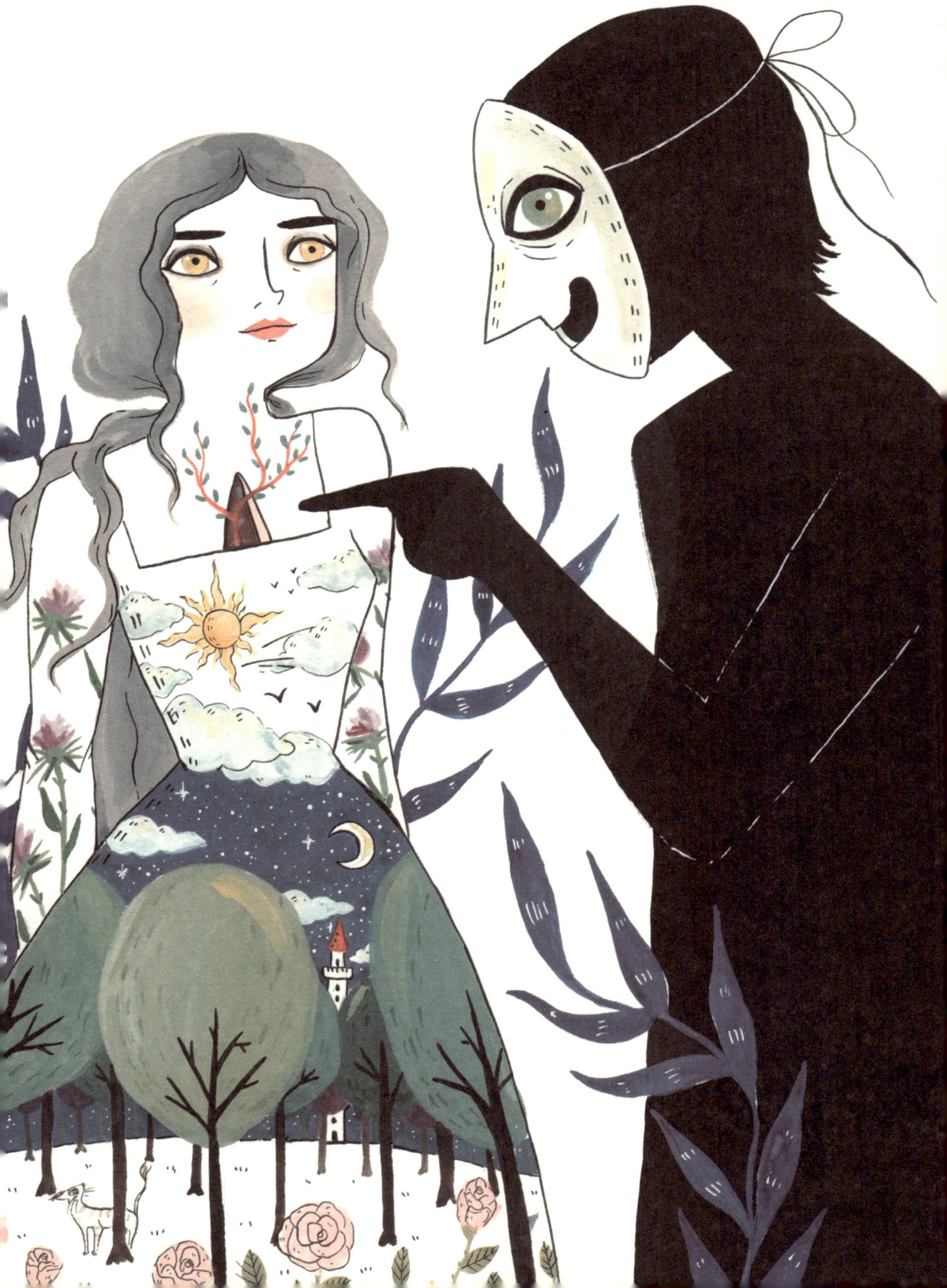

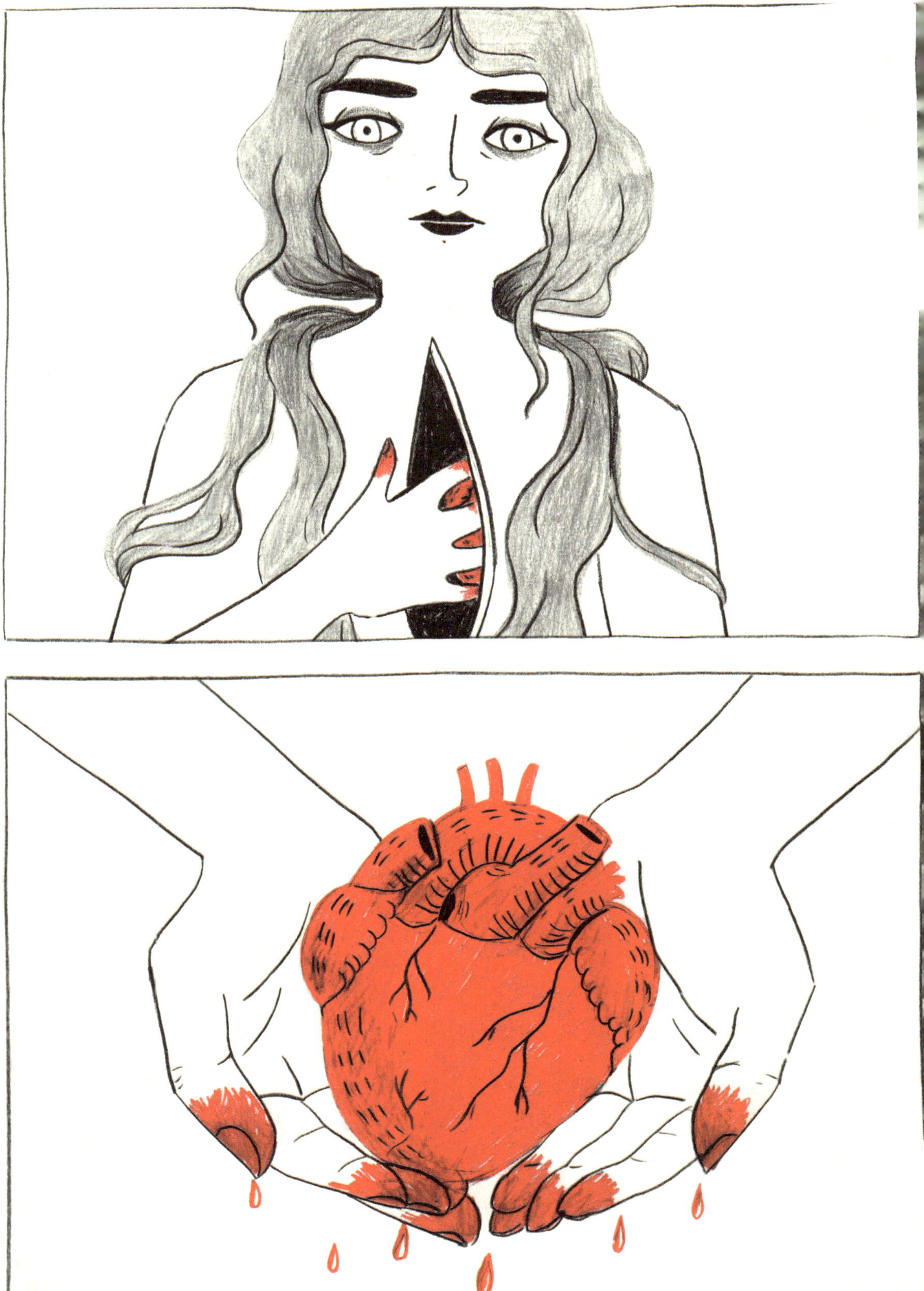

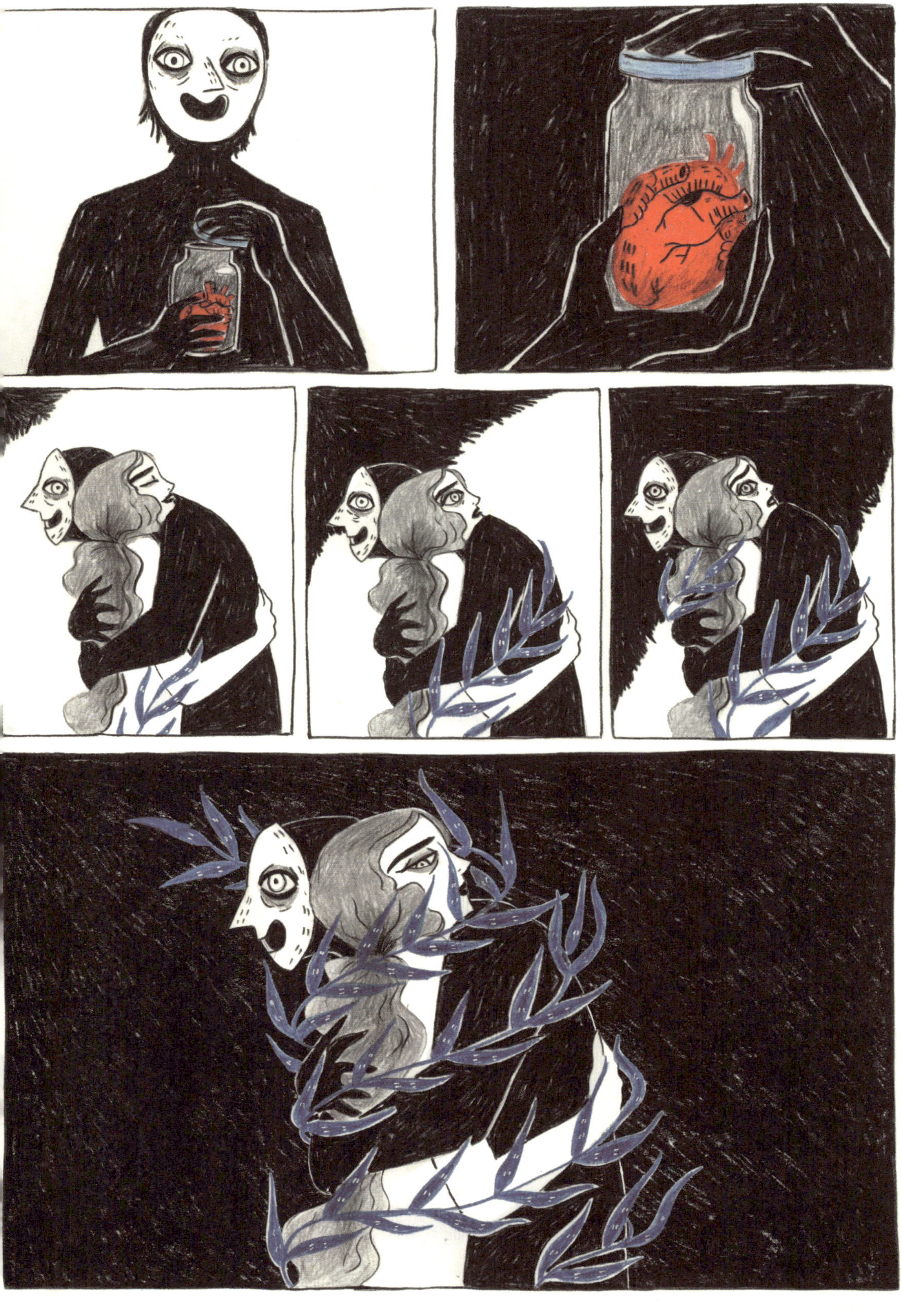

> **angustia**
> Del lat. *angustia* 'angostura', 'dificultad'.
> **1. f.** Aflicción, congoja, ansiedad.
> **2. f.** Temor opresivo sin causa precisa.
> **4. f.** Sofoco, sensación de opresión en la región torácica o abdominal.

—Estoy cansada —le dije.

—¿No has dormido bien? —me preguntó Luis.

—No es eso. Estoy cansada de seguir luchando por esta relación. No puedo más.

—Si te vas, no vuelvas —sentenció, con aquella mirada que absorbía el aire de la habitación y era como unas fauces abiertas.

No siempre fue así, o quizá no quise mirar. Luis era culto y guapo. Sabía de muchas cosas, era feminista antes de que yo misma me considerara como tal. Tenía un montón de amigas y se llevaba bien con sus ex. Y decía que me quería. Aquellas primeras discusiones no eran para tanto.

Después de un tiempo juntos, me había mudado de país para estar con él, había dejado mi trabajo por uno en el que cobraba la mitad y echábamos cuentas para ver cómo llegar a fin de mes. Todo por estar a su lado, aunque fuera en un pequeño apartamento sin apenas muebles, uno que nunca llegué a sentir como mío.

Mi madre no estuvo de acuerdo con la decisión. Lo estaba dejando todo por él. Lo estaba dejando todo por amor. Ella, que cuando yo era niña me había leído tantos cuentos donde la princesa renunciaba a todo por amor, que no vio problema en que la Sirenita entregara su voz para estar con un príncipe que nunca le correspondió. Pero en ese momento sí supo ver que me estaba perdiendo en el oscuro bosque de Caperucita y que, al igual que Ariel, me estaba quedando muda. Lo sabía bien porque ya le había pasado a ella.

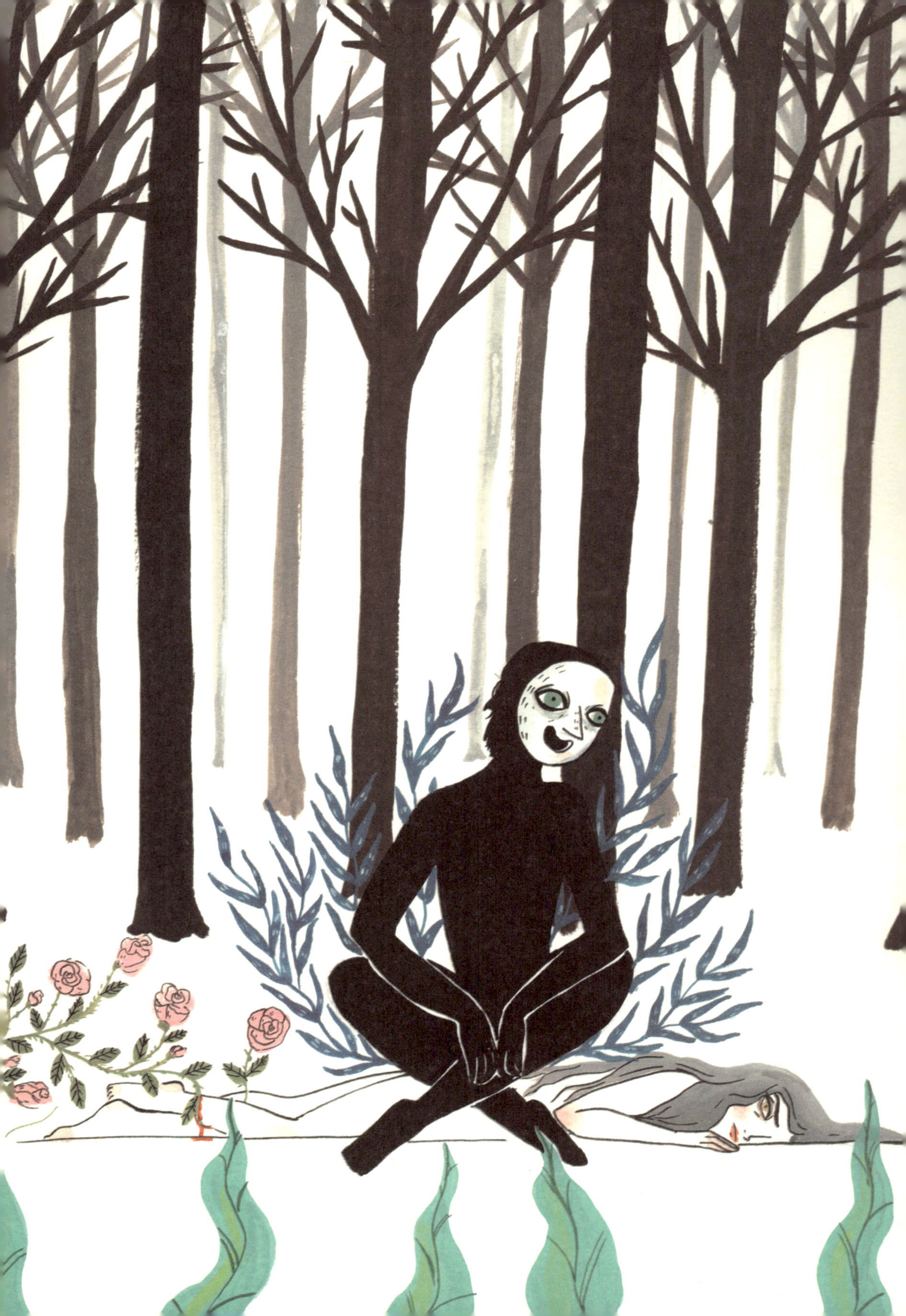

Yo no quise oírlo, no supe ver los riesgos: el hambre y la promesa de saciarlo no me dejaban ver más allá de la fachada de un castillo en mitad del bosque, y poco a poco ese castillo se fue llenando de un idioma propio y plagado de sombras.

Mis amigos bromeaban con que me había inventado que tenía novio, porque Luis nunca venía conmigo cuando regresaba a mi ciudad. Si le pedía que me acompañara, porque necesitaba compartir esa parte de mi vida con él, porque no quería quedar atrapada en su mundo, él se irritaba. No estaba dispuesto a ceder en nada que no le apeteciera hacer. Éramos seres libres, decía. Él no me prohibía nada, no le importaba que yo tuviera otras amistades. Podíamos salir por separado y se acabó el problema.

Me ofrecía una libertad envenenada.

Libertad… Con Luis, las palabras cambiaban de significado, se hacían arena, se deformaban, no había manera de agarrarlas.

«¿No es eso lo que quieres? ¿Es que prefieres que vaya contigo aunque no tenga ganas?». Sus argumentos me silenciaban, aunque tuviera la respuesta en los labios.

El miedo también puede enmudecerte: temor a que lo dicho se volviera contra mí; a complicar las cosas; a que Luis me convenciese de que él tenía razón; a que por más que hablase ya no fuese capaz de convencerme.

Porque eso despertaría otros miedos: a la soledad, a no ser suficiente… Intentando esquivar al lobo, callaba las palabras-chasquido.

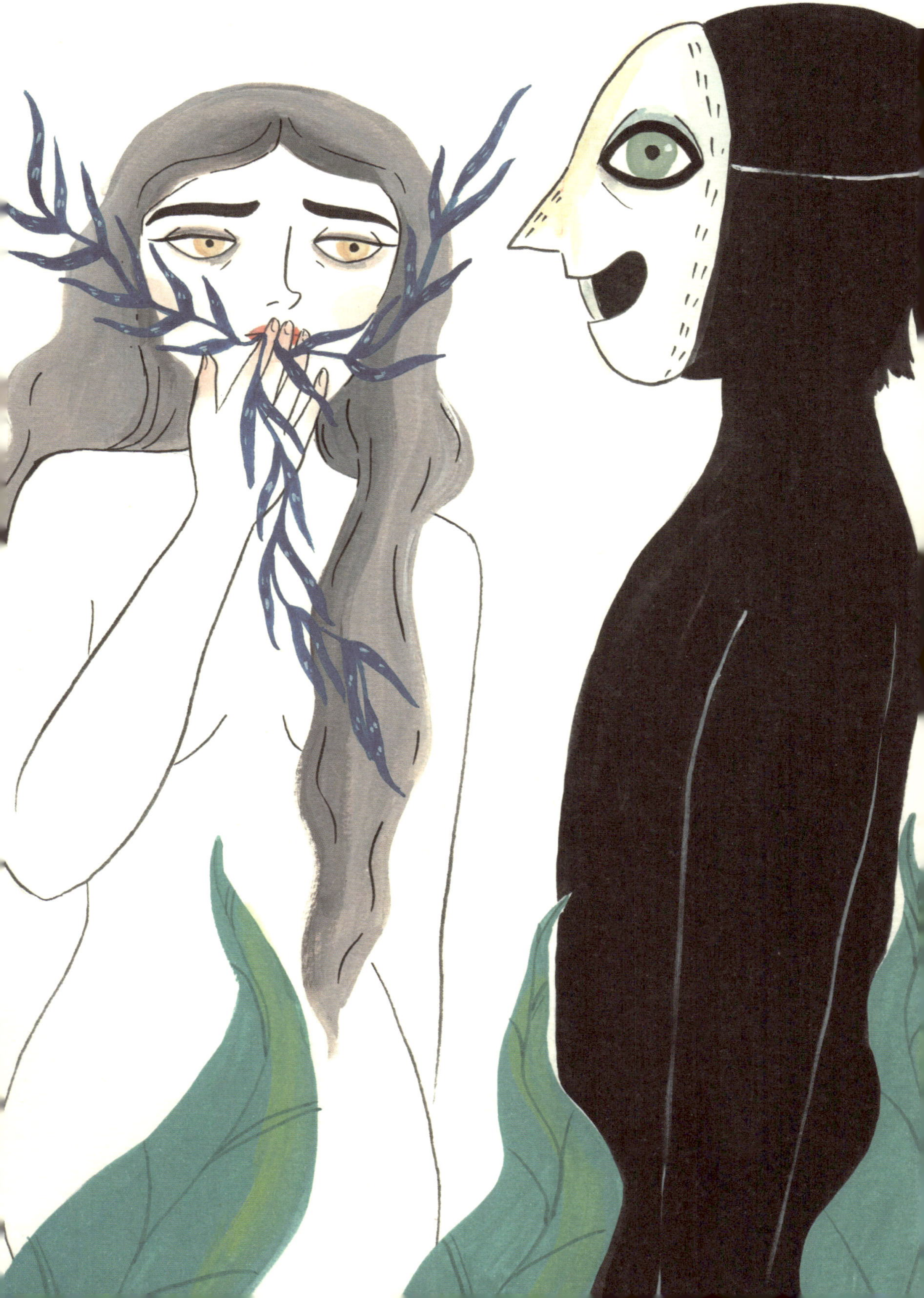

Palabras

Ten cuidado con las palabras,
incluso con las milagrosas.
Por las milagrosas hacemos lo imposible,
a veces se acumulan como insectos
y dejan no una picadura sino un beso.
Pueden ser tan buenas como dedos.
Pueden ser tan seguras como la roca
en la que apoyas el trasero.
Pero pueden ser a la vez margaritas y golpes.

Y, sin embargo, estoy enamorada de las palabras.
Son palomas que caen del techo.
Son seis naranjas sagradas sobre mi regazo.
Son los árboles, las piernas del verano,
y el sol, su cara apasionada.

Y, sin embargo, a menudo me fallan.
Tengo tanto que decir,
tantas historias, imágenes, proverbios, etc.
Pero las palabras no bastan,
las erróneas me besan.
A veces vuelo como un águila
pero con las alas de un chirivín.

Pero intento cuidarlas
y ser amable con ellas.
Palabras y huevos deben tratarse con cuidado.
Si se rompen son cosas
imposibles de arreglar.

ANNE SEXTON

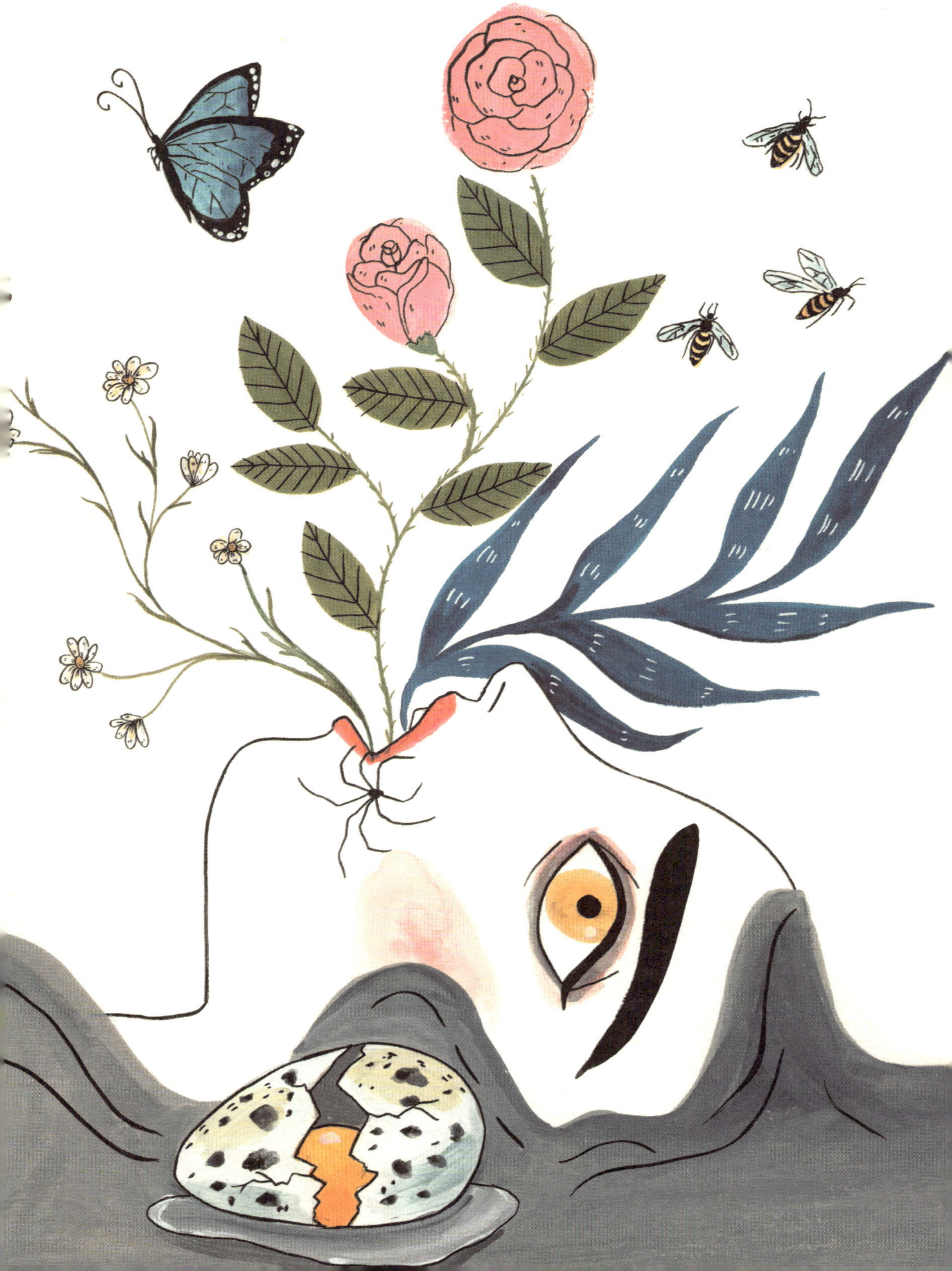

Era habitual que esos desencuentros llegaran en situaciones inesperadas, en las que se suponía que estábamos felices: un viaje, un fin de semana en la playa, una boda… No importaba si había gente o no. De repente, Luis abría aquellos grandes ojos verde océano que lo inundaban todo y se hacía el silencio. Entonces yo comprendía que había hecho algo que le había molestado. Aquel silencio castigador y su correspondiente ceño fruncido podían durar horas, incluso llegar al día siguiente.

Durante esos silencios eternos en los que yo no sabía qué le pasaba, intentaba hacer memoria. ¿Qué había ocurrido aquel día? ¿Había empezado en la feria? ¿O fue al regresar en el coche? ¿O tal vez cuando dimos el paseo? ¿Qué había comentado yo que le había sentado mal? ¿Qué error había cometido?

El miedo a haber dicho algo, a haber hecho algo que no debía. Y podía ser algo tan ridículo como poner el trozo de pan fuera del plato. Eso me recriminó un día durante el desayuno. «No me he dado cuenta, evidentemente», le respondí casi sin pensar. Al cabo de unos minutos noté que su humor se había enrarecido. Estuve toda la mañana preguntándole qué le pasaba, yo no lo entendía. Finalmente admitió que estaba molesto porque le había hablado mal. Estudié una y otra vez aquellas palabras, quizá no había usado el tono adecuado, pero ¿qué importancia tenía un trozo de pan fuera de su sitio?

Daba igual. Una siempre elige qué batallas luchar y esa no tenía sentido, así que le pedí disculpas. Aun así, Luis no parecía satisfecho, y tuve que romper a llorar y suplicarle que me perdonara para que al fin cediera, aunque no de buena gana.

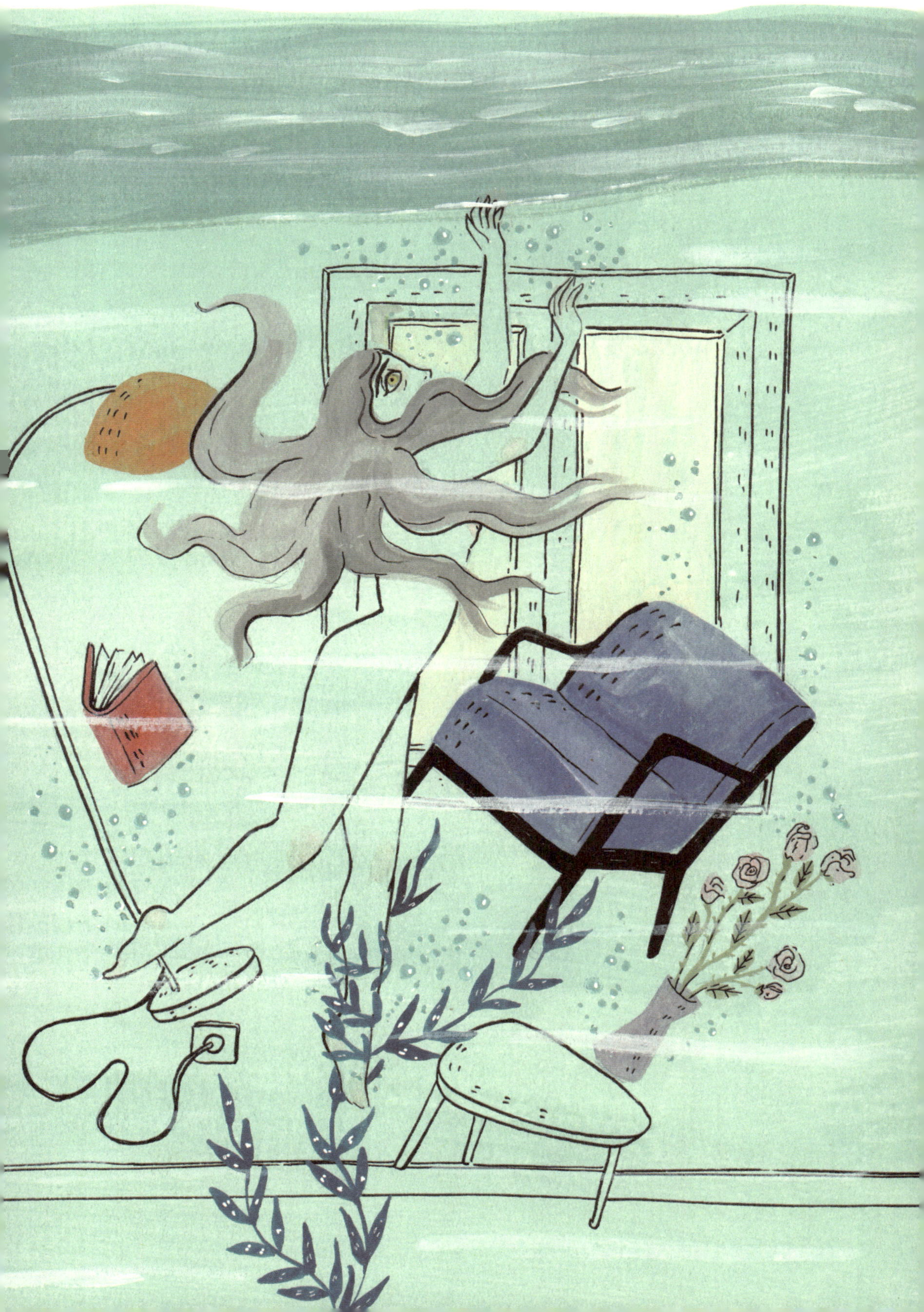

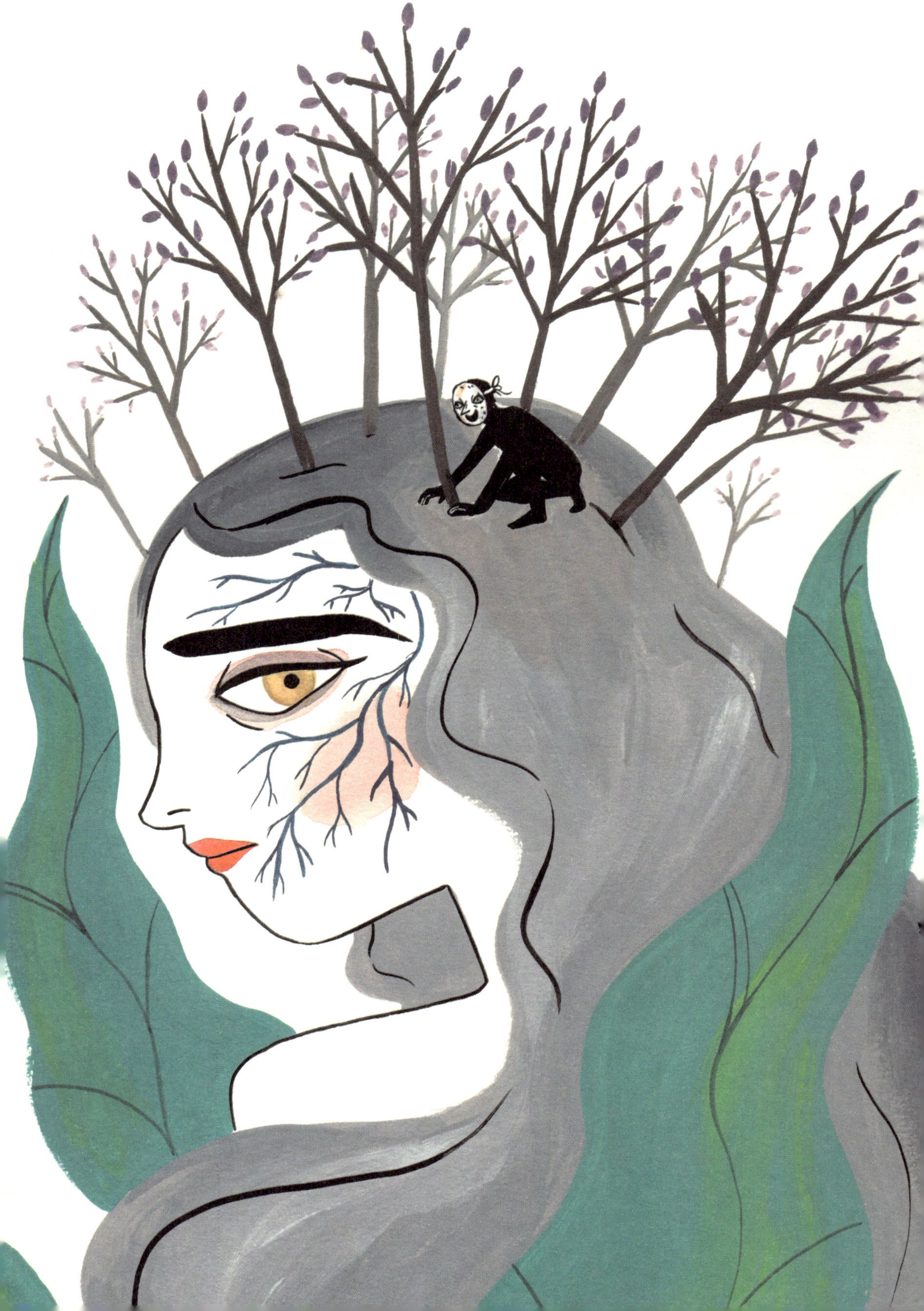

Otras veces la discusión surgía por un motivo importante, cosas que me molestaban de verdad, pero que no era capaz de identificar de buenas a primeras. No me daba cuenta al instante porque había normalizado muchas situaciones, como el día que enterré a mi padre, cuando me dijo con todo el aplomo del mundo que le sería imposible pedir un día libre en el trabajo. Ni siquiera cuestioné que la ocasión tal vez lo mereciera.

«Y Luis, ¿dónde está? ¿No ha venido Luis?», me preguntaban todos en el cementerio. Con cada ceja arqueada, con cada mirada de extrañeza, un nudo me iba enmarañando el estómago y el pecho.

Mi padre había muerto y él no estaba. Mi padre había muerto y la persona con la que había decidido compartir mi vida no me acompañaba. Mi padre había muerto y me sentía abandonada. Joder, mi padre había muerto y ni siquiera fui capaz de darme cuenta de que no era normal que mi novio no estuviera a mi lado.

No exploté ni le grité de forma impulsiva al llegar a casa. Pensé y medité bien las palabras que usaría para explicárselo, para que me entendiera. Porque esta vez él tenía que entenderme. Esta vez estaba claro que yo llevaba razón.

Pero resultó que la culpa era mía por no haberle pedido que me acompañara. Porque una tiene que pedirle a su novio que la acompañe al entierro de su padre.

Y a base de callar y no entender, de intentar encajar en unos esquemas que me dolían, acabé pensando que tal vez me estaba volviendo loca. Todo me parecía tan claro cuando comenzaba la pelea que no comprendía cómo de repente pasaba a pensar lo contrario. ¿Qué había sucedido por el camino para que cambiara?

Extracción de la piedra de locura
(fragmento)

Hablo como en mí se habla. No mi voz obstinada en parecer una voz humana sino la otra que atestigua que no he cesado de morar en el bosque.

[…] Perdida por propio designio, has renunciado a tu reino por las cenizas. Quien te hace doler te recuerda antiguos homenajes. No obstante, lloras funestamente y evocas tu locura y hasta quisieras extraerla de ti como si fuese una piedra, a ella, tu solo privilegio. En un muro blanco dibujas las alegorías del reposo, y es siempre una reina loca que yace bajo la luna sobre la triste hierba del viejo jardín. Pero no hables de los jardines, no hables de la luna, no hables de la rosa, no hables del mar. Habla de lo que sabes. Habla de lo que vibra en tu médula y hace luces y sombras en tu mirada, habla del dolor incesante de tus huesos, habla del vértigo, habla de tu respiración, de tu desolación, de tu traición. Es tan oscuro, tan en silencio el proceso a que me obligo. Oh habla del silencio.

Alejandra Pizarnik

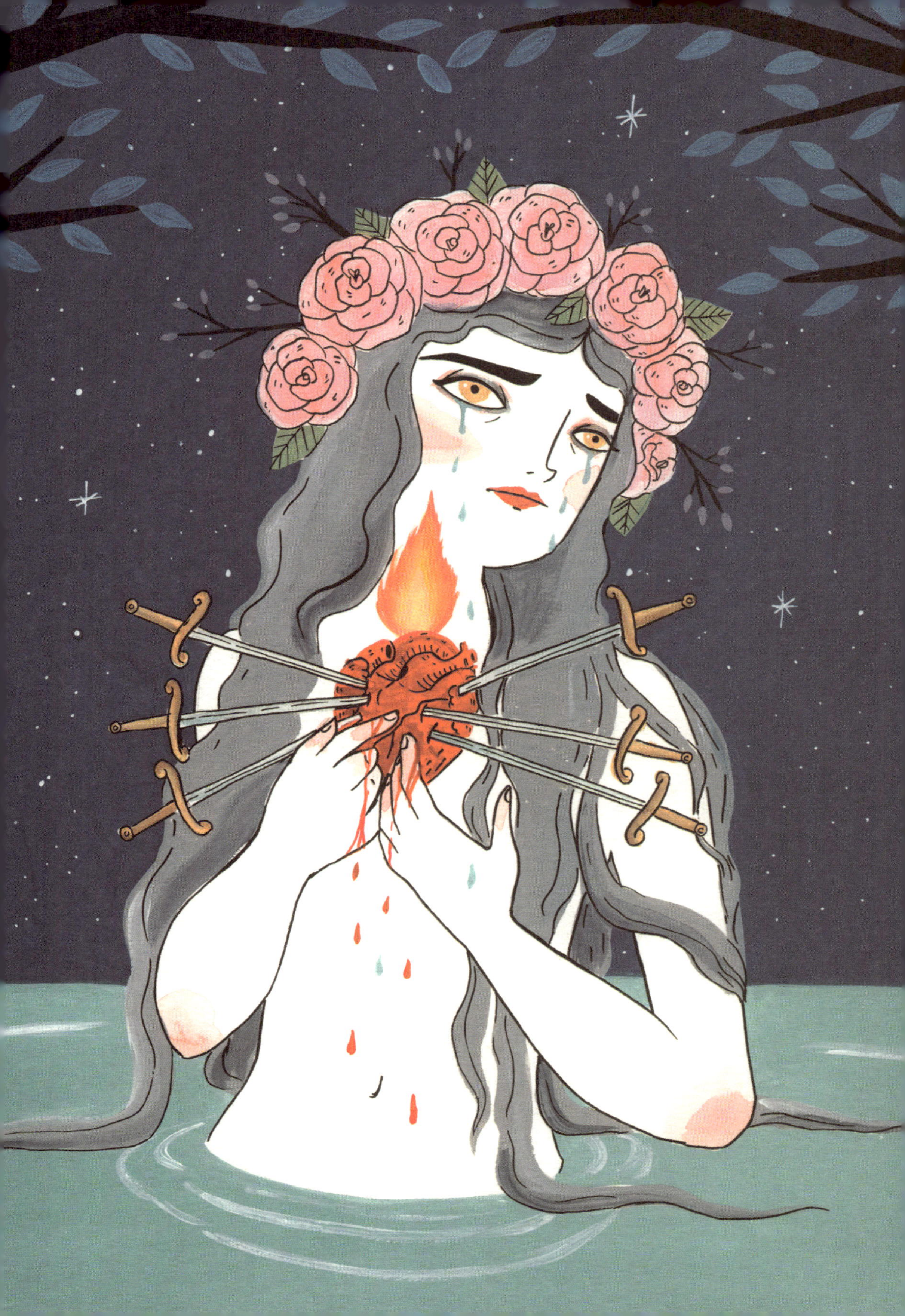

Danza Macabra

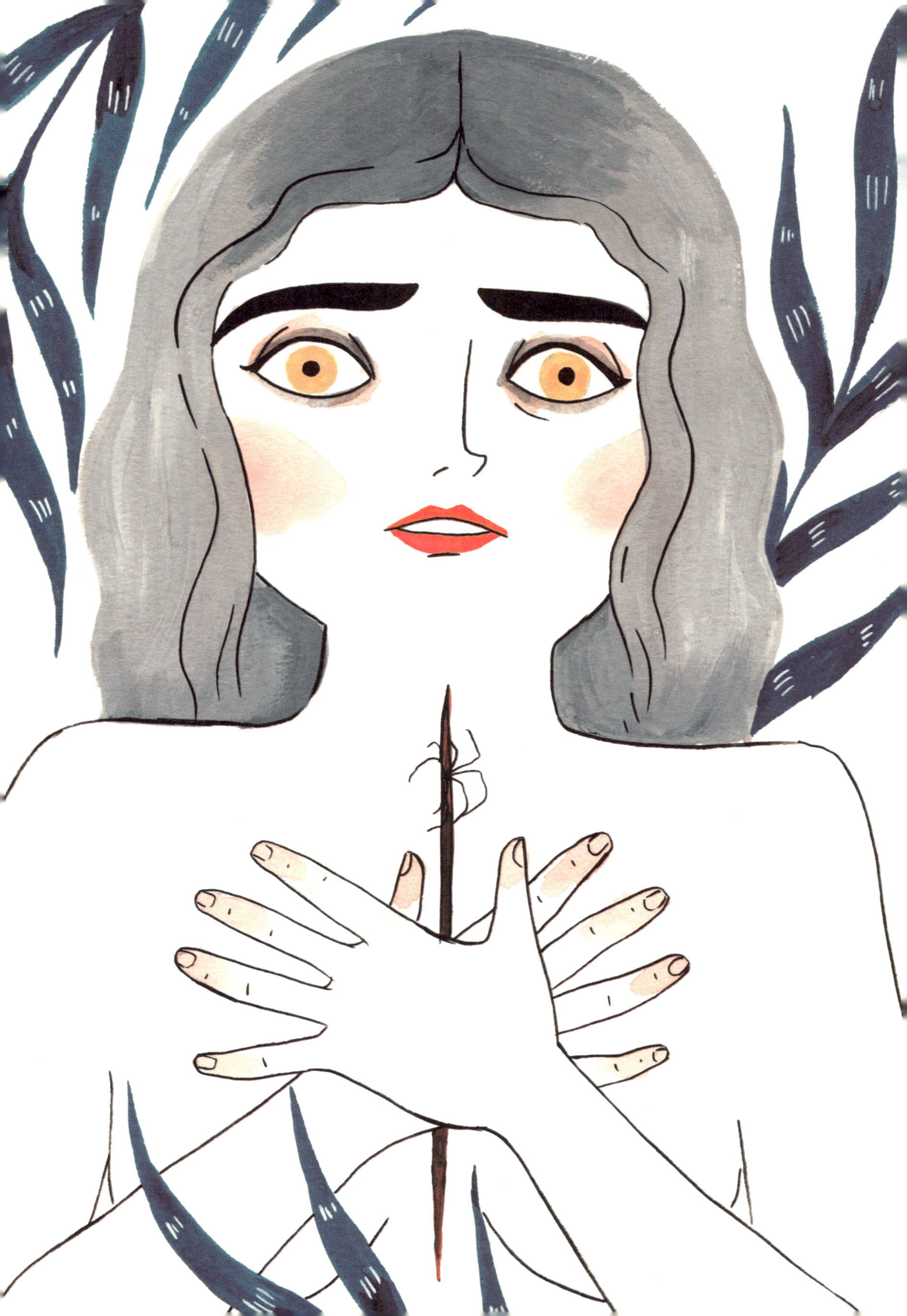

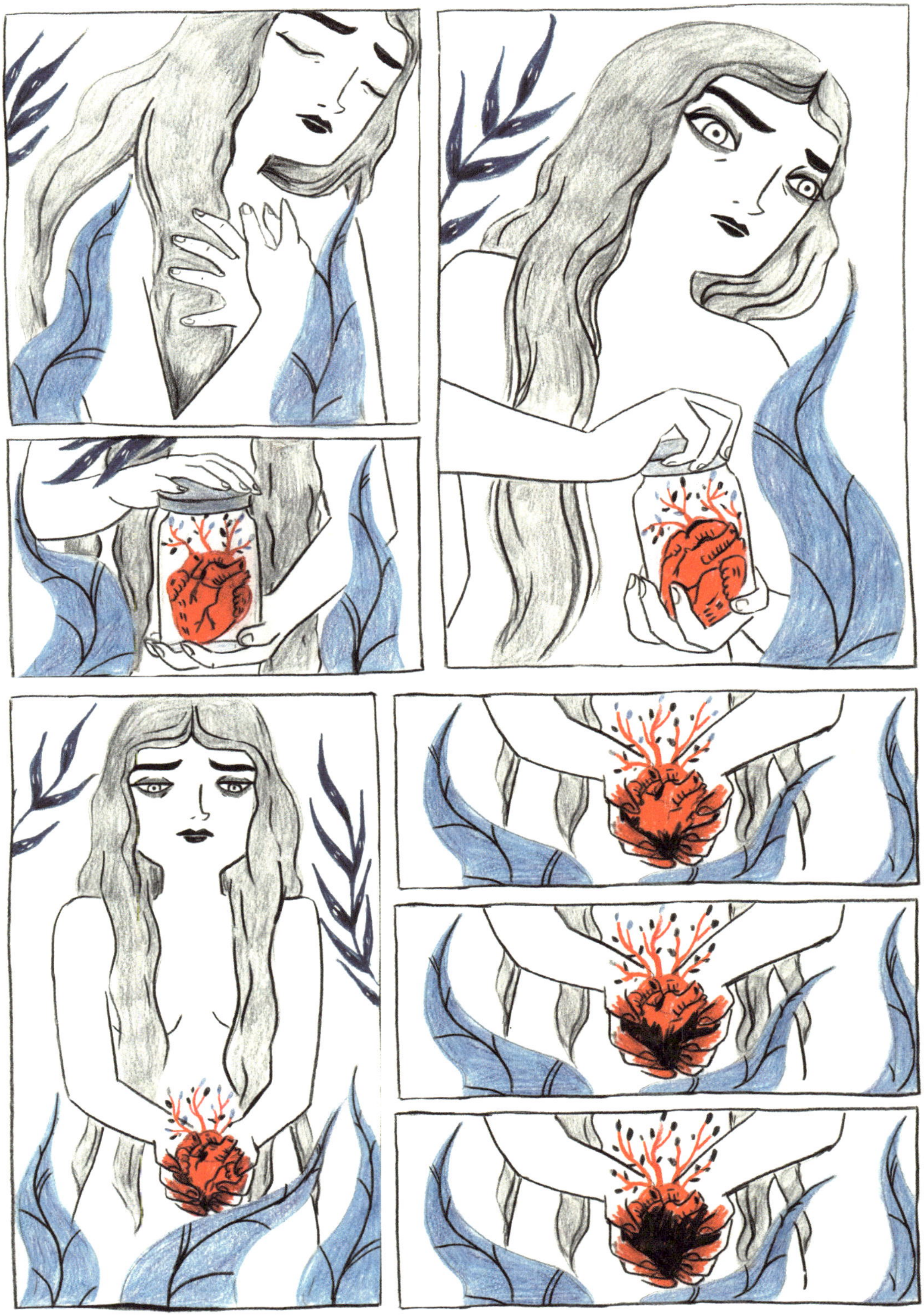

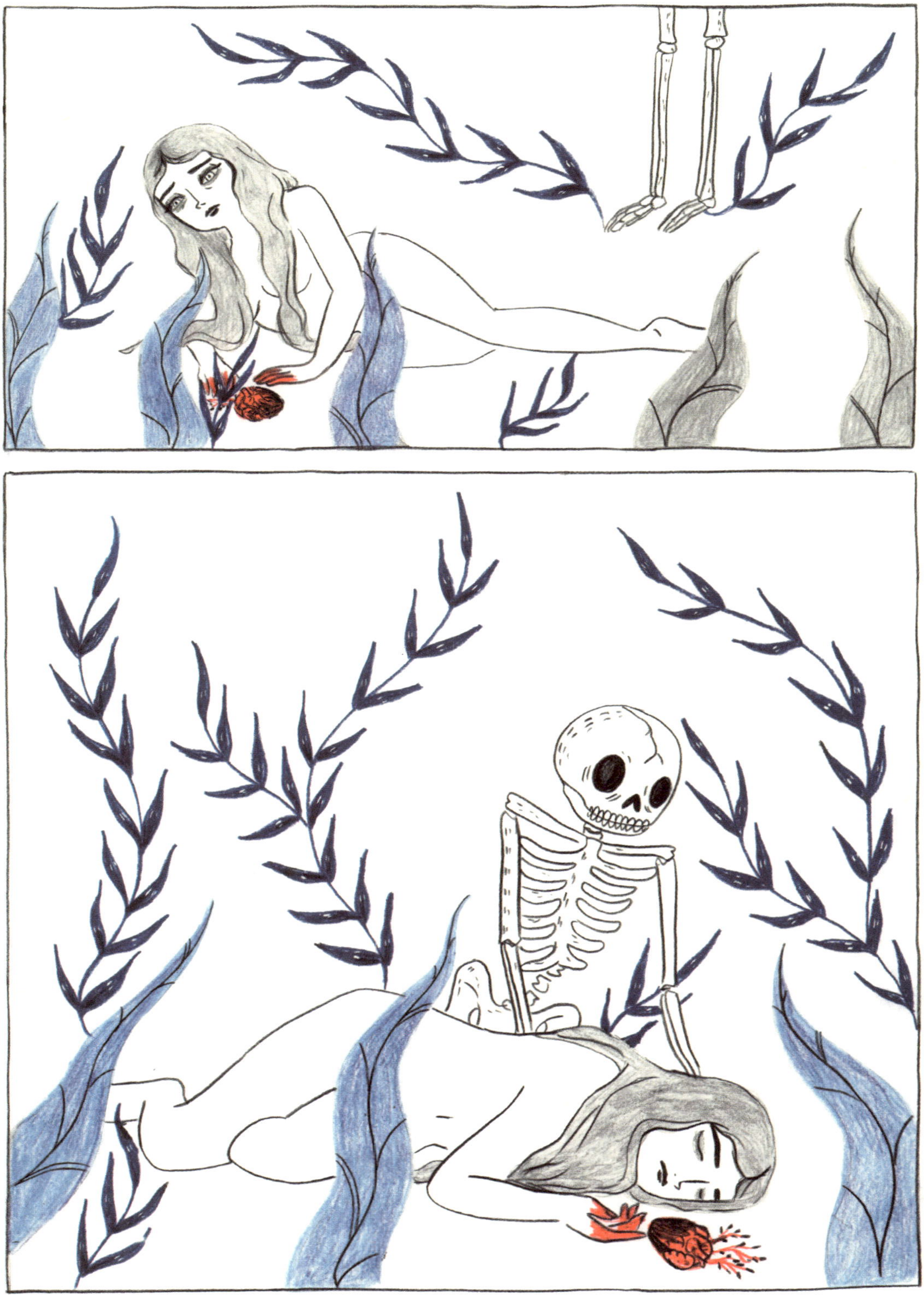

Odiaba mi trabajo y me sentía aislada en aquel país donde se hablaba un idioma que me costaba entender, donde todo mi mundo era su mundo. Sin darme cuenta me estaba adentrando en el bosque tenebroso, y ni siquiera había tomado la precaución de llevar unas migas de pan para encontrar el camino de vuelta. Y así, entre zarzas, se dibujó la sombra de la muerte.

La primera vez que temí por mi vida de una forma real noté una presión enorme en el pecho, el aire no me entraba, la habitación giraba a mi alrededor. El corazón se había acelerado, algo no iba bien. En urgencias, tras un electro en el que comprobaron que las pulsaciones iban demasiado rápido, me hicieron una analítica. El infarto quedó descartado. Era un «simple» ataque de ansiedad. Me derivaron al médico de cabecera, que me recetó un tranquilizante.

ansiedad
Del lat. *anxiĕtas*, - *ātis*.
1. f. Estado de agitación, inquietud o zozobra del ánimo.
2. f. *Med*. Angustia que suele acompañar a muchas enfermedades, en particular a ciertas neurosis, y que no permite sosiego a los enfermos.

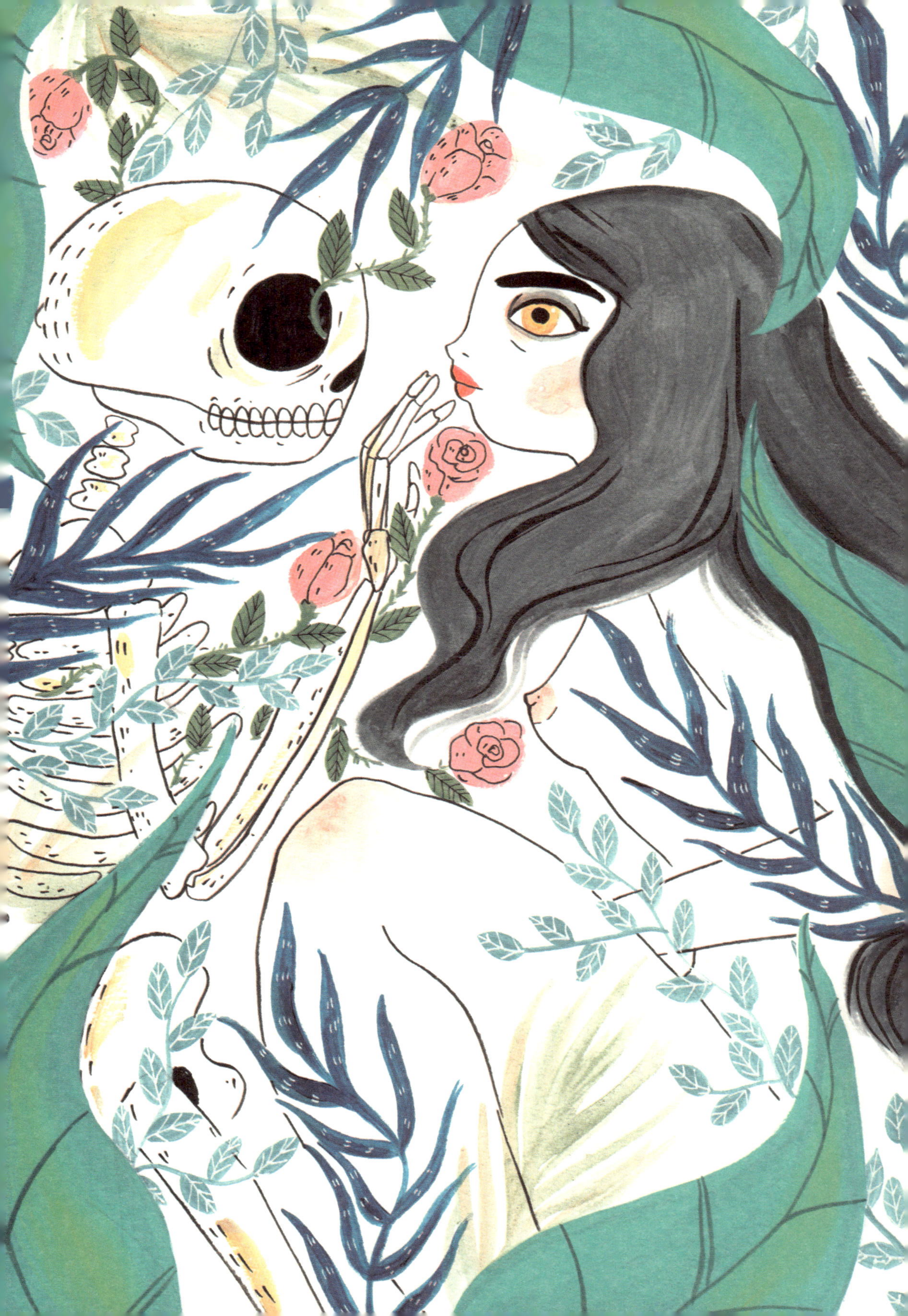

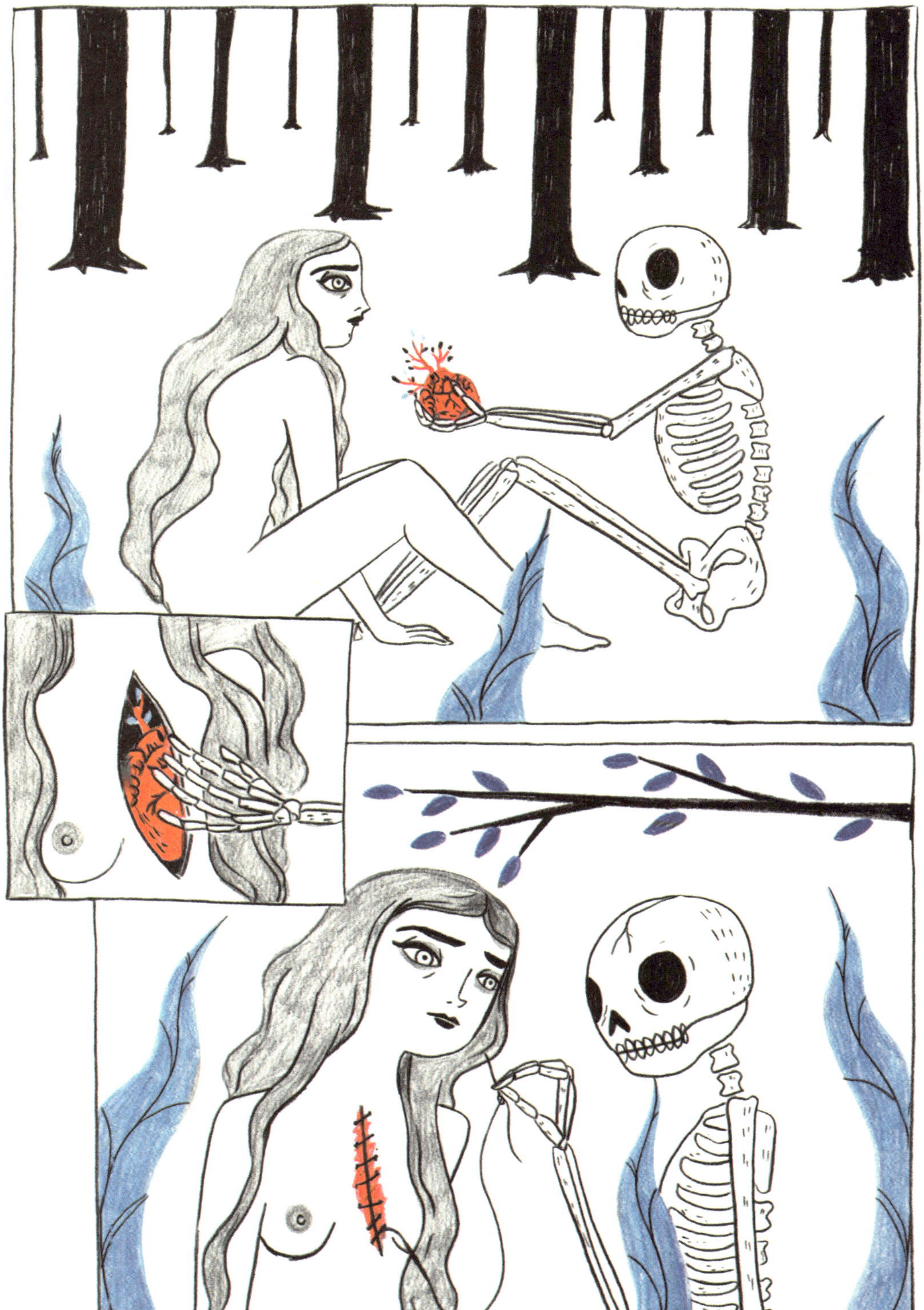

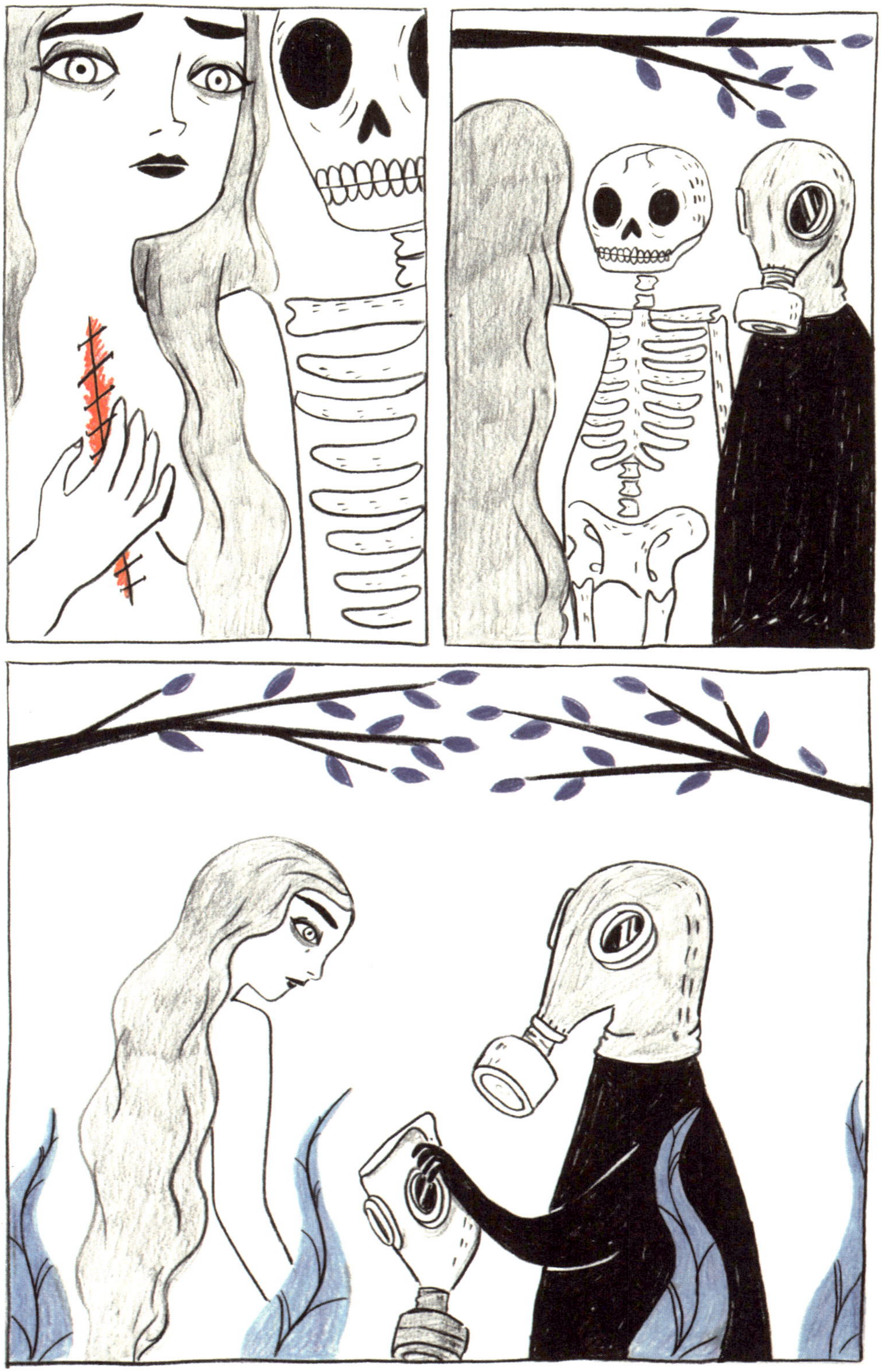

¿Por qué tenía ansiedad? En ese momento no podía ver que la vida me estaba arrollando. Estaba perdiendo el control, estaba dejando de ser yo.

Luis no comprendía qué me angustiaba tanto. Aseguraba que los dos habíamos renunciado a cosas por estar juntos. ¿A qué se refería? Él seguía en su país, con su familia y sus amigos, su trabajo y su independencia económica.

—Estoy cansado de que estés mal —me decía—. No te entiendo. Por fin estamos juntos, nos estamos esforzando los dos.

«Lleva razón», pensaba yo, y hacía todo lo posible por cambiar de actitud.

Estaba aprendiendo a vivir en silencio, a ocultar mi ansiedad para que nadie la viera, porque nadie lo entendía, ni siquiera yo.

Y así fue arraigando ese miedo a la muerte, y no sabía distinguir si era real o seguía siendo esa maldita ansiedad: un lunar sospechoso y el corazón se desbocaba. Pequeños puntos en la piel, sangrados de encía, temor a quedarme dormida y no volver a despertar… Cualquier detalle diminuto era una clara muestra de que mi fin se acercaba. Yo, que aún no había logrado rozar la felicidad real con la punta de los dedos, encontraba que mi propia vida me resultaba insignificante.

El médico me recetó ansiolíticos y me recomendó que acudiera a un curso de respiración al que nunca fui. Nadie a mi alrededor hablaba de salud mental, no había psicólogos en la sanidad pública y no tenía dinero para ir a uno privado. Estar mal era un privilegio al alcance de muy pocos.

Me acostumbré a convivir con la muerte y la ansiedad.

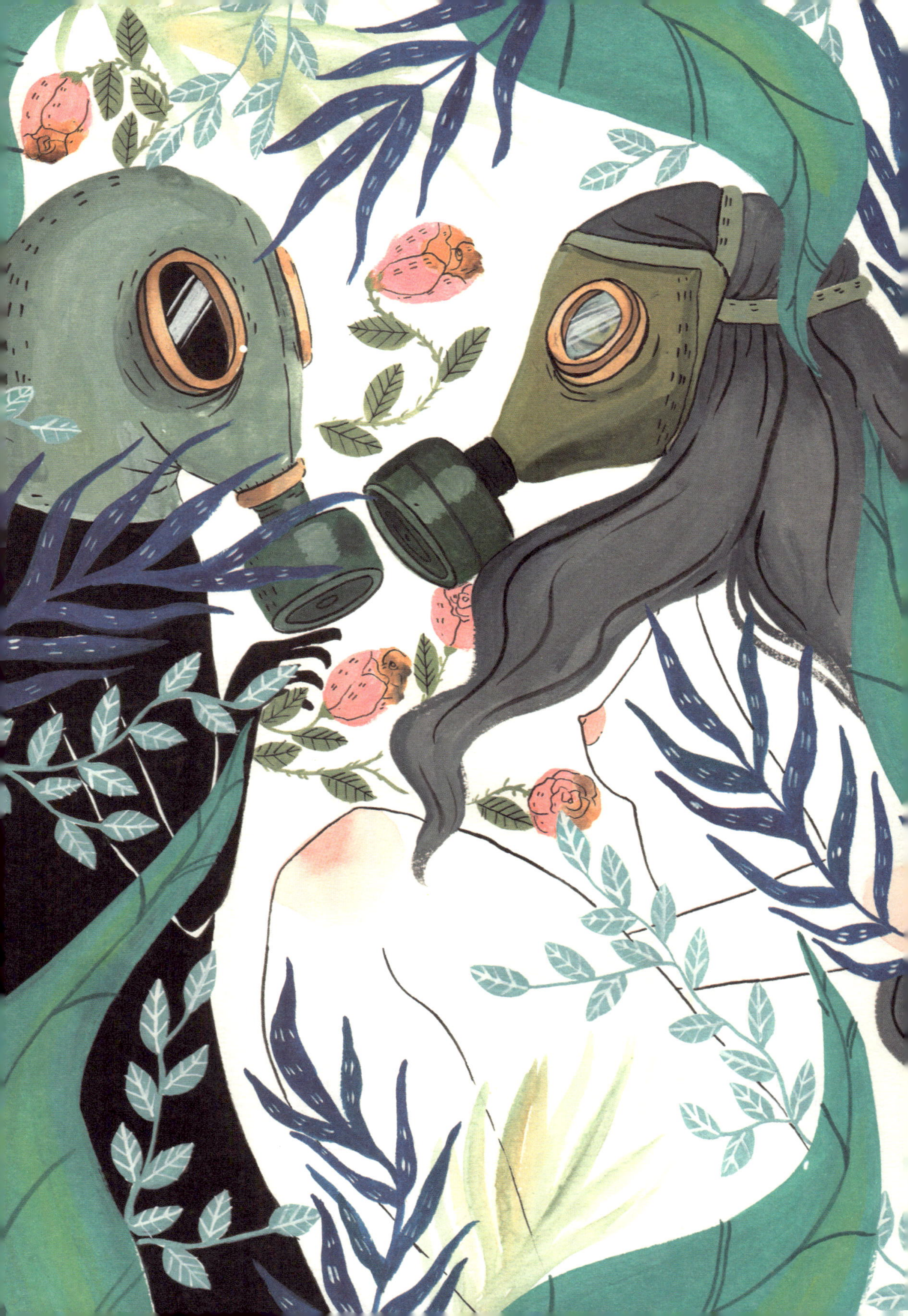

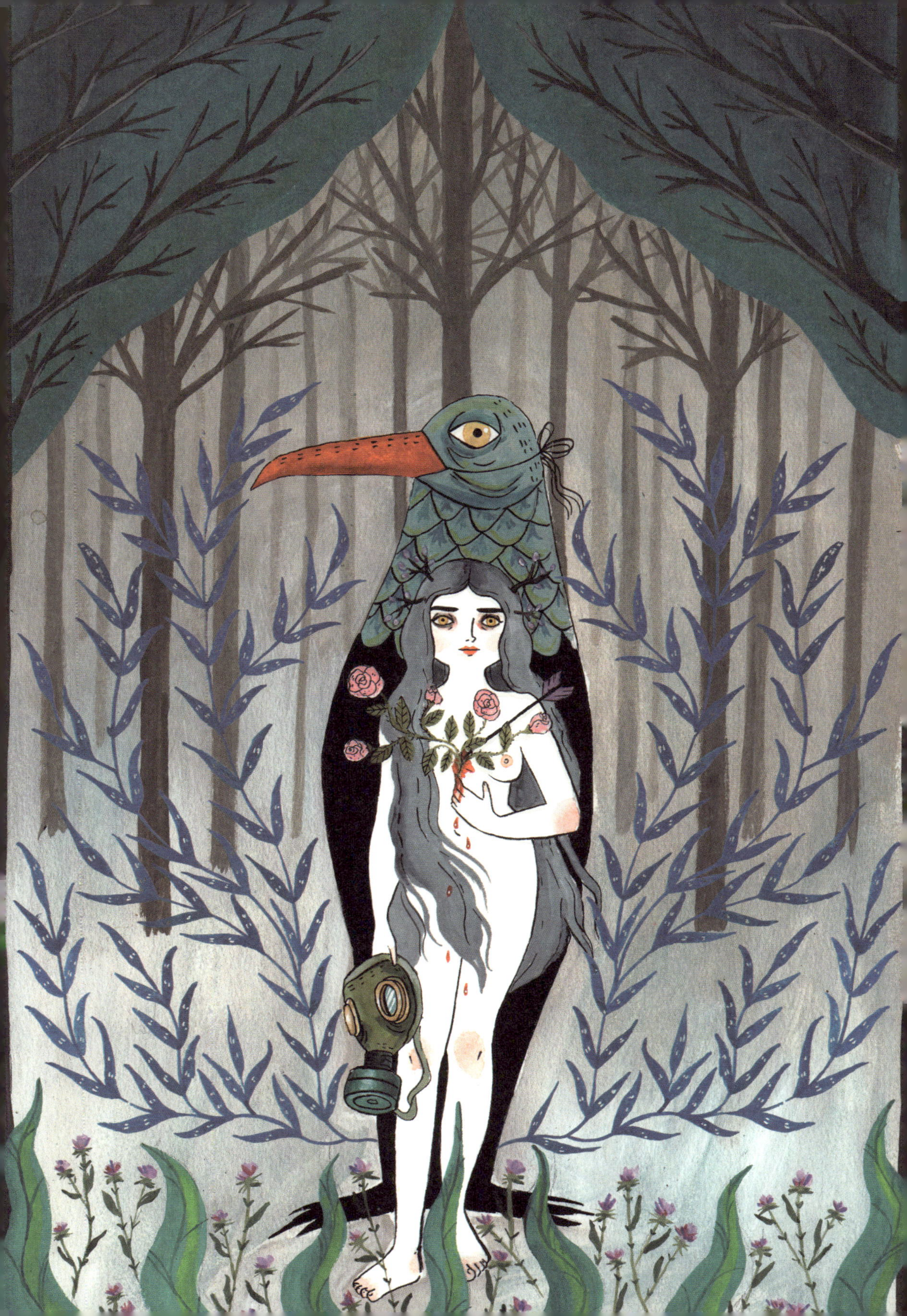

Miedo

Miedo a ver un coche de la policía acercarse a mi puerta.
Miedo a dormirme por la noche.
Miedo a no dormirme.
Miedo al pasado resucitando.
Miedo al presente echando a volar.
Miedo al teléfono que suena en la quietud de la noche.
Miedo a las tormentas eléctricas.
¡Miedo a la limpiadora que tiene una mancha en la mejilla!
Miedo a los perros que me han dicho que no muerden.
Miedo a la ansiedad.
Miedo a tener que identificar el cuerpo de un amigo muerto.
Miedo a quedarme sin dinero.
Miedo a tener demasiado, aunque la gente no creerá esto.
Miedo a los perfiles psicológicos.
Miedo a llegar tarde y miedo a llegar antes que nadie.
Miedo a la letra de mis hijos en los sobres.
Miedo a que mueran antes que yo y me sienta culpable.
Miedo a tener que vivir con mi madre cuando ella sea vieja,
    y yo también.
Miedo a la confusión.
Miedo a que este día acabe con una nota infeliz.
Miedo a llegar y encontrarme con que te has ido.
Miedo a no amar y miedo a no amar lo suficiente.
Miedo de que lo que yo amo resulte letal para los que amo.
Miedo a la muerte.
Miedo a vivir demasiado.
Miedo a la muerte.
    Ya he dicho eso.

RAYMOND CARVER

No sé de dónde saqué la fuerza para abrirme paso entre las intrincadas ramas de espino que me cercaban desde hacía dos años. Aquella vida que había estado construyendo con Luis y que no me hacía feliz se estaba derrumbando lentamente, de forma silenciosa. Tenía que agarrar un pedacito de espacio propio y me refugié en el arte: la ilustración. Conocí a nuevos amigos, se abrieron nuevos senderos. Durante un tiempo incluso desapareció la ansiedad.

Hasta que llegó la gota final, la que hizo que se desbordase todo y que brotase el torrente capaz de derribar el miedo.

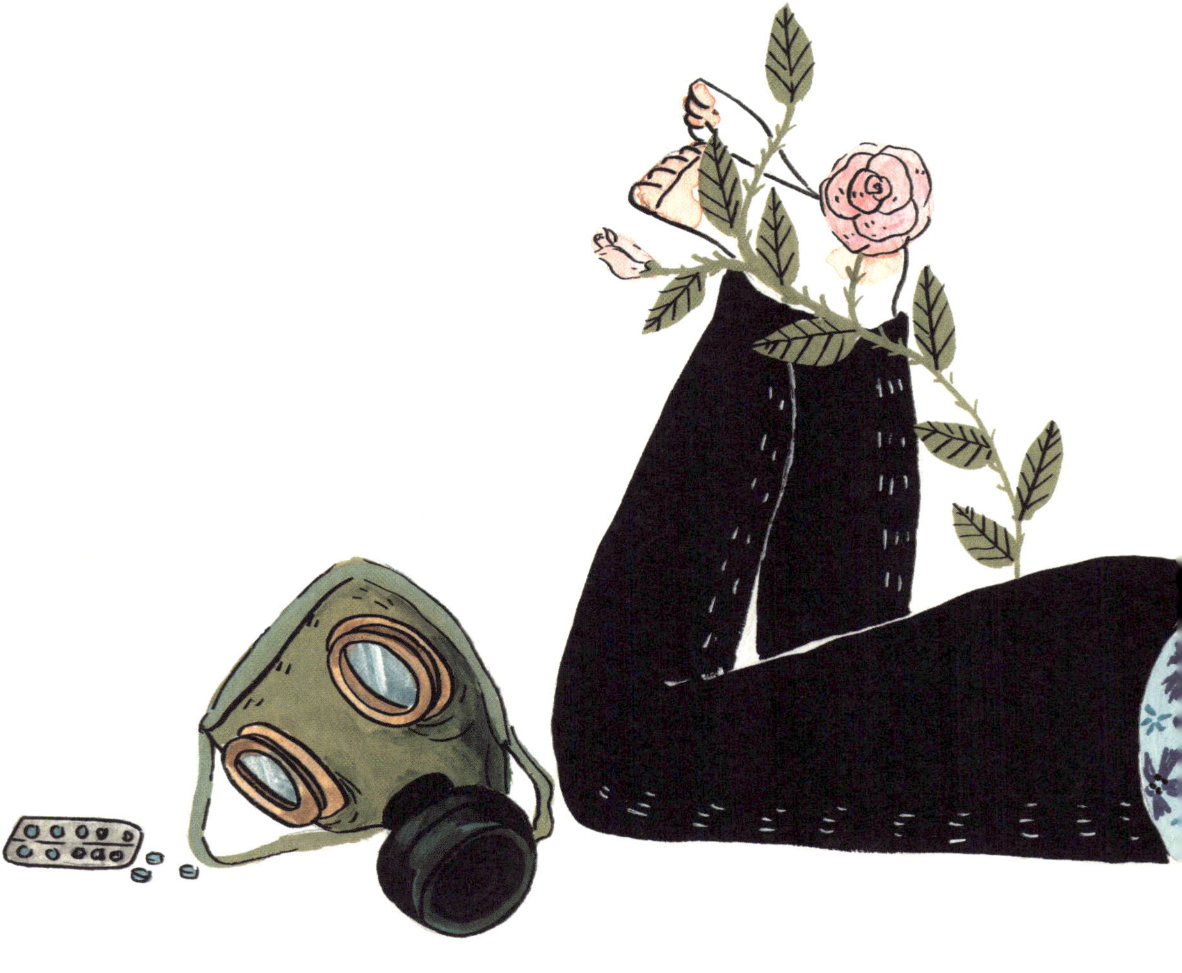

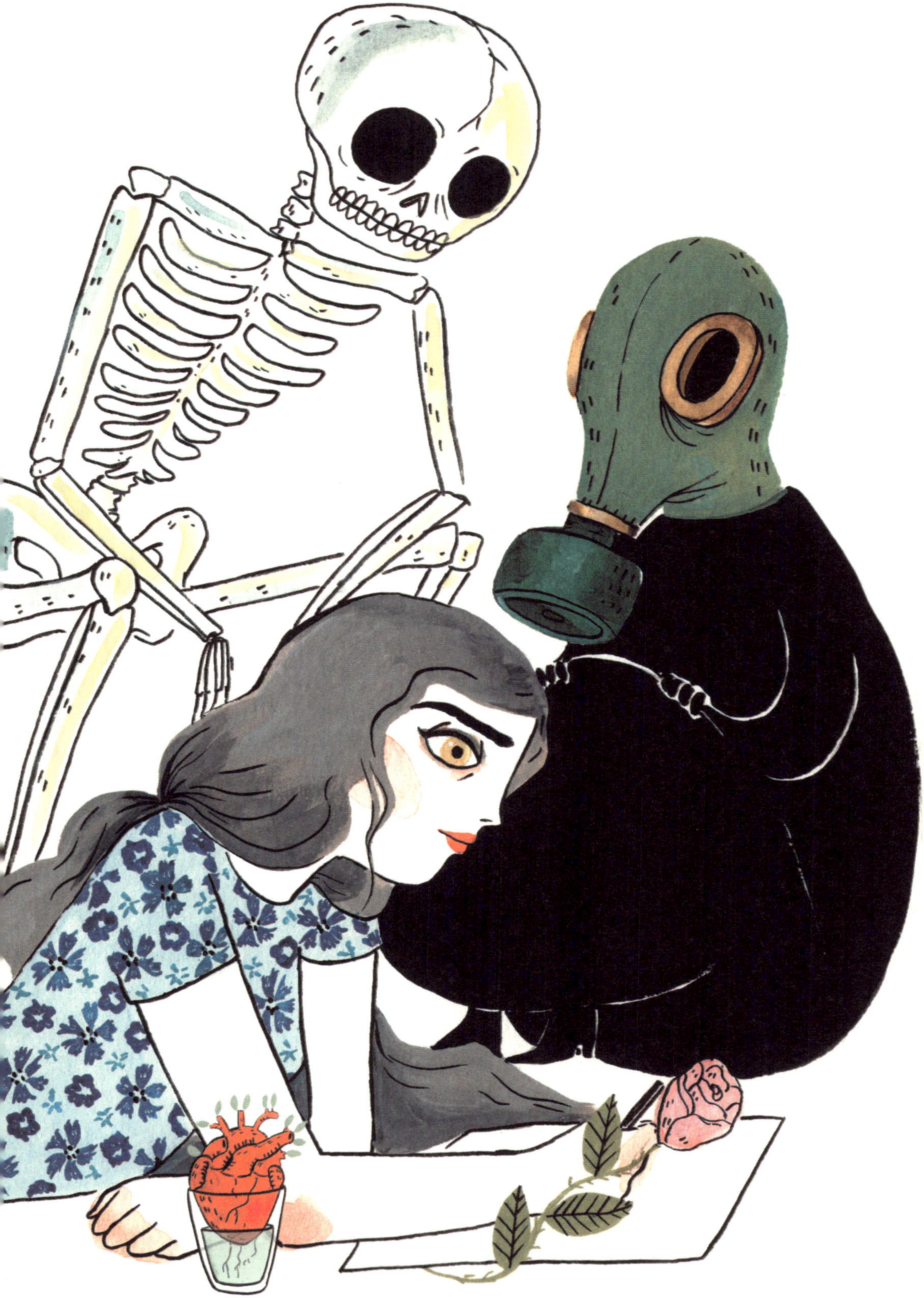

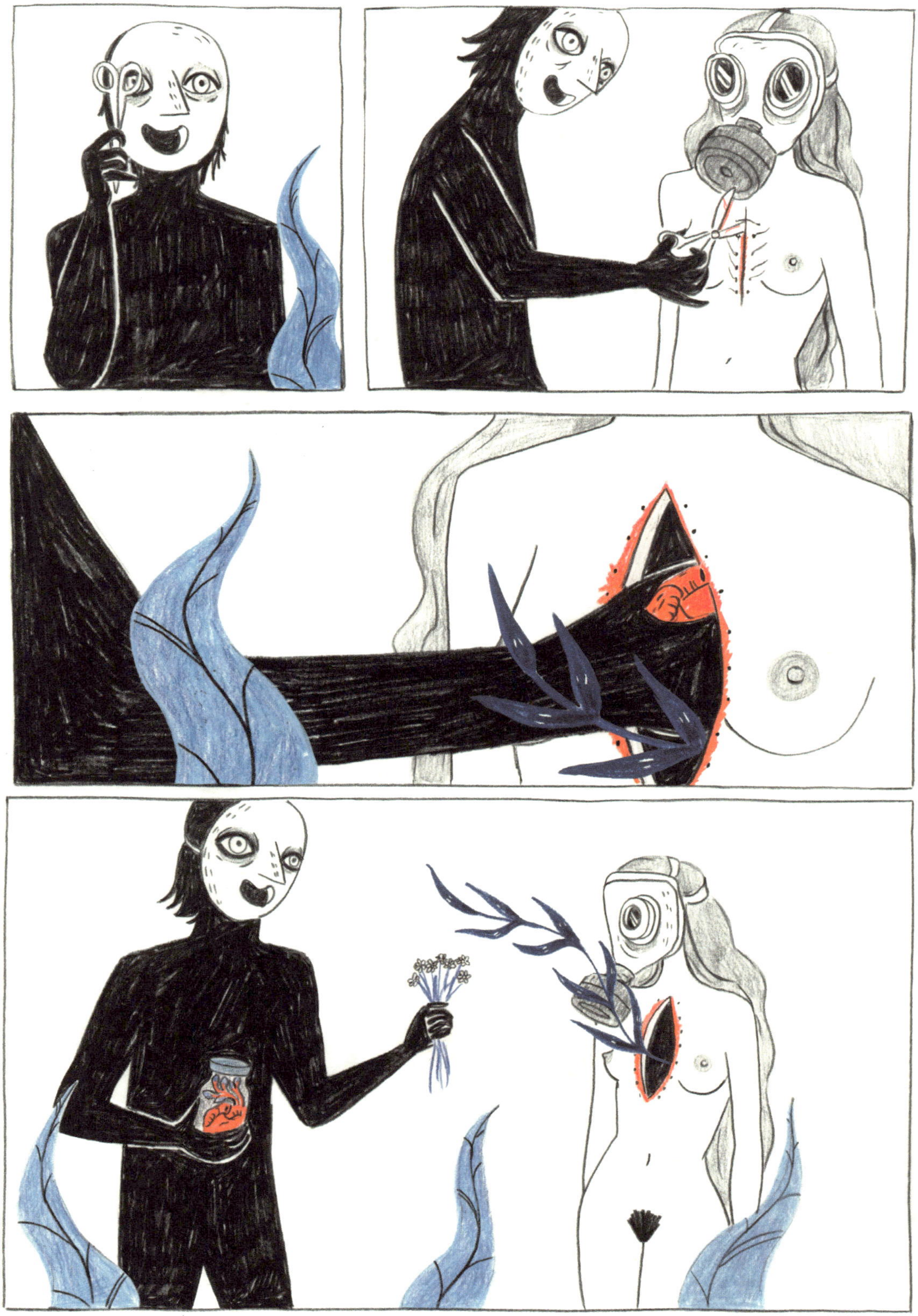

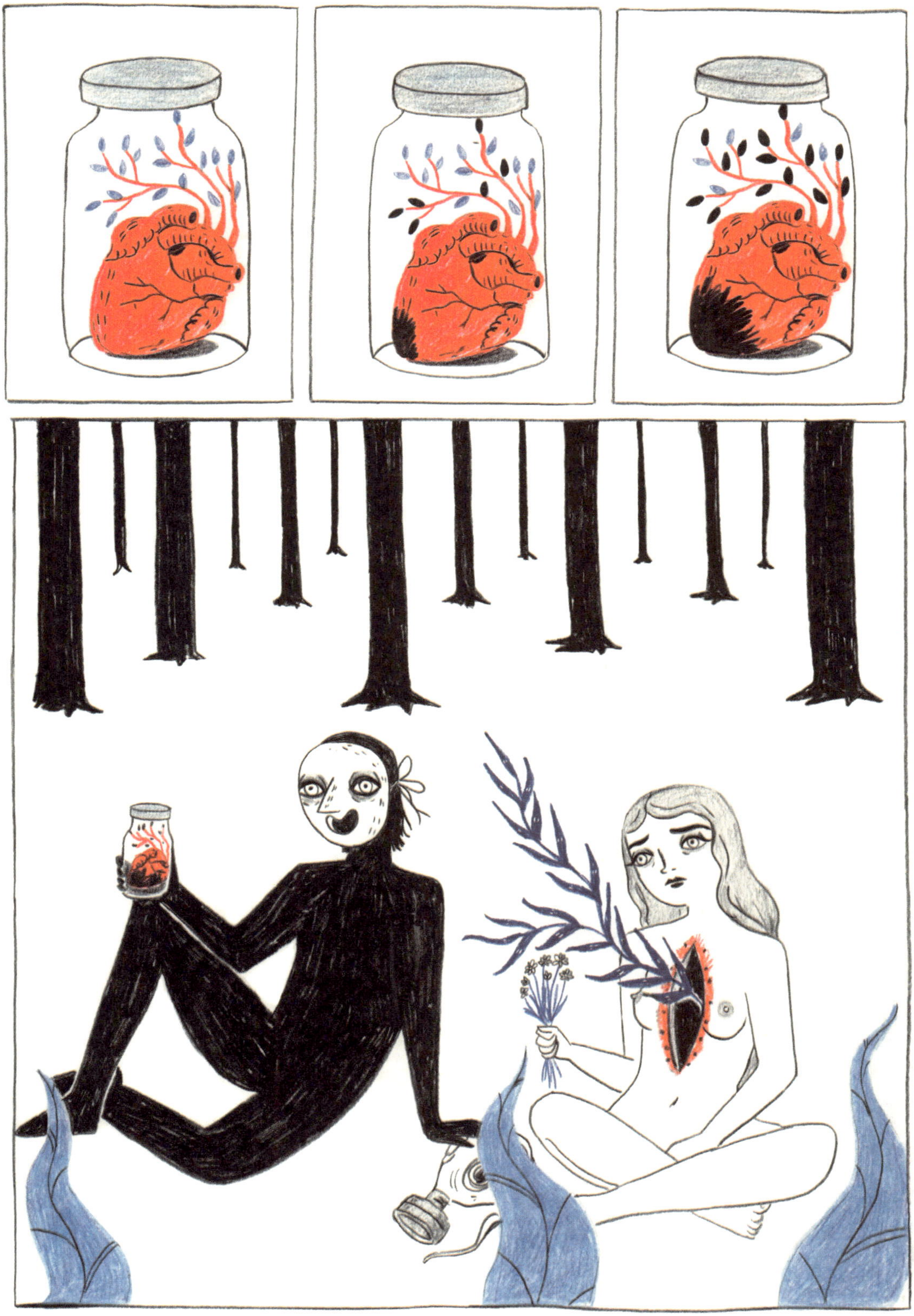

Resulta curioso cuán selectiva puede ser la memoria. Habíamos discutido tanto que aquellos años estaban llenos de agujeros negros en mi cabeza. Yo recordaba muchas disputas e incluso en qué momento habían tenido lugar; pero solo la emoción, pocas veces el detonante. Sin embargo, de aquella última aún recuerdo el motivo y las palabras exactas. Y también el lugar: la fiesta de fin de año.

Reíamos. Por unos minutos la ansiedad se había replegado a su madriguera como el monstruo ante la luz del sol, pero yo me reía demasiado y le interrumpí alguna vez; fui más yo de lo que él quería. «Me has avergonzado delante de mis amigos», me dijo en cuanto nos quedamos solos. Y sus palabras me dolieron más que todo lo que habíamos vivido juntos. El bosque entero guardó silencio: ya había recorrido suficiente camino en la penumbra como para dar un paso más. Le dije que me sentía cansada de luchar por la relación. Ya no me quedaban fuerzas para soportar otra pelea.

—Si te vas, no vuelvas —sentenció, sin saber que sus palabras marcaban un sendero de migas de pan hacia mí misma.

Salí de aquella casa, de la torre más alta de lo que un día me pareció un hermoso castillo, de aquel país, de aquella relación, de aquel bosque impenetrable.

E inesperadamente me sentí libre. Incluso feliz. Fue como si un mundo lleno de posibilidades se abriera ante mí, un hermoso claro en la arboleda.

El día que dejé aquel país que me era ajeno, me despedí también de esos compañeros que se habían agarrado a mí con fuerza.

Algunas veces han vuelto, pero cuando lo han hecho ya sé que están ahí para avisarme de que algo no va bien.

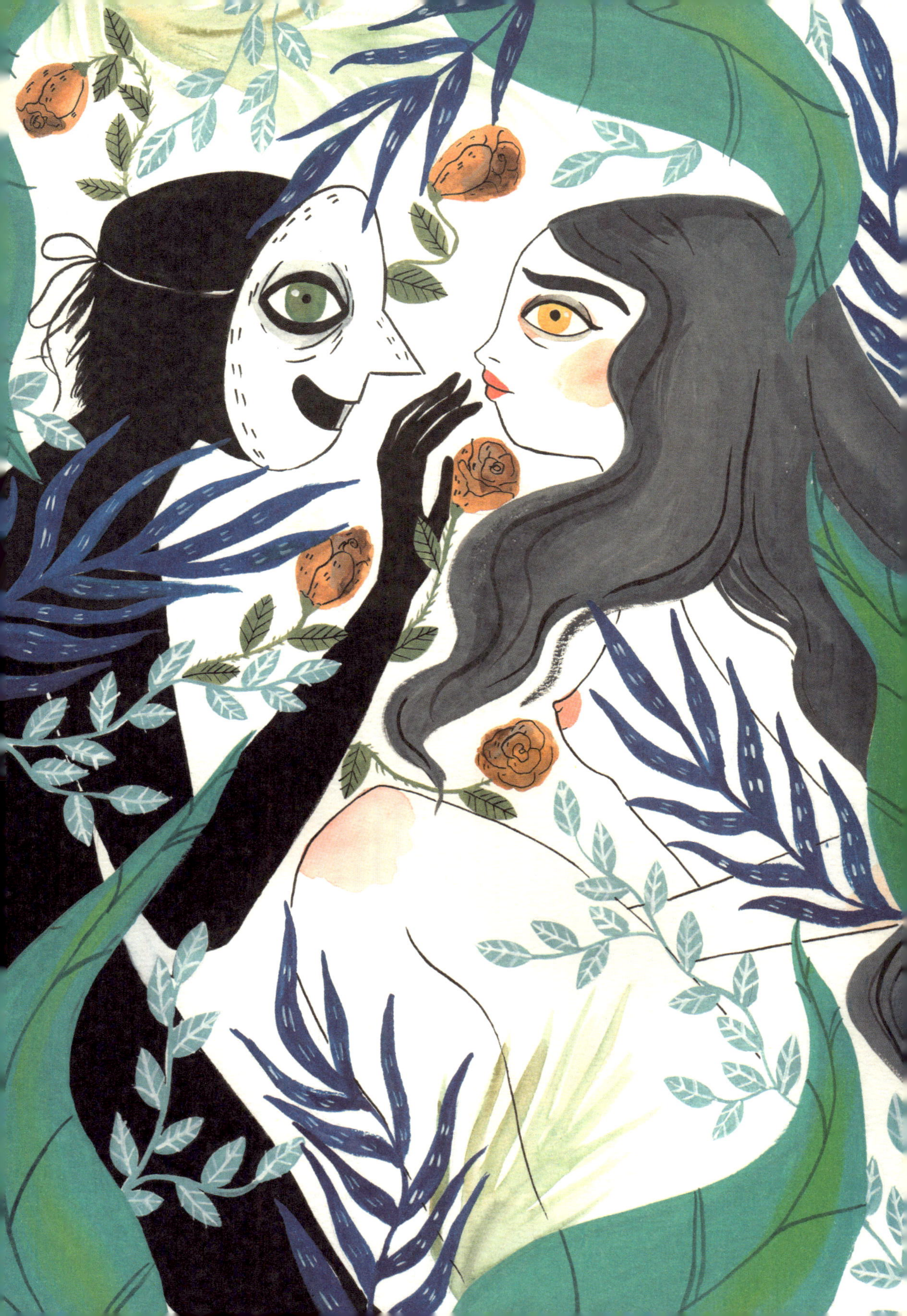

Romance de la huida

*Sobre agua fui construida,
mis muros de fuego son.
Aún llevo abierta la herida,
aún guardo en mi oído tu voz.
Las flechas rugiendo en la noche
en los muros se fueron a clavar.
Salían chispas que como estrellas
caían al fondo del mar.*

*Con miedo escapé de la torre
y no sabía a dónde ir.
Corriendo en medio de la noche
siento que vienen a por mí.
Estaba otra vez tan perdida
buscando en el cielo una luz.
Aún recuerdo la despedida
y las cosas que dijiste tú.*

*Veía relucir a lo lejos
la bella torre de marfil.
Tuve que secarme los ojos,
lo siento, me tengo que ir.
Y si me hubiera quedado
se habría apagado mi voz.
Dos flechas, una en cada mano,
la tercera en el corazón.*

*Dejé en tus manos la llave
de nuestro pequeño jardín
repleto de rosas fragantes,
de nomeolvides y jazmín.
Y aún llevaré abierta la herida
de la flecha que me alcanzó.
Sobre agua fui construida,
mis muros de fuego son.*

LORENA ÁLVAREZ

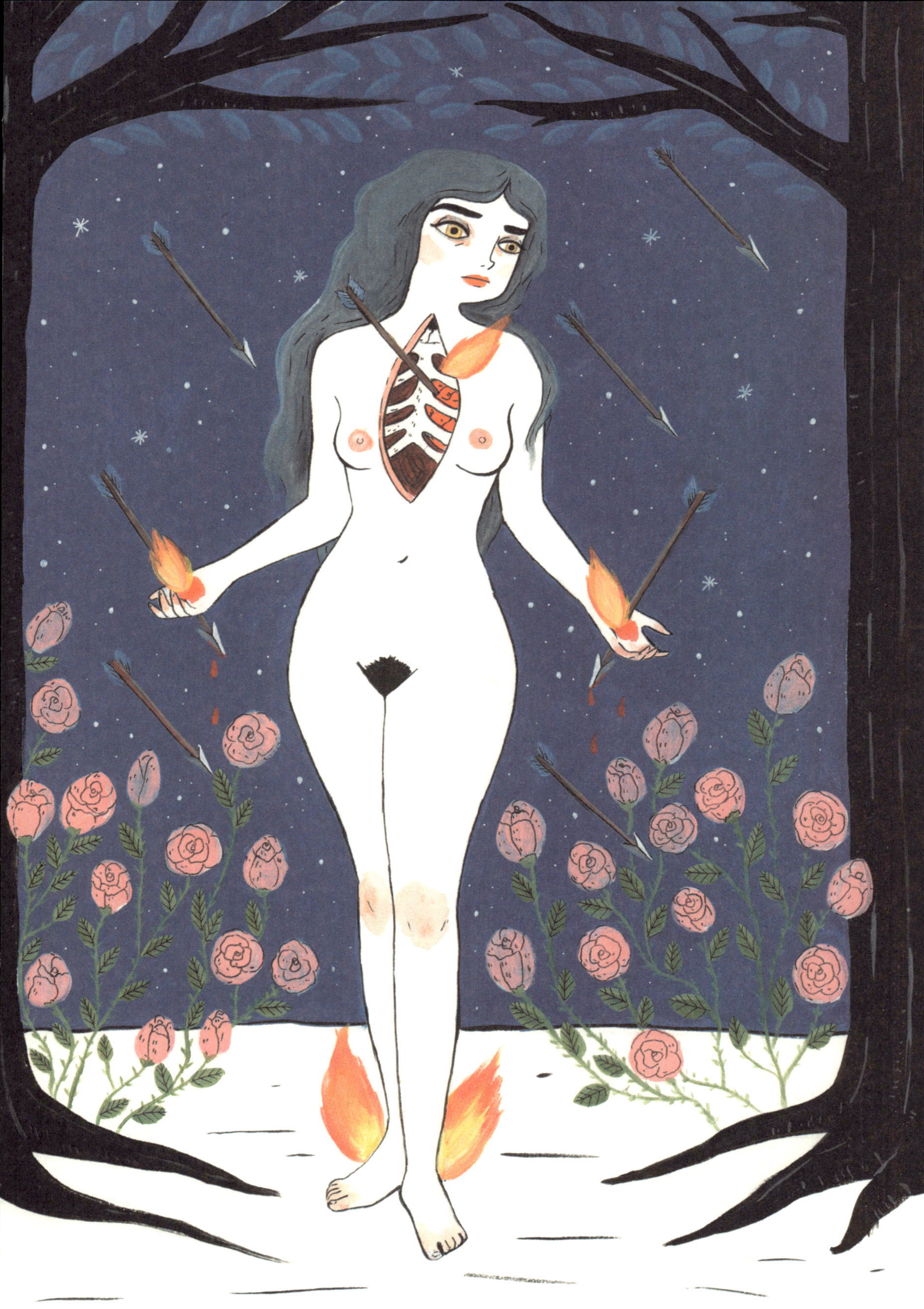

Durante unos años disfruté de la quietud del claro del bosque. Empecé a ganarme el pan trabajando en lo que me gustaba, la vida profesional me sonreía, me rodeé de una tribu de amigas que me fortalecieron como persona, adquirí una seguridad con la que jamás había soñado. En cuanto a Luis, me convencí de que nuestra relación no había prosperado por incompatibilidad de caracteres, y que su alargada sombra había quedado bien lejos.

Hasta que Olivia me habló de Mario, su expareja, y de la relación de maltrato que había sufrido. Y, por algún misterioso motivo, sus palabras acabaron por conectarme con un miedo muy escondido entre las ramas de mi memoria. Pero lo mío no había sido maltrato, Luis nunca me había llamado «puta». Tampoco me había prohibido nada, yo había renunciado voluntariamente a todo, era la condición para estar juntos, pero no me había obligado. Yo misma había decidido vivir una vida que no era la mía.

Y aun así, cuando Olivia me hablaba de Mario, mi estómago se removía como en aquellos tiempos en los que me encerraba en la habitación pequeña de la casa y me acurrucaba en la cama a llorar, sintiendo que estaba perdiendo la cabeza.

Entonces, uno tras otro, regresaron los recuerdos que había enterrado, como la noche que Luis irrumpió en el dormitorio para gritarme y acabé arrinconada bajo un dedo acusador. Esa noche que me encogí delante del lobo porque, aunque sabía que no iba a atacarme, podía ver el filo de sus colmillos.

Y entendí que daba igual cómo nombrase aquella relación, que el miedo había dirigido toda esa época de mi juventud, miedo a quedarme sola, a no merecer nada mejor, a estar loca. De nada servía intentar olvidarlo o esconderlo en las profundidades de la mente.

Al miedo hay que plantarle cara.

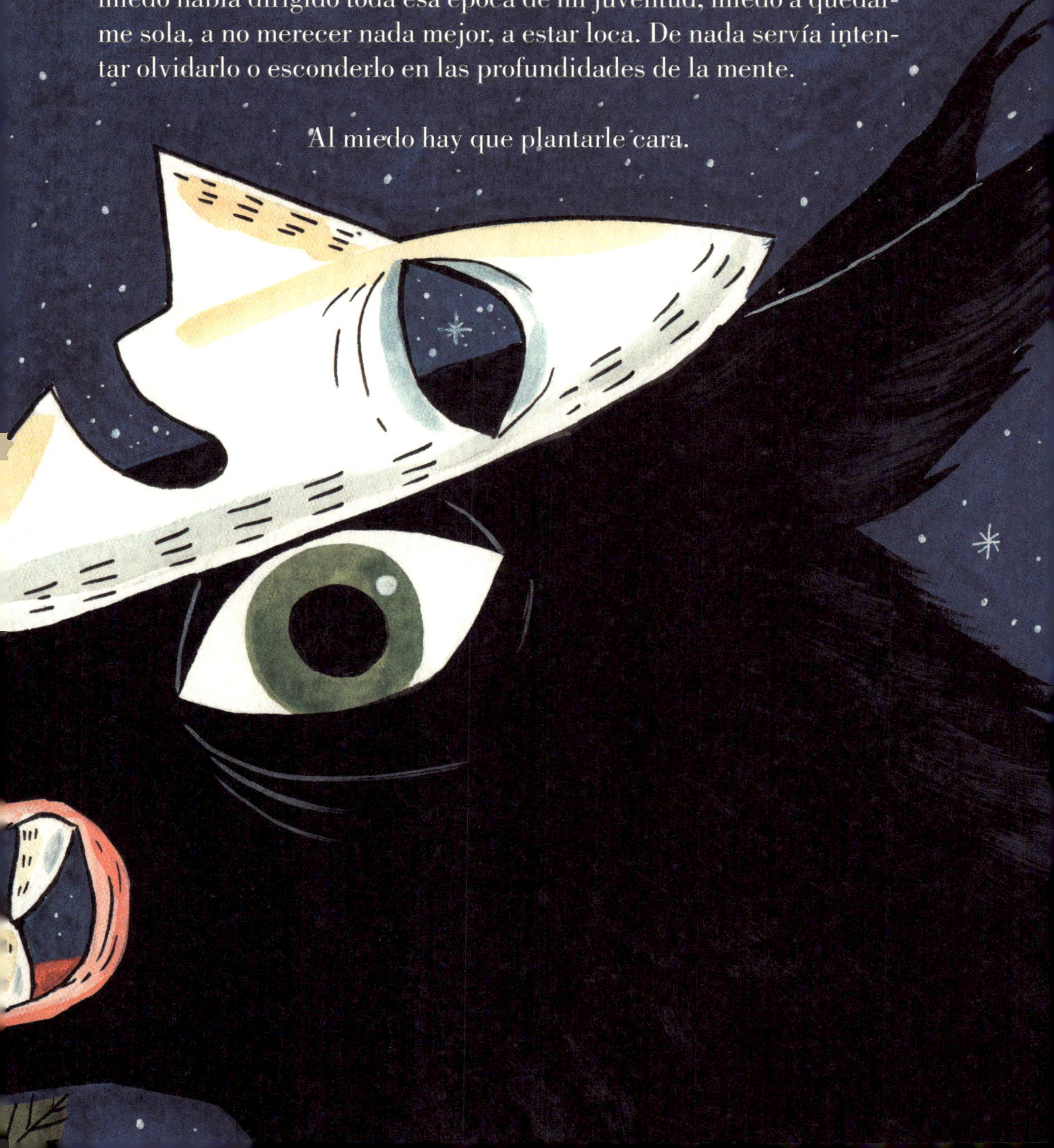

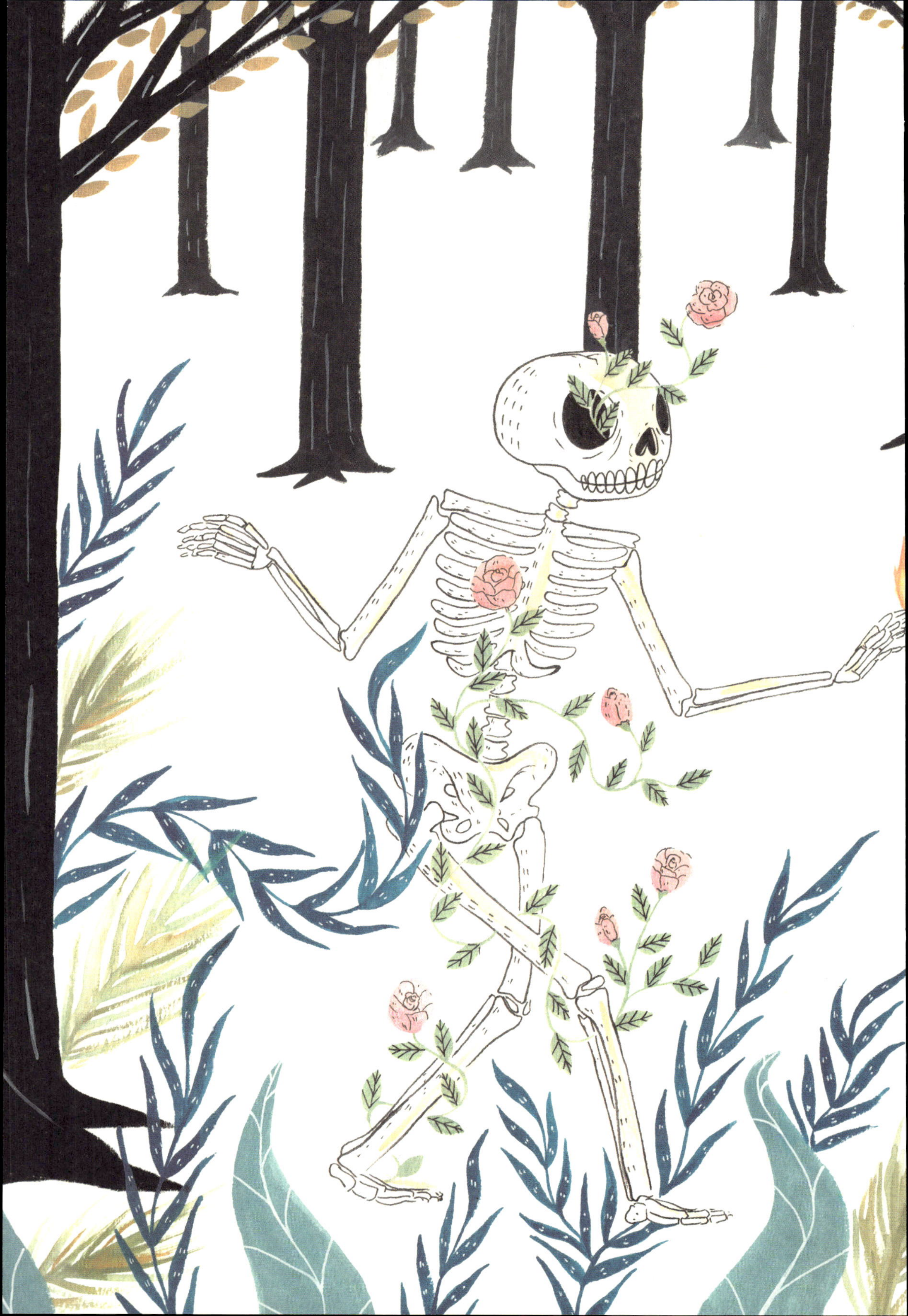

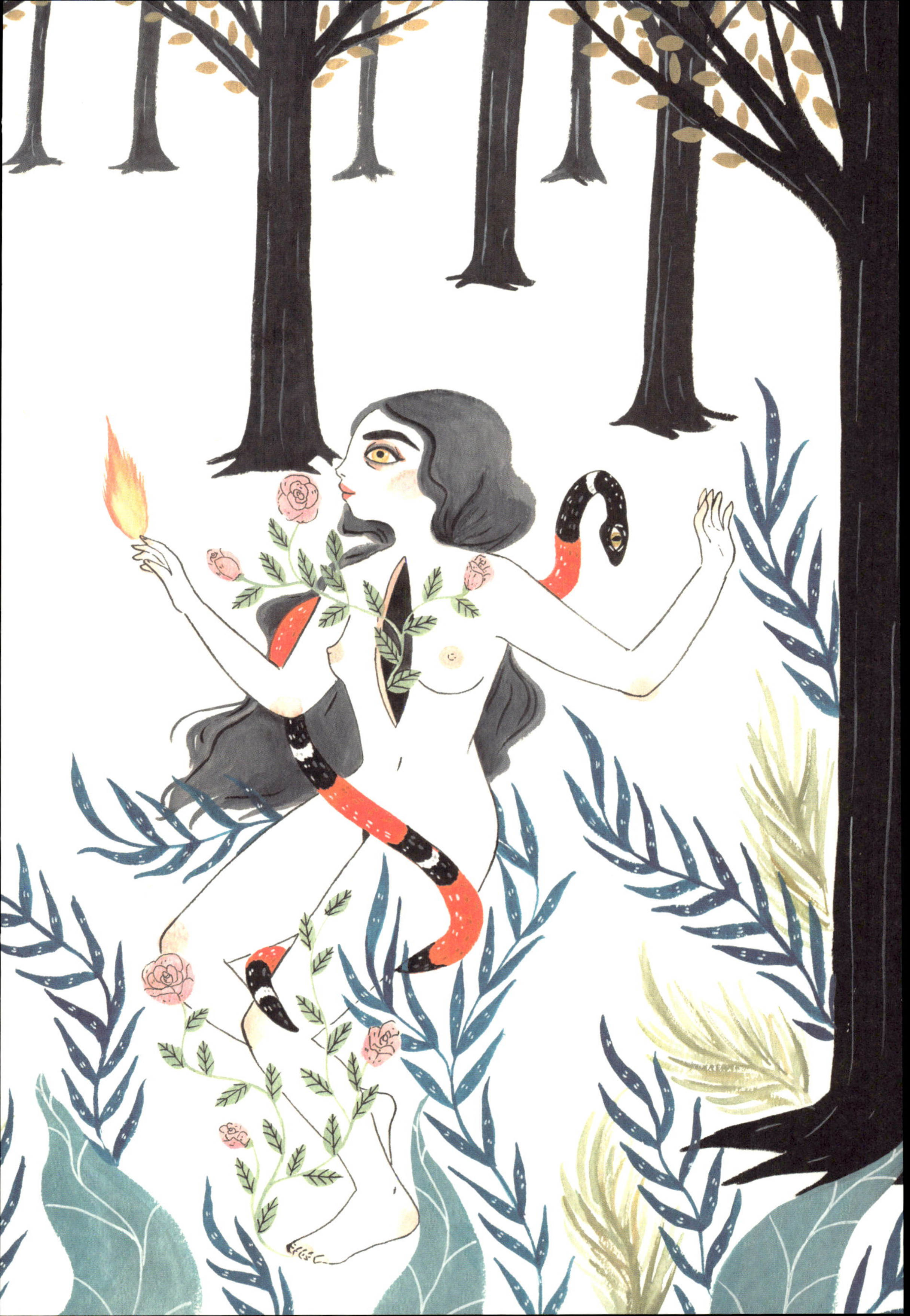

La sombra de Luis era alargada. Y la de Marcos, la de Pedro, la de Pablo… Con Marcos descubrí los peligros del amor posesivo. Él me regalaba una rosa al mes. Su amor por mí era tan enorme que se bastaba por sí solo. Pero él tenía inseguridades, confesaba, así que ¿por qué no leer unas páginas de mi diario para asegurarse de que era correspondido? Aun así, las certezas duraban poco, se desvanecían si alguna noche quedaba para salir con una amiga. El día que decidí dejarlo atrás me di cuenta de que durante tiempo me había faltado el aire. Él quiso que volviéramos, pero yo ya no estaba dispuesta a seguir respirando con una escafandra. Nunca más soporté una relación donde los celos estuvieran presentes y donde no cupieran más de dos personas.

Con Pablo, con Carlos, con Juan aprendí que las miguitas no son para mí, que yo quiero el pastel entero. No deseo ser un regalo que les da la vida justo en el momento en que ellos no están preparados para abrazarlo de lleno.

Con Nacho, entendí que el amor no es amor cuando a la pareja la dejas brillar, pero sin pasarse. Que ese brillo no puede ser motivo para venirse a menos, llegar a una depresión, buscar consuelo en otras, afianzar las inseguridades, y que esas inseguridades pasen a ser las tuyas —porque qué tendrán esas otras que tú no tienes…—. Que el problema no eran las otras, ni tú: el problema era él. Las mujeres siempre hemos celebrado el éxito de nuestras parejas.

Entonces me atreví a volver a aquella torre que llevaba mucho abandonada, y acaricié las grietas que aparecieron mientras estuvimos juntos y que casi la habían derrumbado. Con el tiempo había brotado vida nueva en ella, raíces que se entrelazaban y la mantenían fuerte. Para entonces yo ya había entendido que discutir no era pelearse, que era más fácil ceder cuando las dos partes están dispuestas a hacerlo. También había aprendido a trazar mis límites y a no aceptar silencios castigadores. A hablar las cosas en lugar de guardarlas hasta que estallan. Para entonces, ya había conocido a Bruno y había comprendido que él no era Luis, ni Nacho, ni Pablo. Así que empujé esa torre con todas mis fuerzas y la derribé.

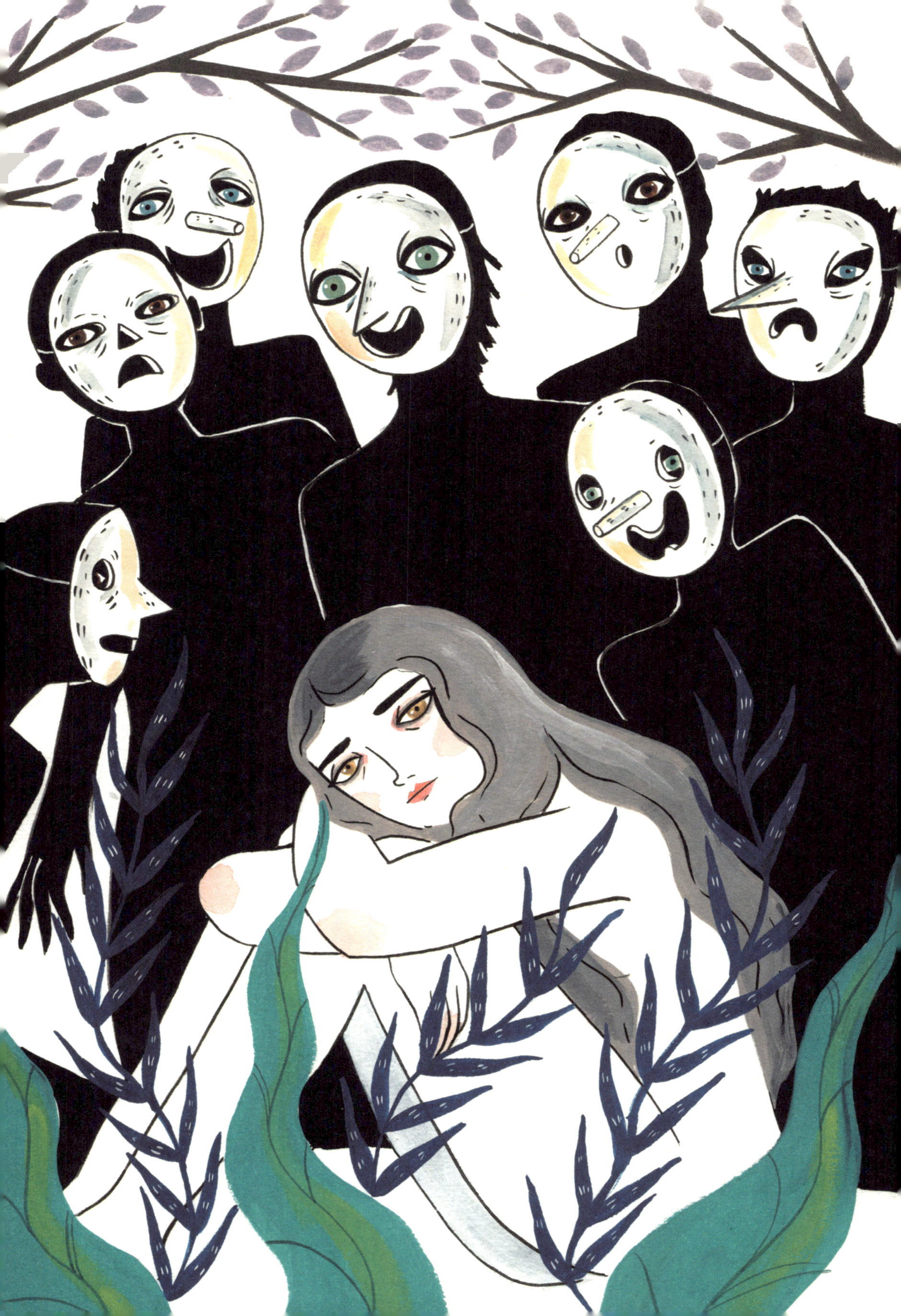

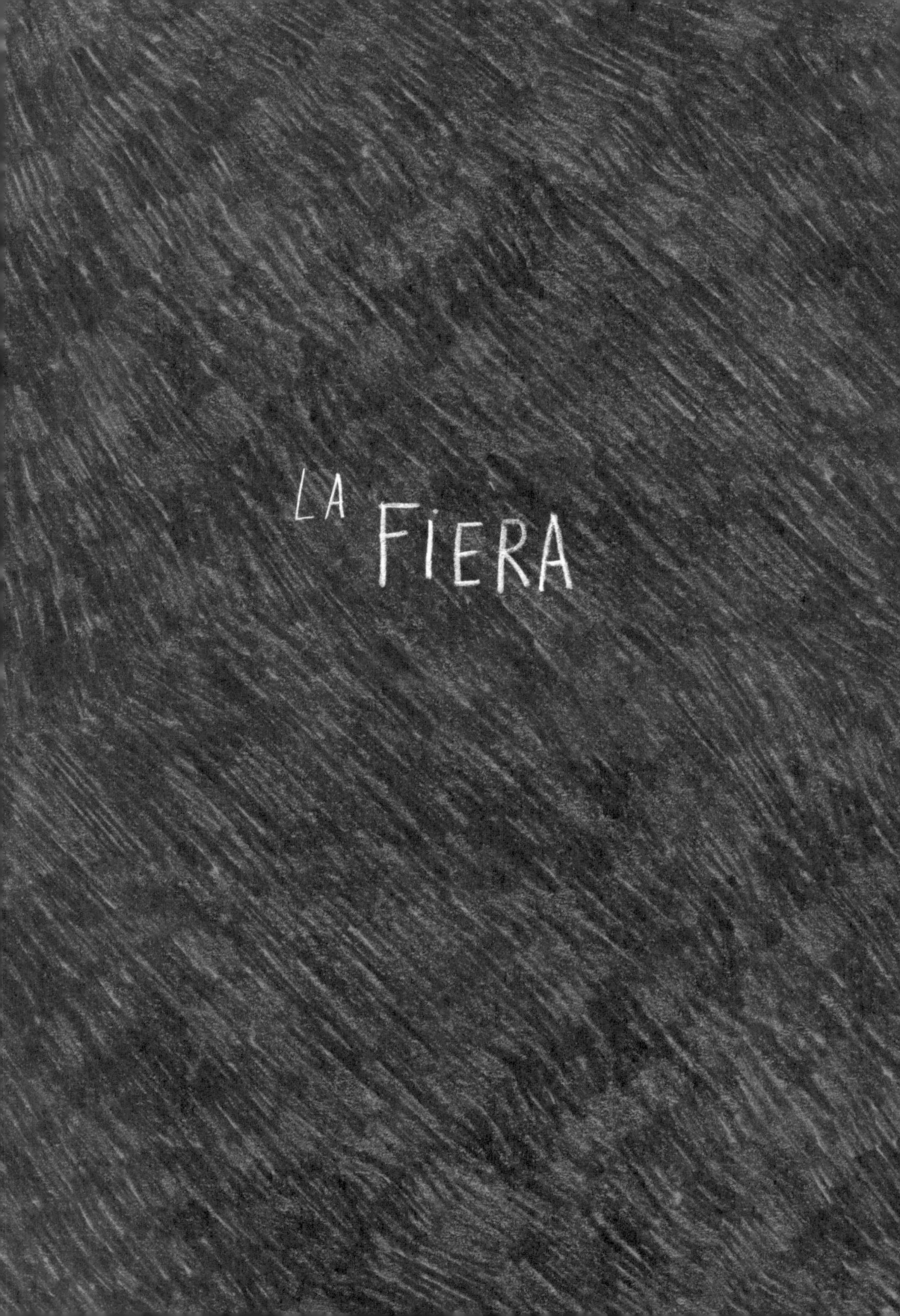
LA FIERA

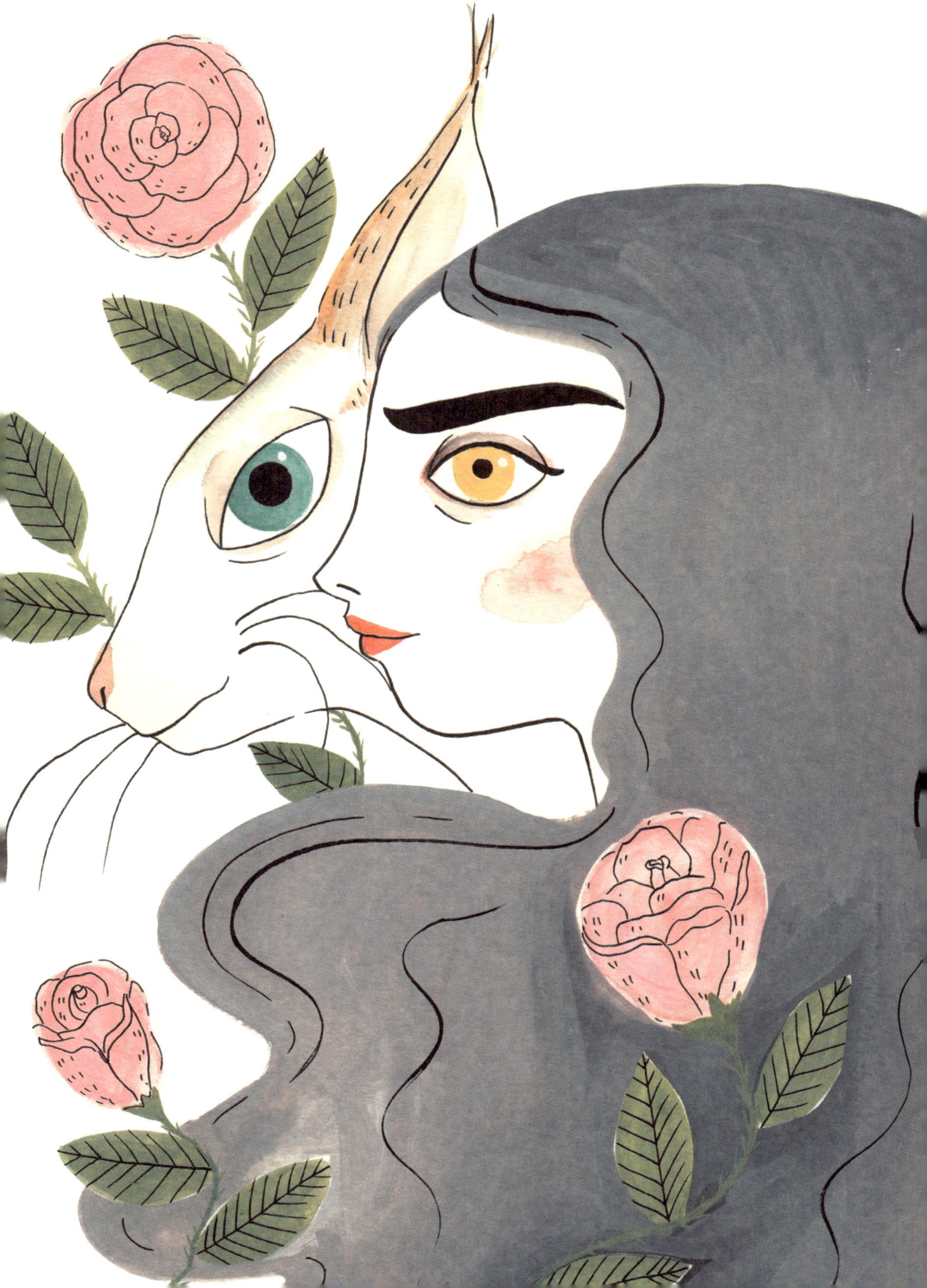

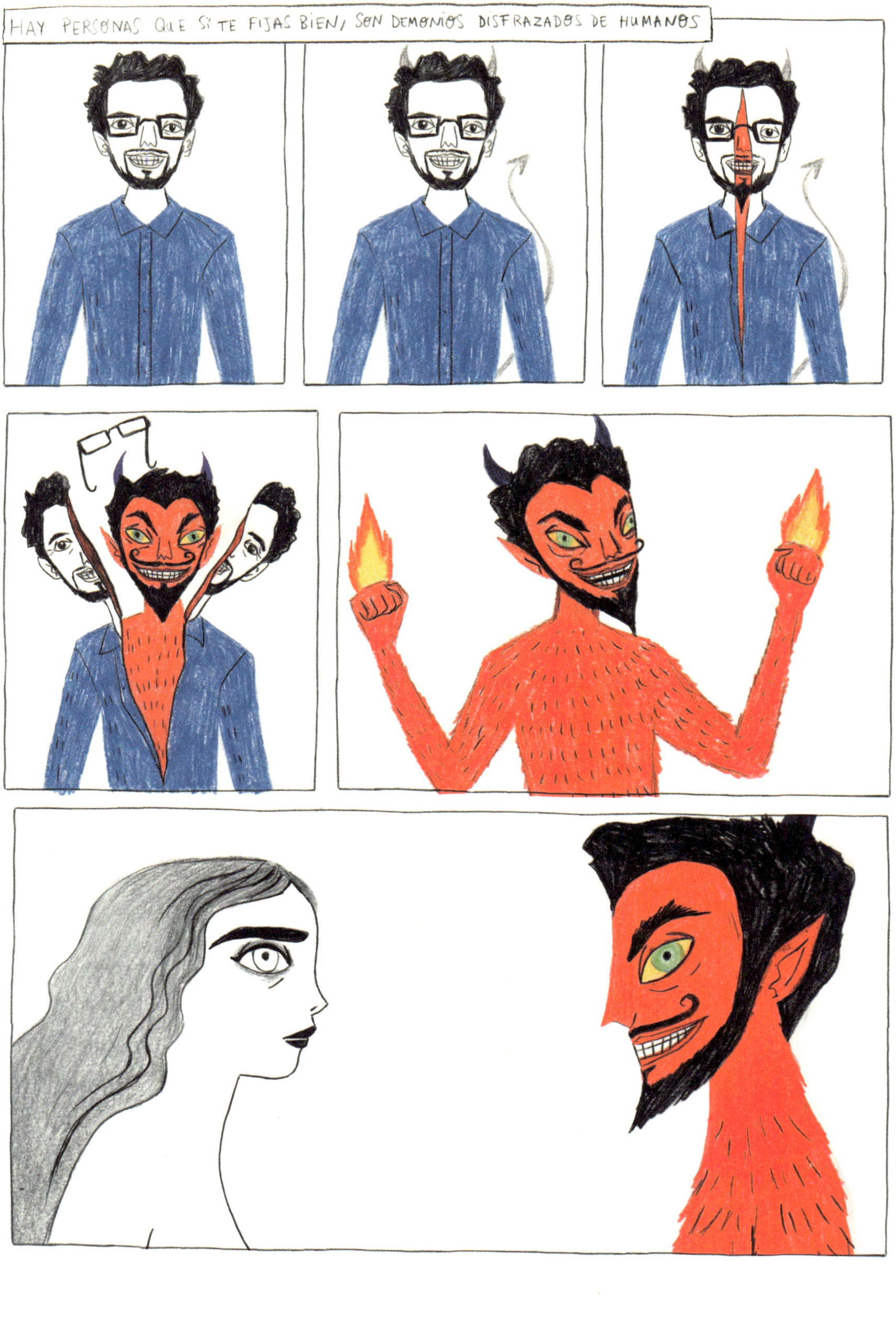
HAY PERSONAS QUE SI TE FIJAS BIEN, SON DEMONIOS DISFRAZADOS DE HUMANOS

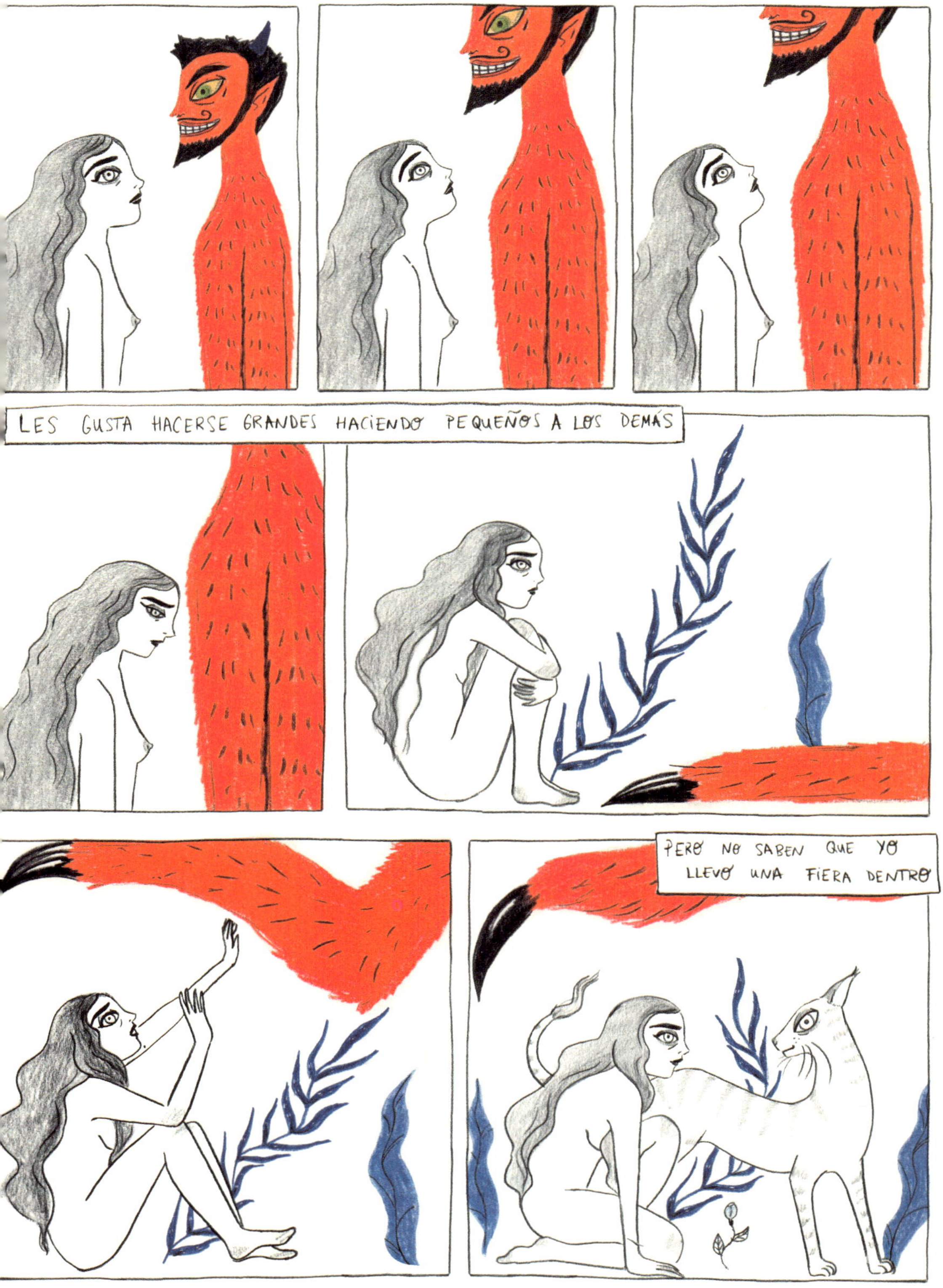
LES GUSTA HACERSE GRANDES HACIENDO PEQUEÑOS A LOS DEMÁS
PERO NO SABEN QUE YO LLEVO UNA FIERA DENTRO

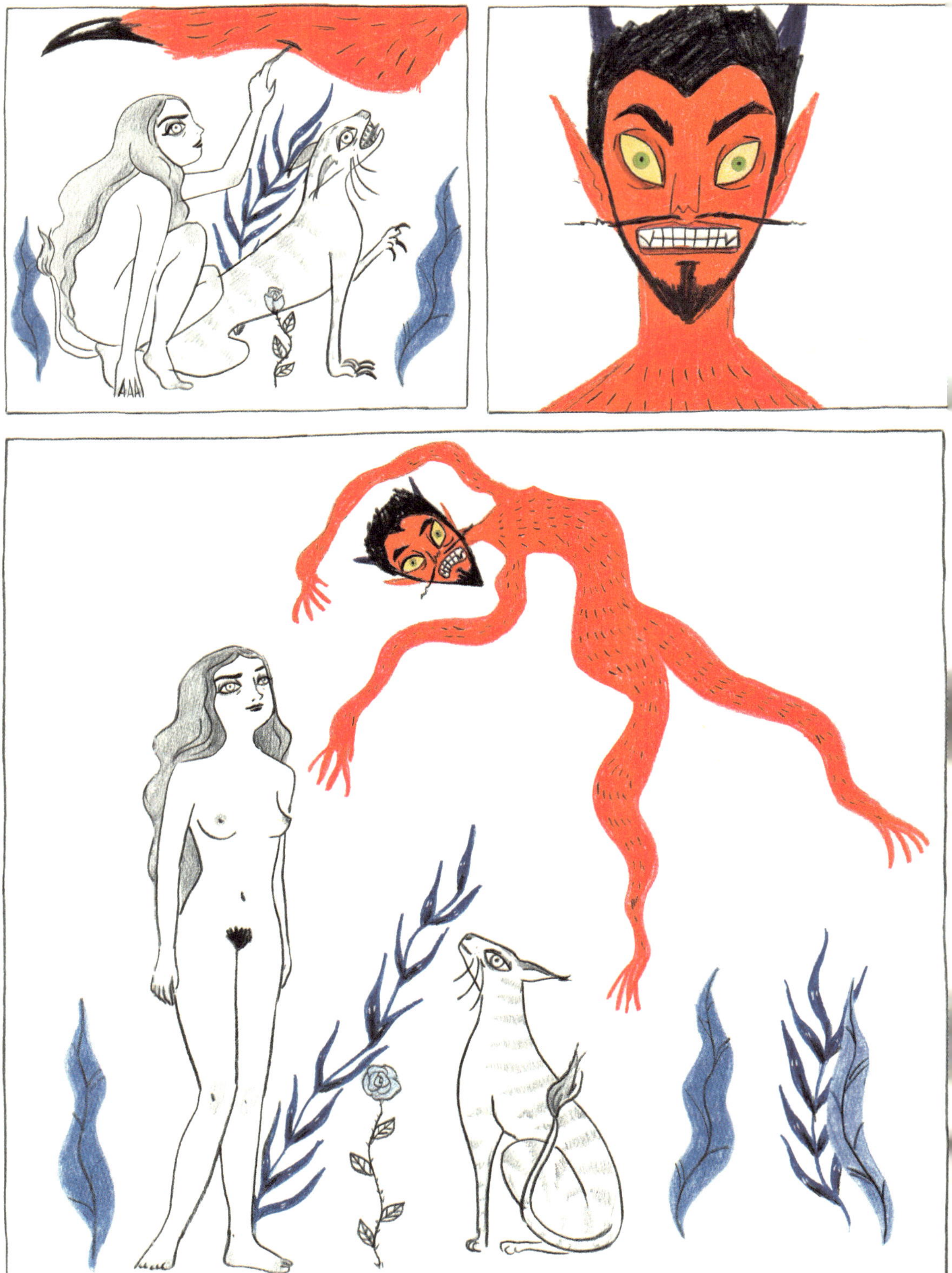

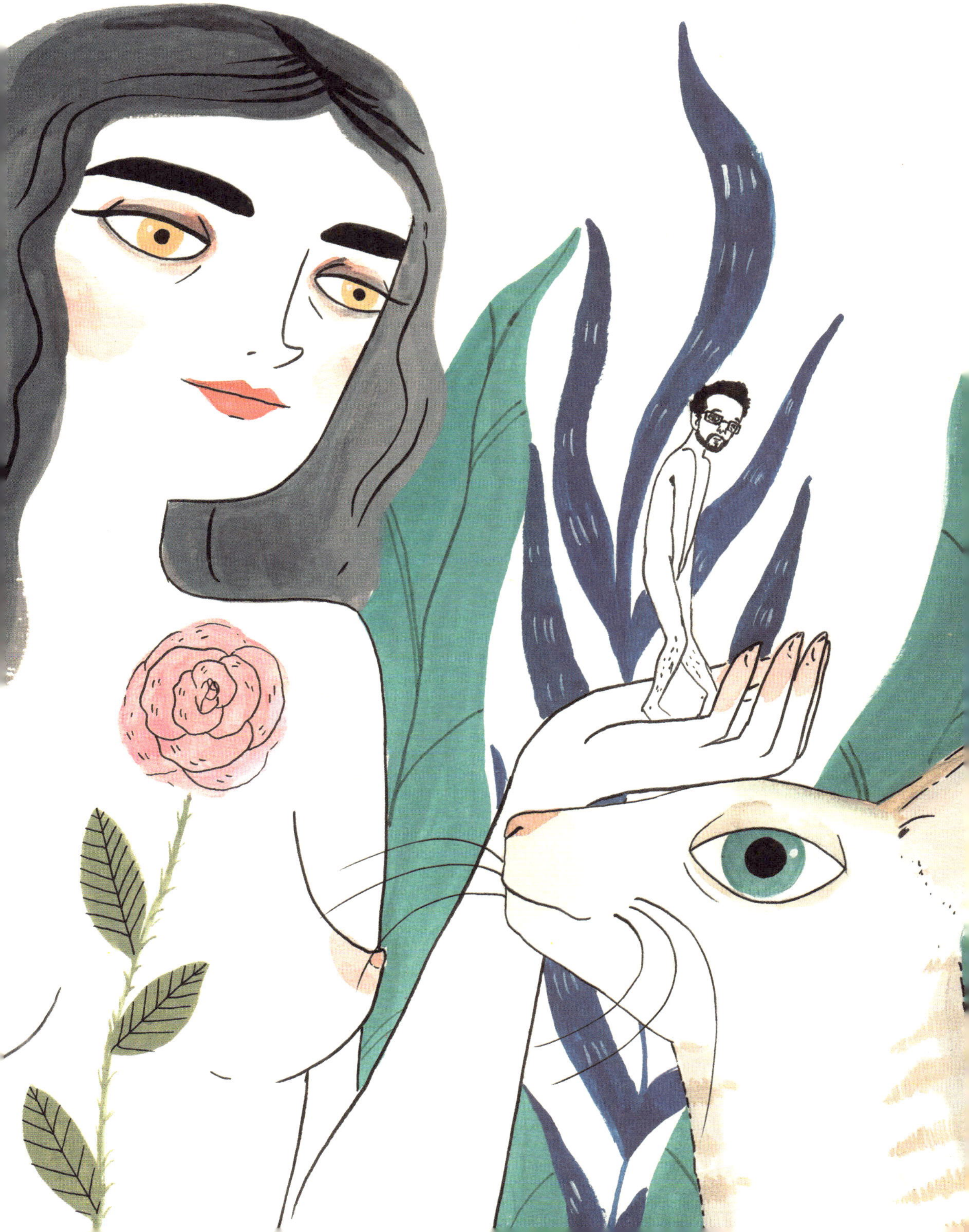

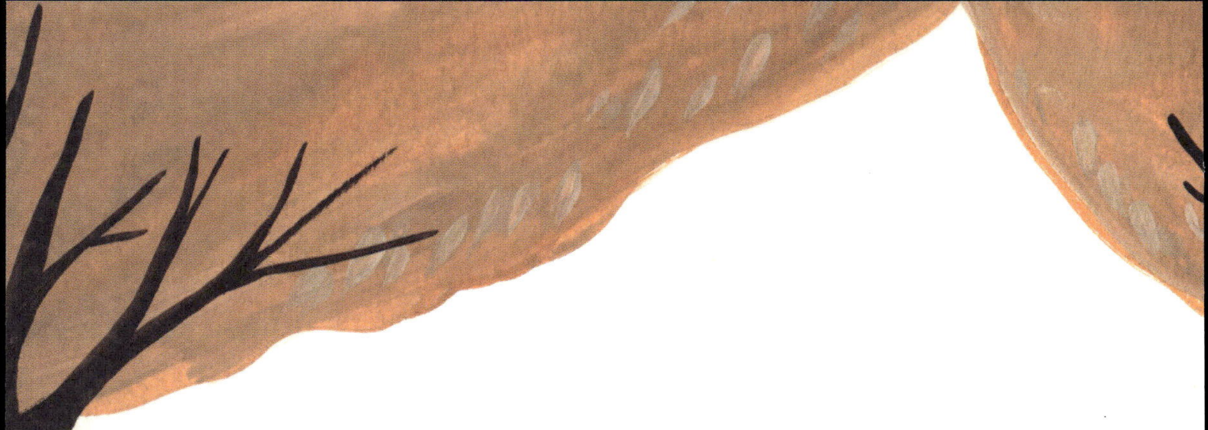

Pero otras veces, la fiera no aparece por ningún lado y vuelvo a ser aquella niña que se sentía sola en el patio del recreo.

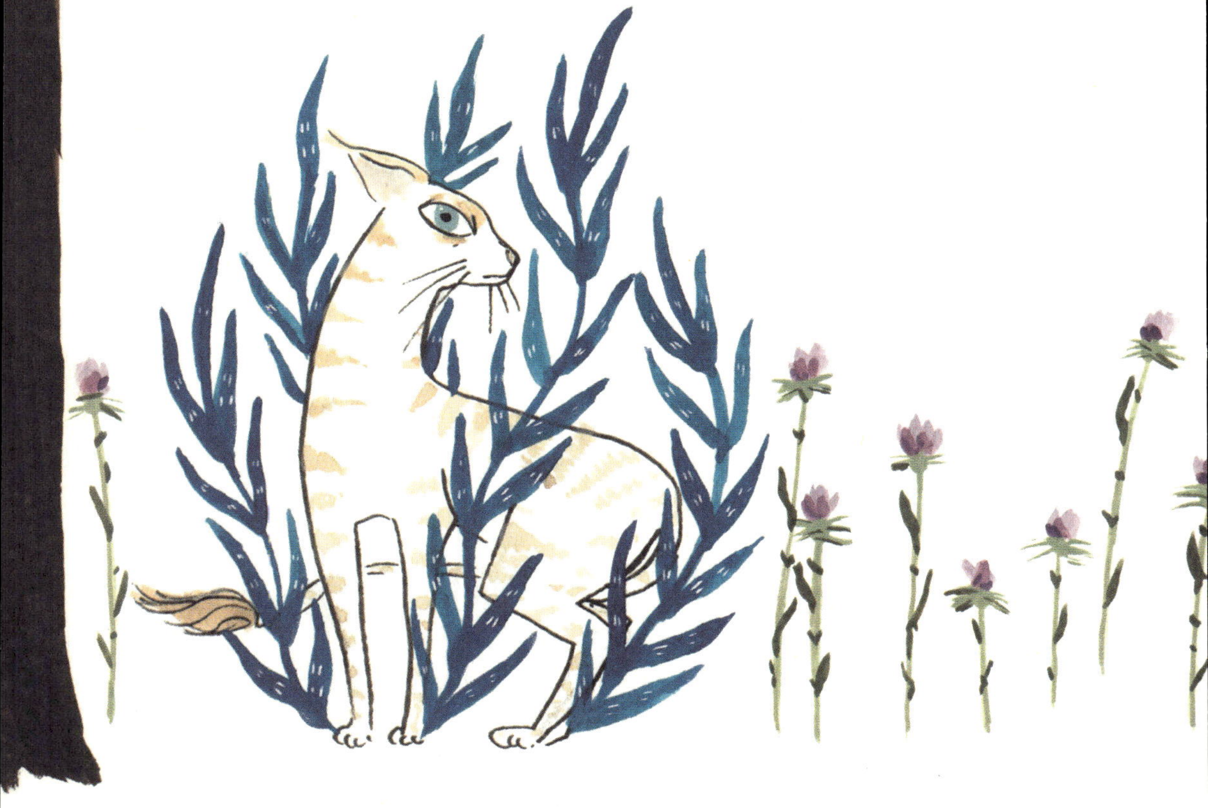

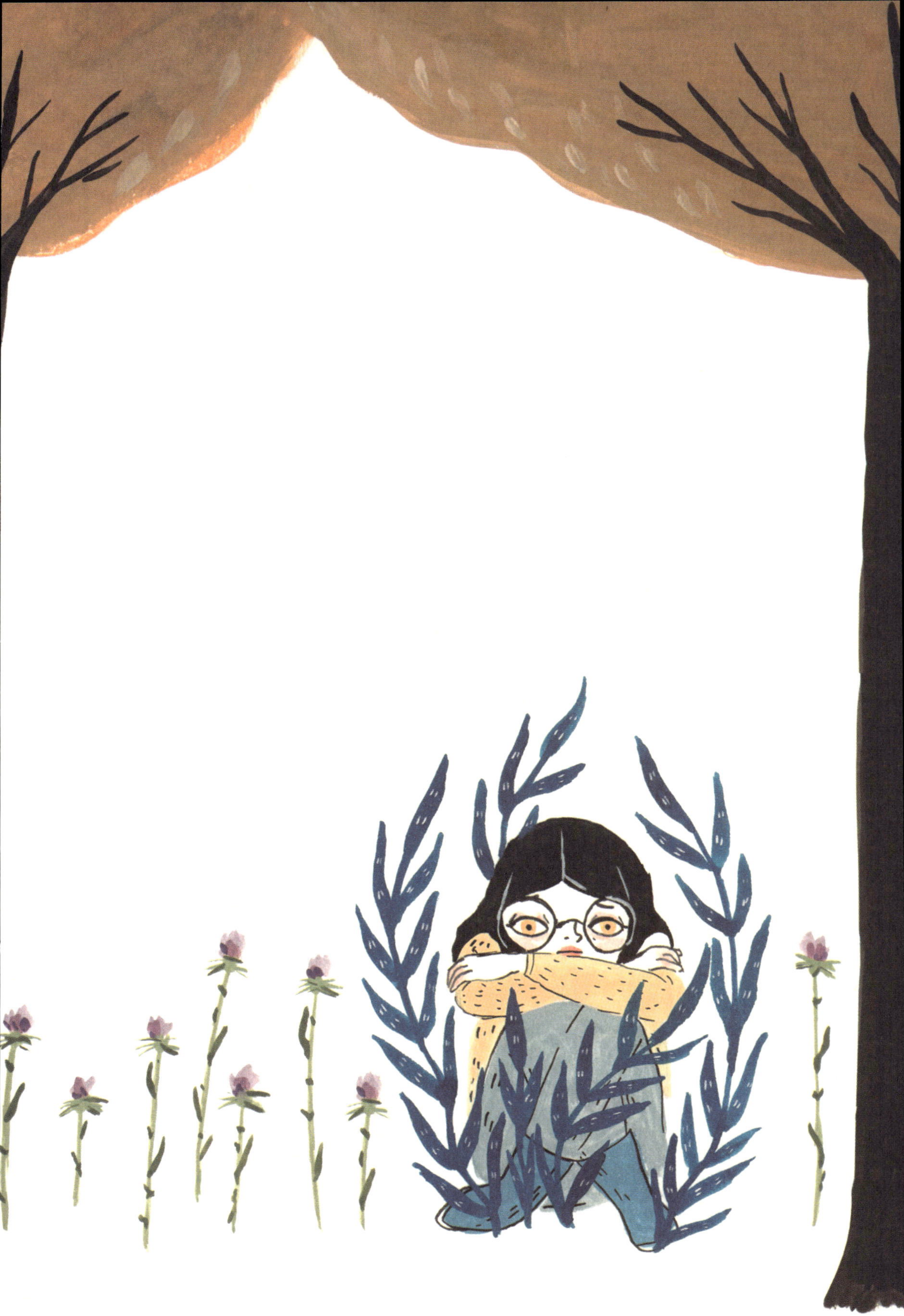

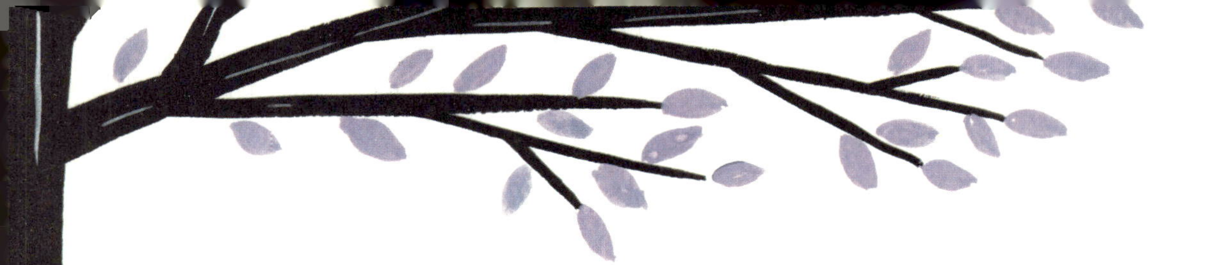

Encogida, me agarro al suelo y pienso que hay algo de hogar en ese miedo, algo de tierra conocida, y eso no es bueno. El miedo se transita fácil, es como recorrer un surco que tú misma has abierto en el barro.

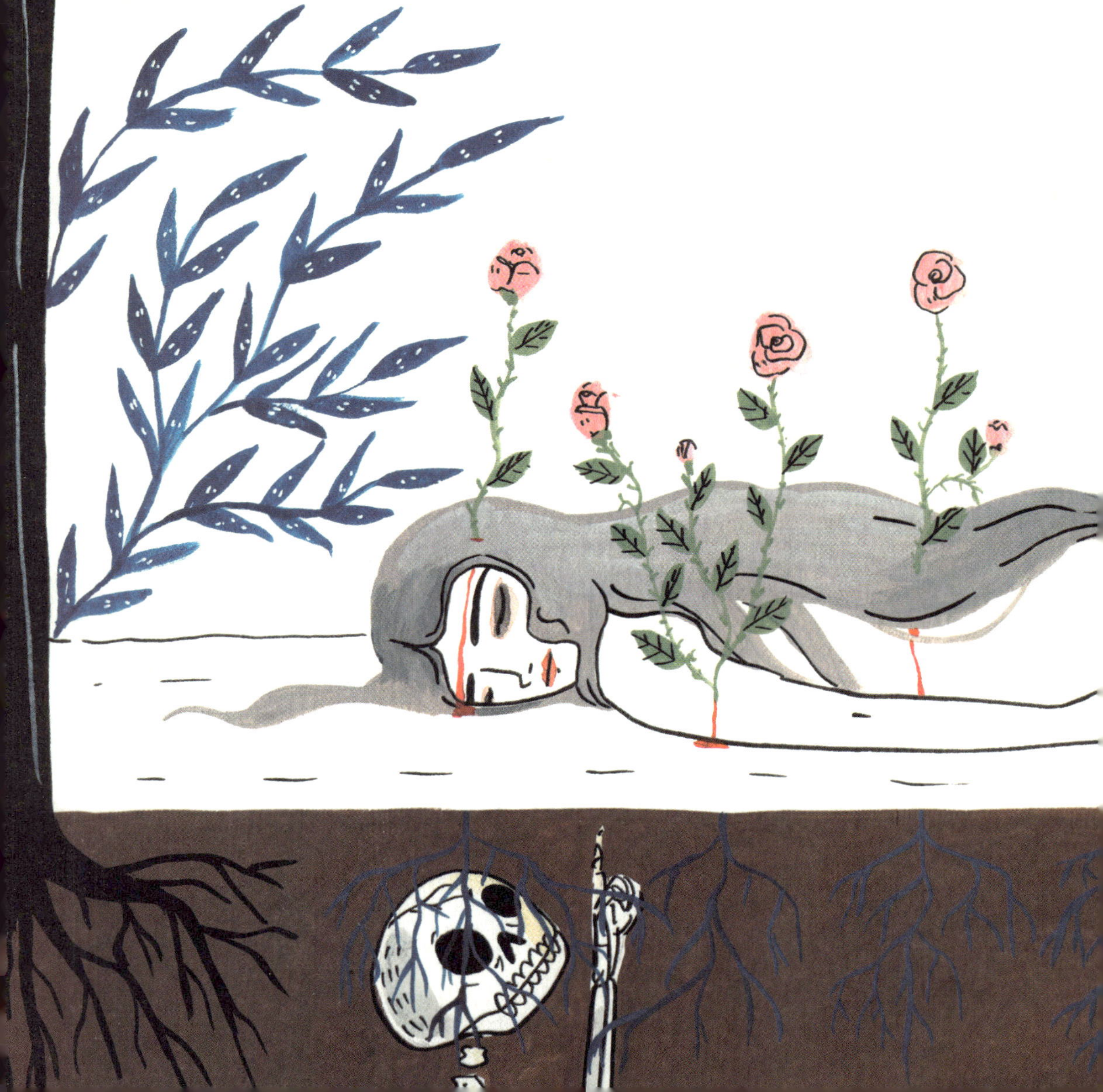

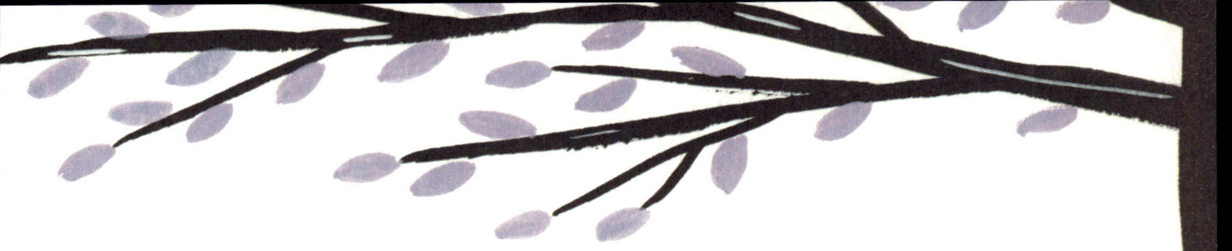

Tiene la simplicidad del camino ya transitado y la fuerza de las arenas movedizas: hundes un pie y te abraza, tira de ti hacia abajo. Es algo muy parecido al vértigo: me da miedo asomarme al precipicio y, por evitar la caída, lanzarme yo misma al vacío.

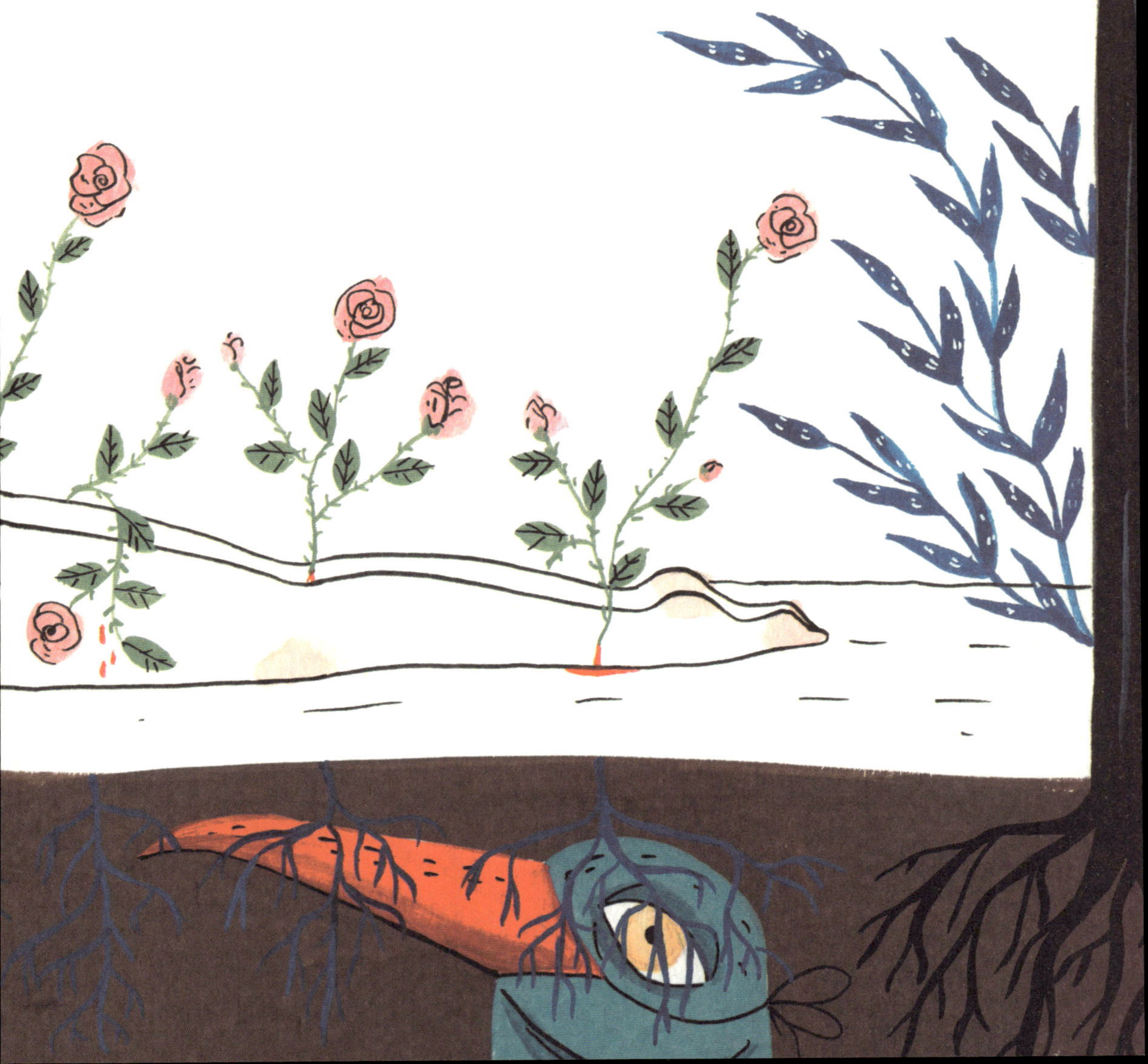

La Madre de Cronos

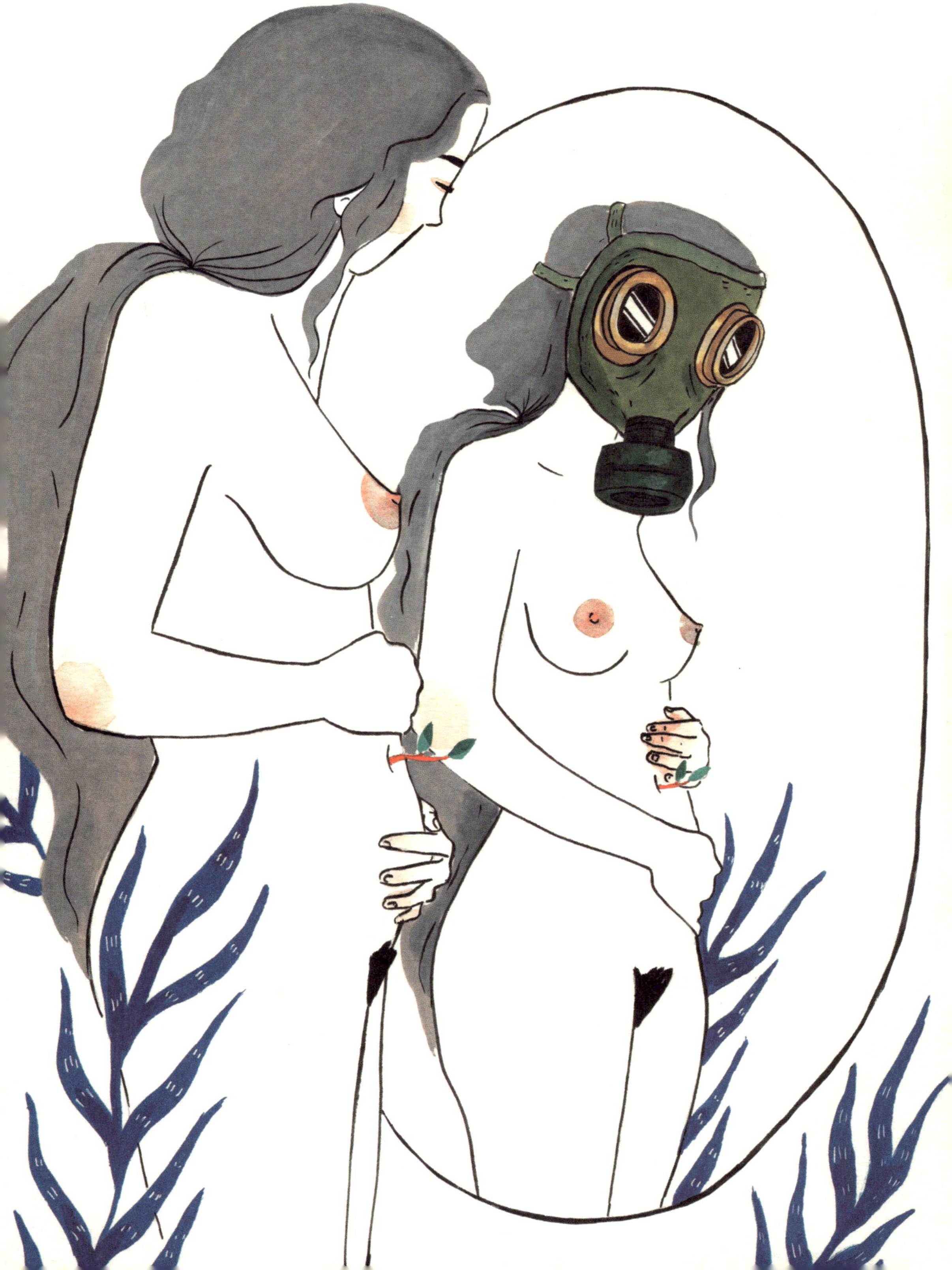

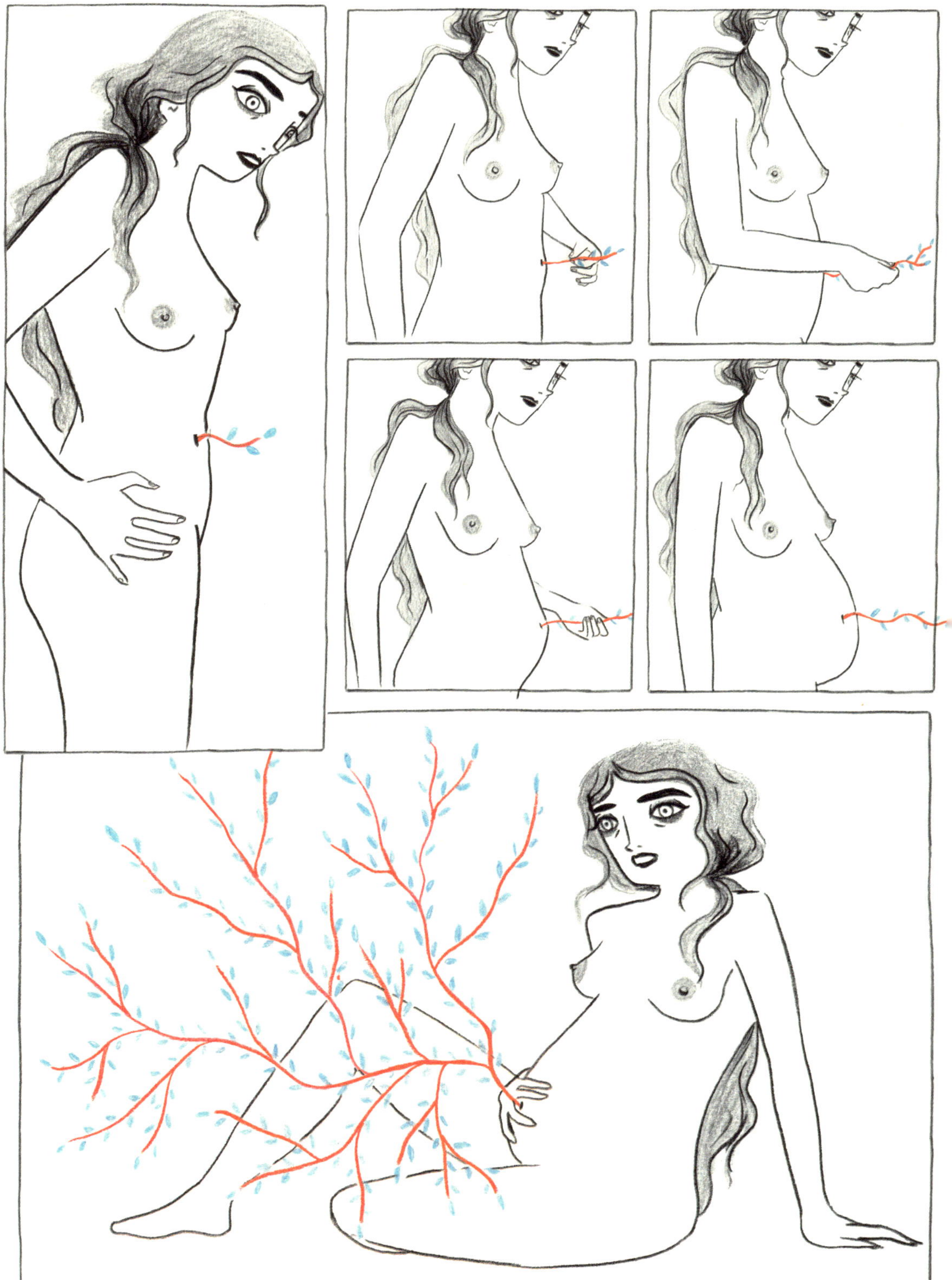

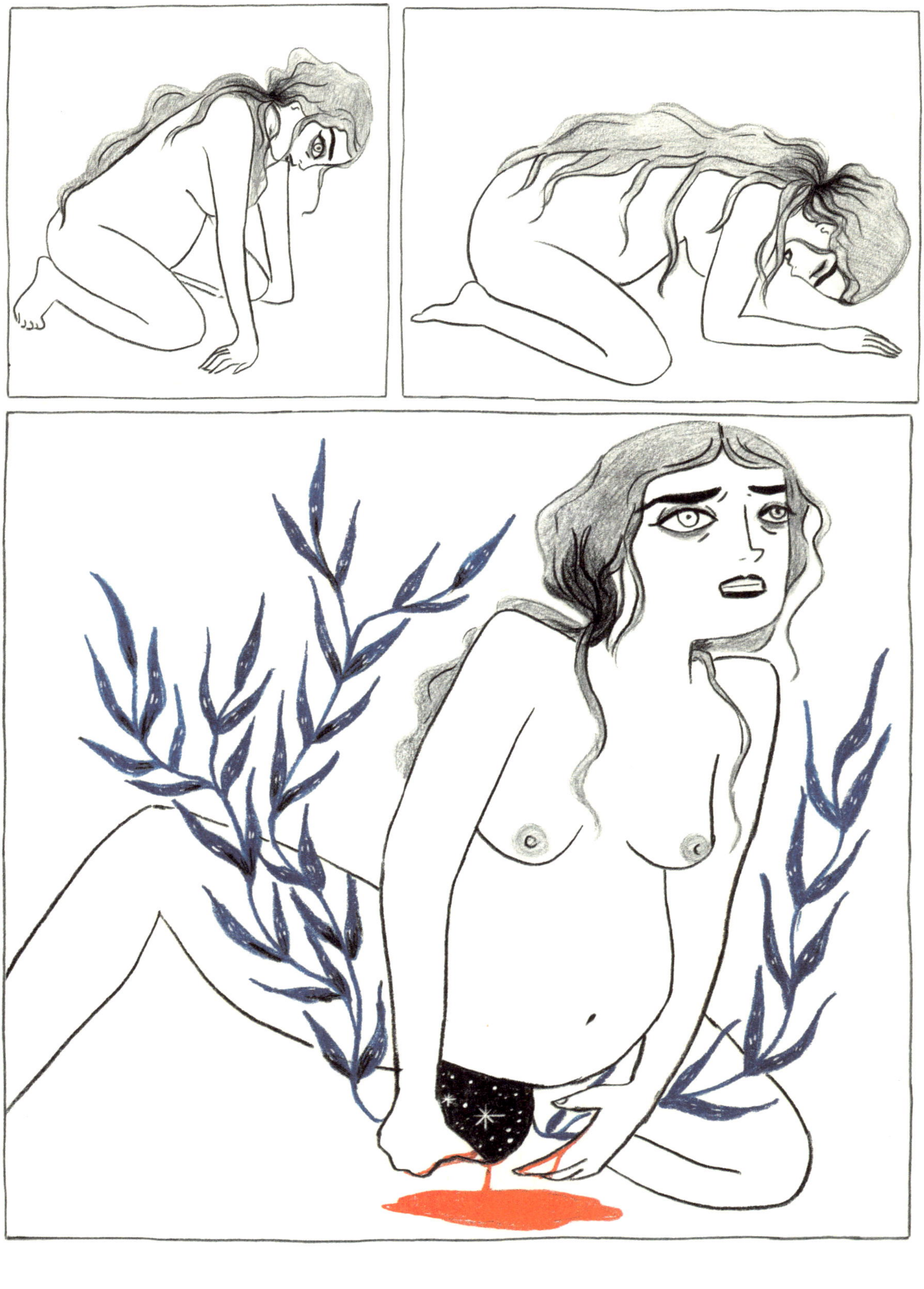

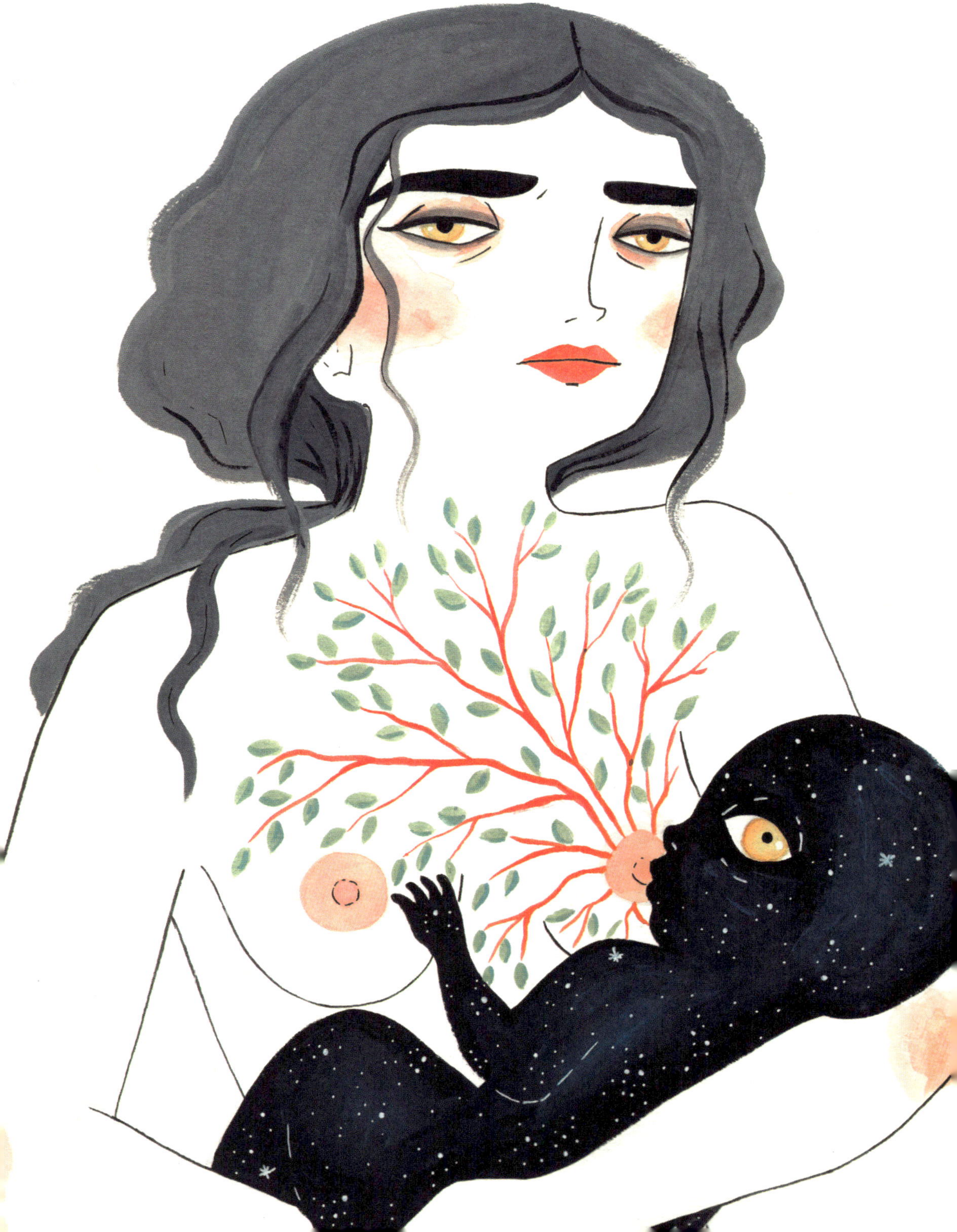

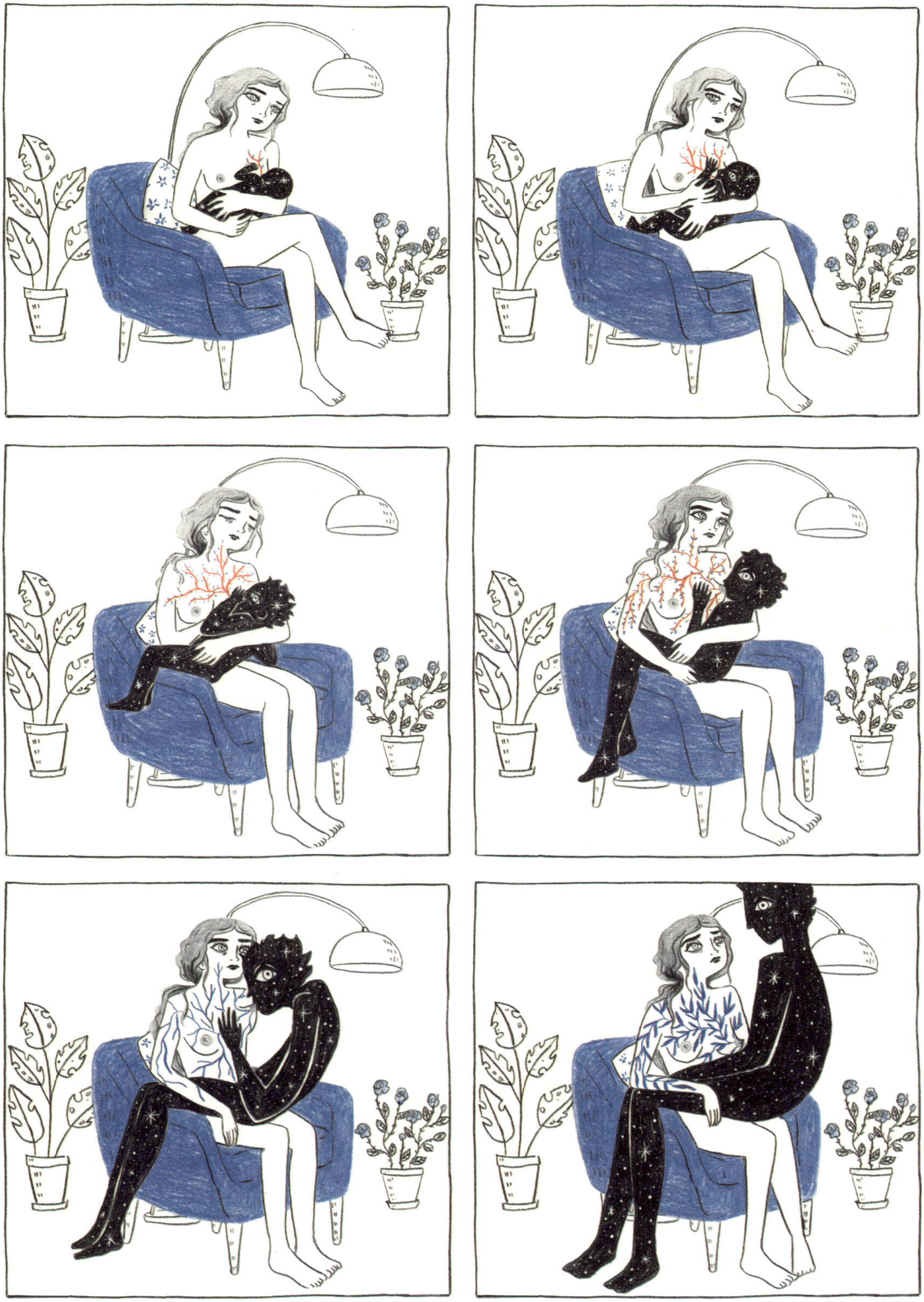

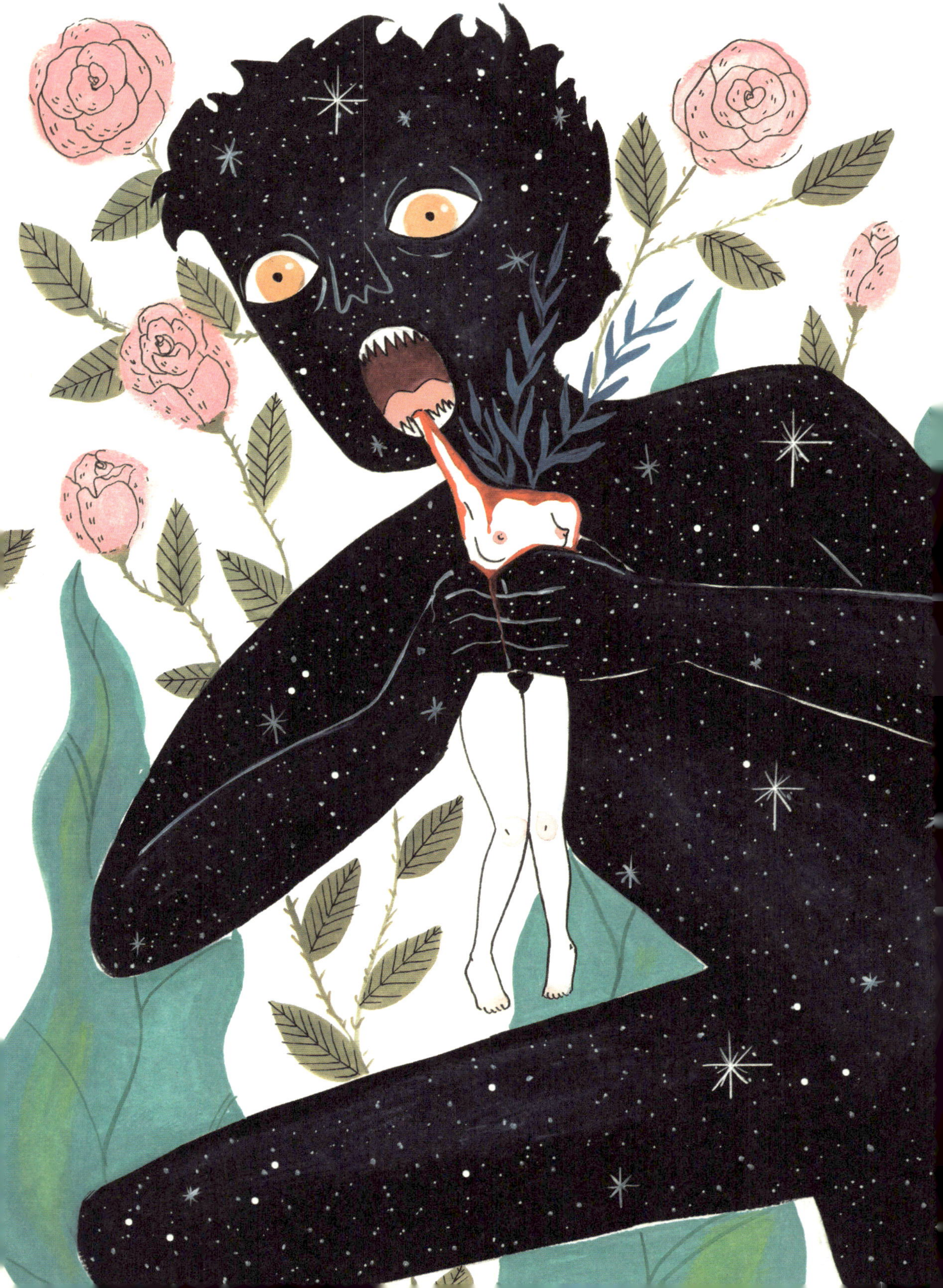

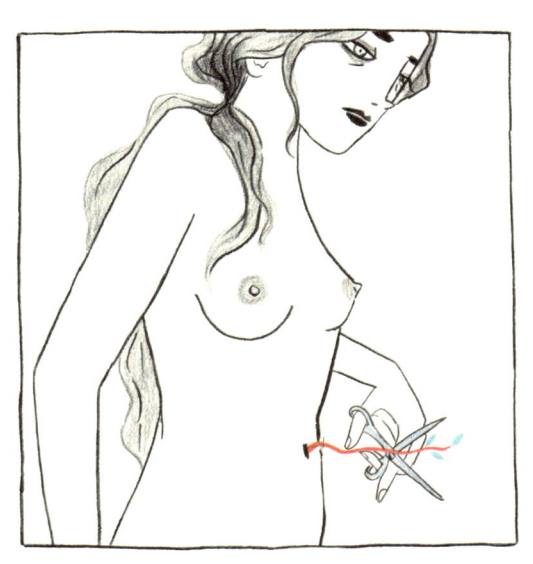

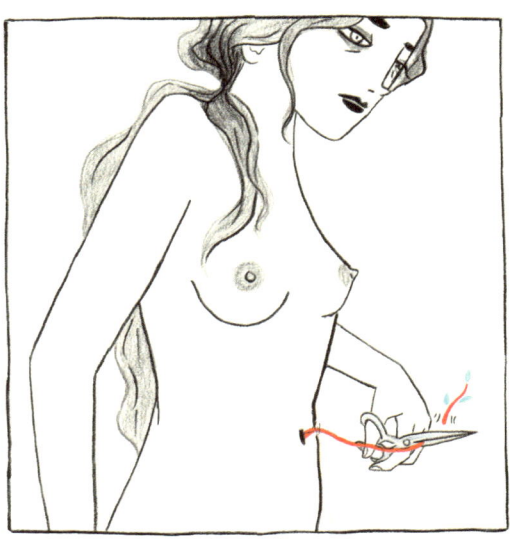

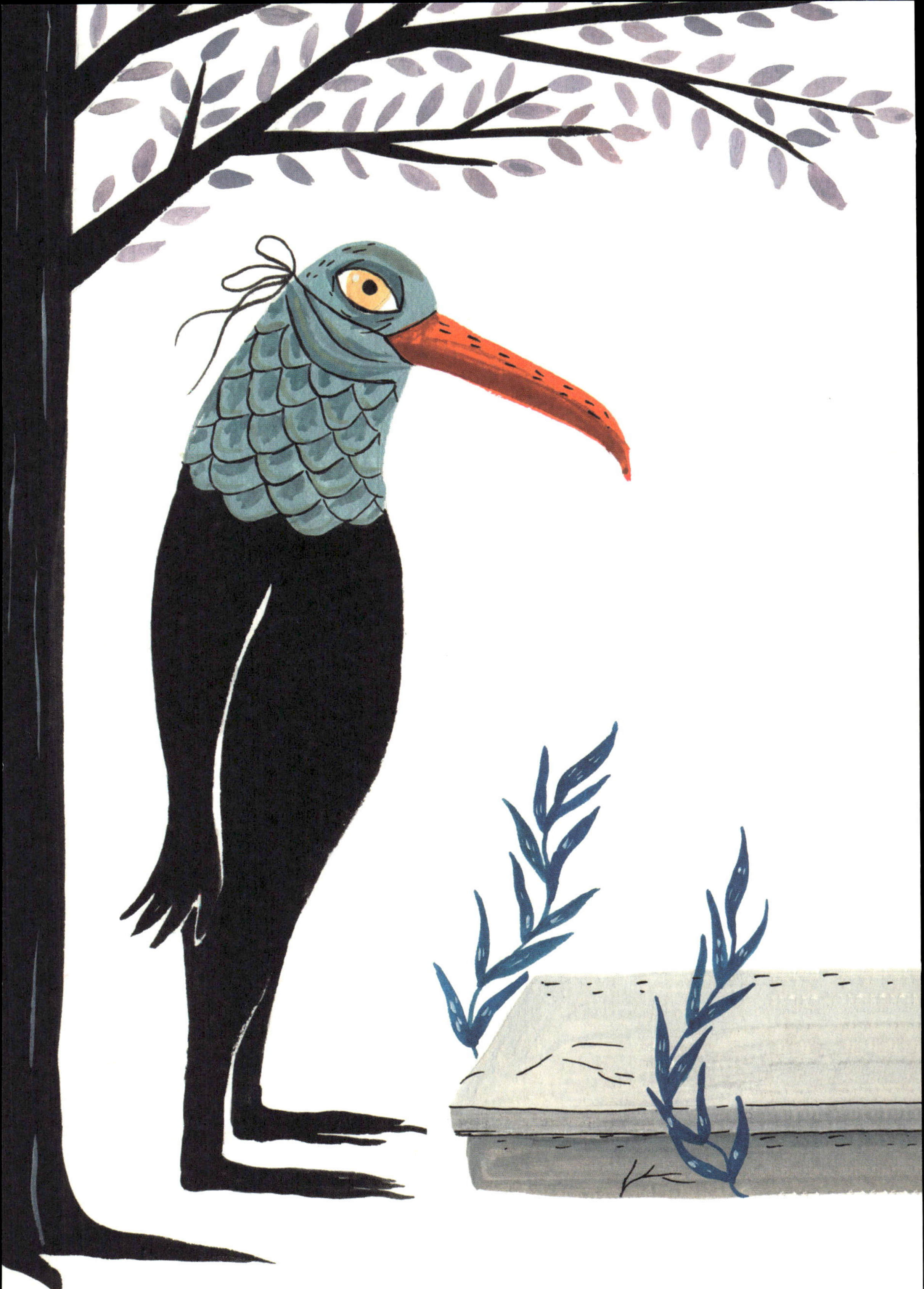

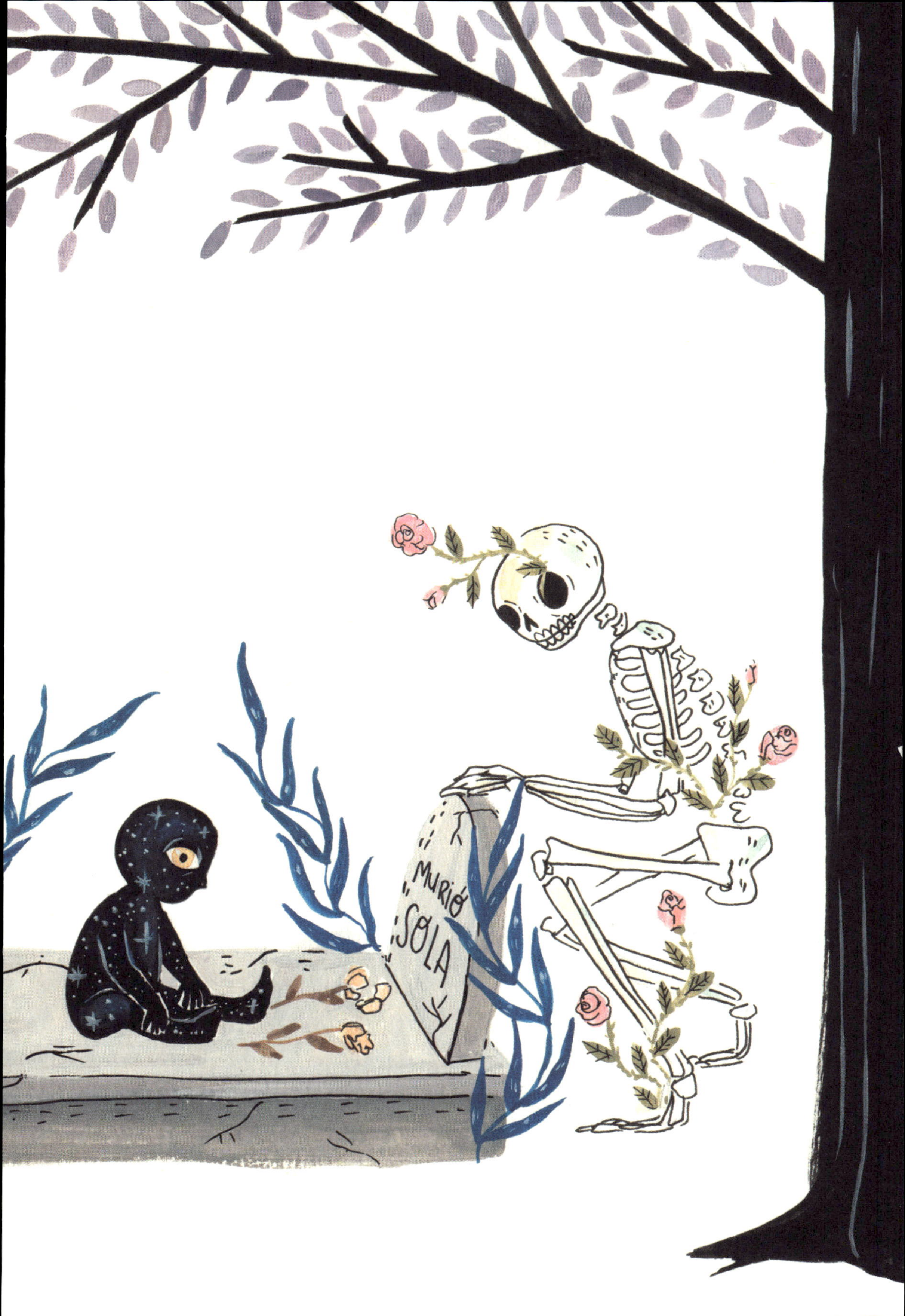
MURIÓ
SOLA

Por mis brazos de niña pasaron un bebé tiritón, los nenucos que hacían pis o soltaban pompas de jabón por la boca, algunos pelones heredados de mi hermana, o un dormilón con la cara muy parecida a la de un recién nacido. Tenía un pijama rosa con nubes y un gorrito de dormir, y yo lo envolvía en toallas o camisetas simulando los arrullos con los que mi madre me había envuelto, lo acunaba y lo llevaba a todos lados con cuidado de que no se despertara.

Un día de Reyes cambié al bebé dormilón por Daniel, un Baby Fever pelirrojo que tenía todos los complementos que se pudiera imaginar: carrito, mesita cambiadora, mochila canguro, cunita… hasta llegué a conseguir pañales diminutos de neonatos prematuros que le quedaban perfectos. Yo bañaba a mi Daniel, lo peinaba, le echaba polvos de talco en el culo y le ponía mi colonia Petit Cheri.

Según fui creciendo, los muñecos quedaron atrás, no así el interés por los bebés y la idea clara de que sería madre, al menos de tres hijos. Luego el plan descendió a dos —la vida moderna no estaba para tantos cuidados—, y sin darme cuenta, ese dos se transformó en cero.

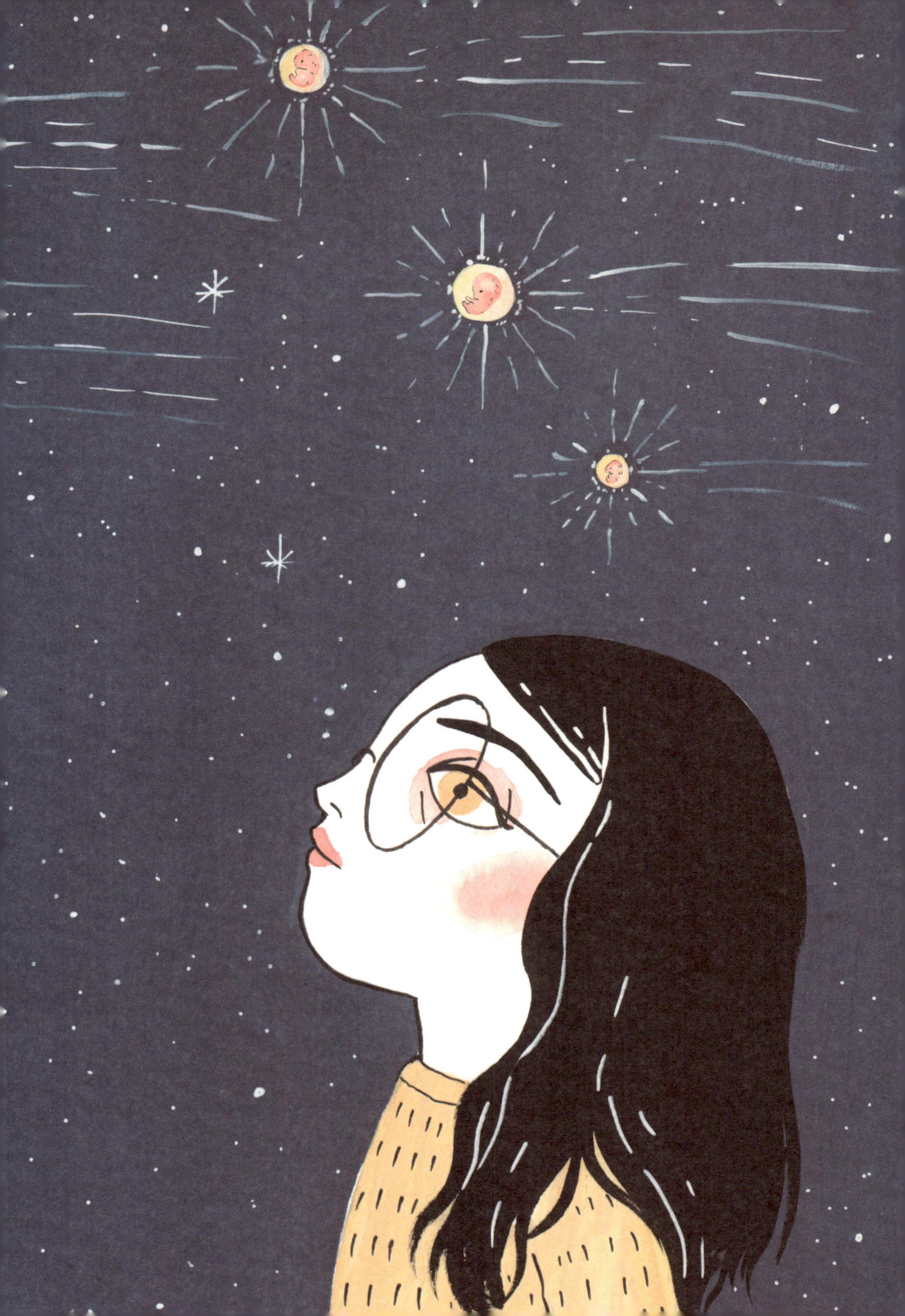

«Durante la ausencia de Agamenón, Clitemnestra ha tenido que desempeñar el papel de su marido: ha aprendido que es capaz de dirigir su palacio, de gobernar Argos, de dar órdenes a sus subalternos. Es decir, el misterio de la masculinidad se ha desvelado; la forma de lo masculino y lo femenino se ha puesto a prueba y ha demostrado ser limitación y mentira. La nueva y unisexual Clitemnestra [...] está buscando igualdad. La igualdad no alumbrará hijos ni construirá imperios ni ampliará fronteras, porque la paz pura de la igualdad no engendra nada. Todo son secuelas de la muerte que existía antes. Para engendrar hace falta que una cosa domine a la otra, que el contenido masculino domine a la forma femenina; luego, para criar lo que se ha engendrado, hace falta lo contrario. Clitemnestra no quiere engendrar nada más. Quiere la paz de la igualdad, aunque para conseguirla tenga que recurrir a la violencia».

Rachel Cusk

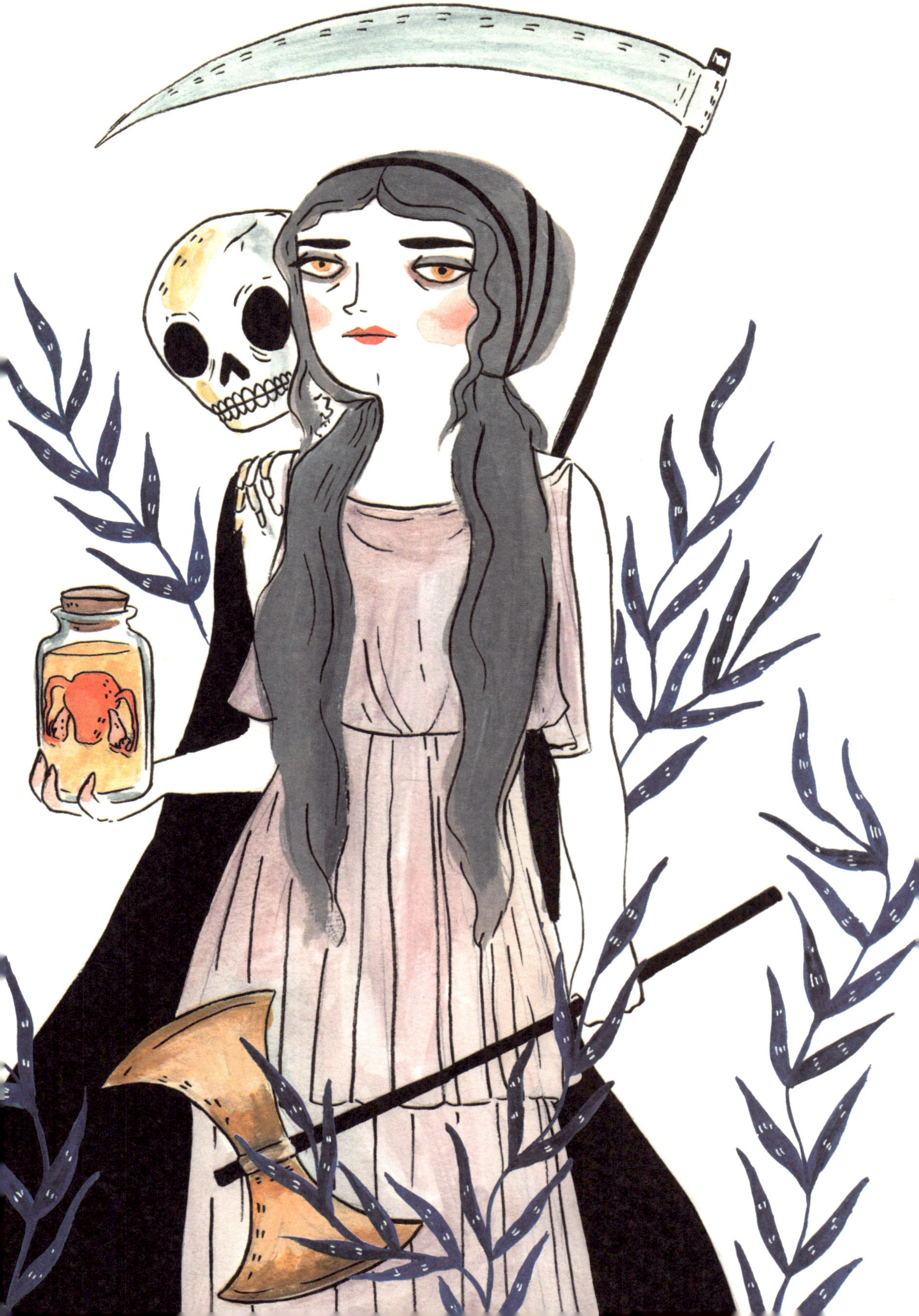

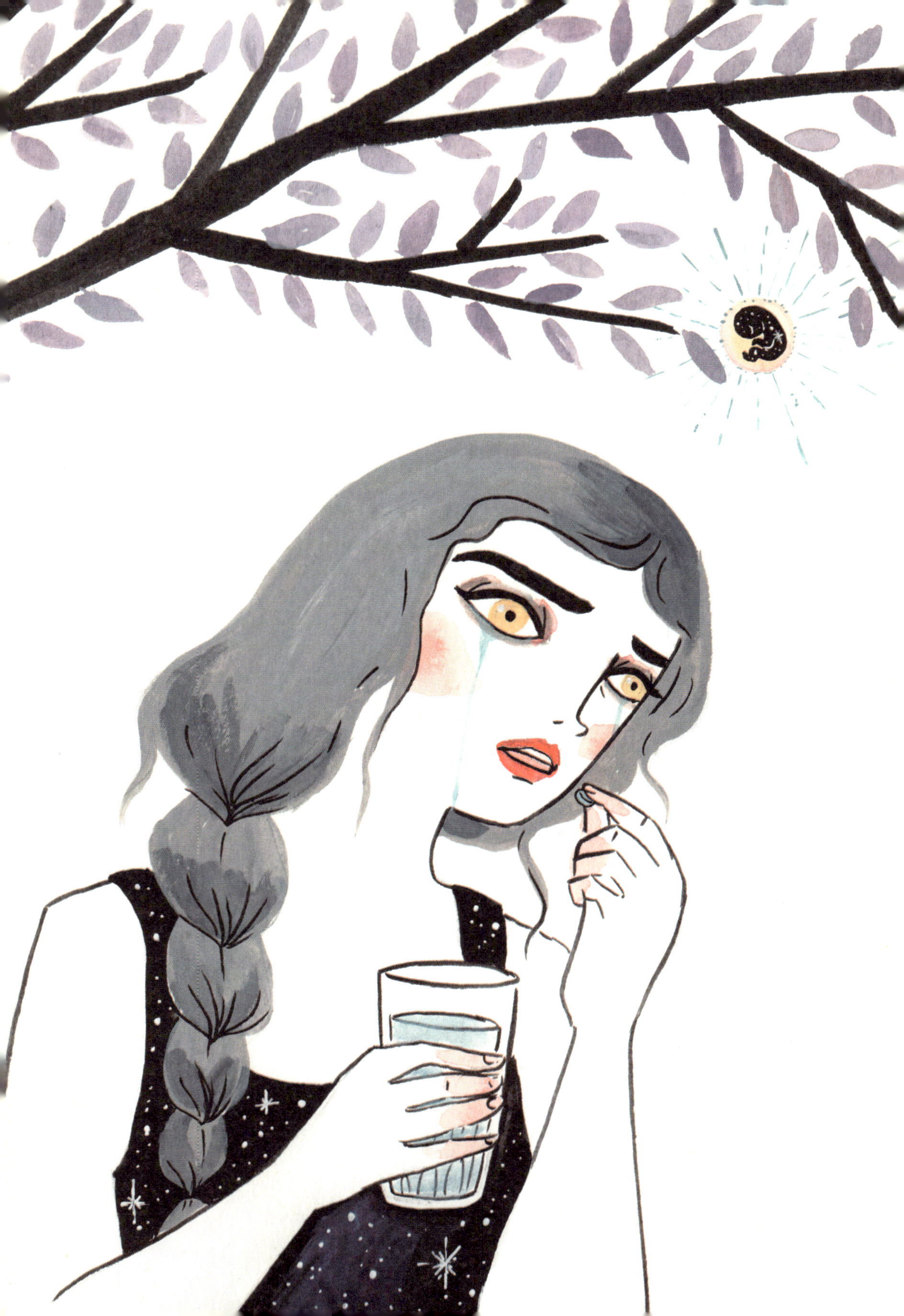

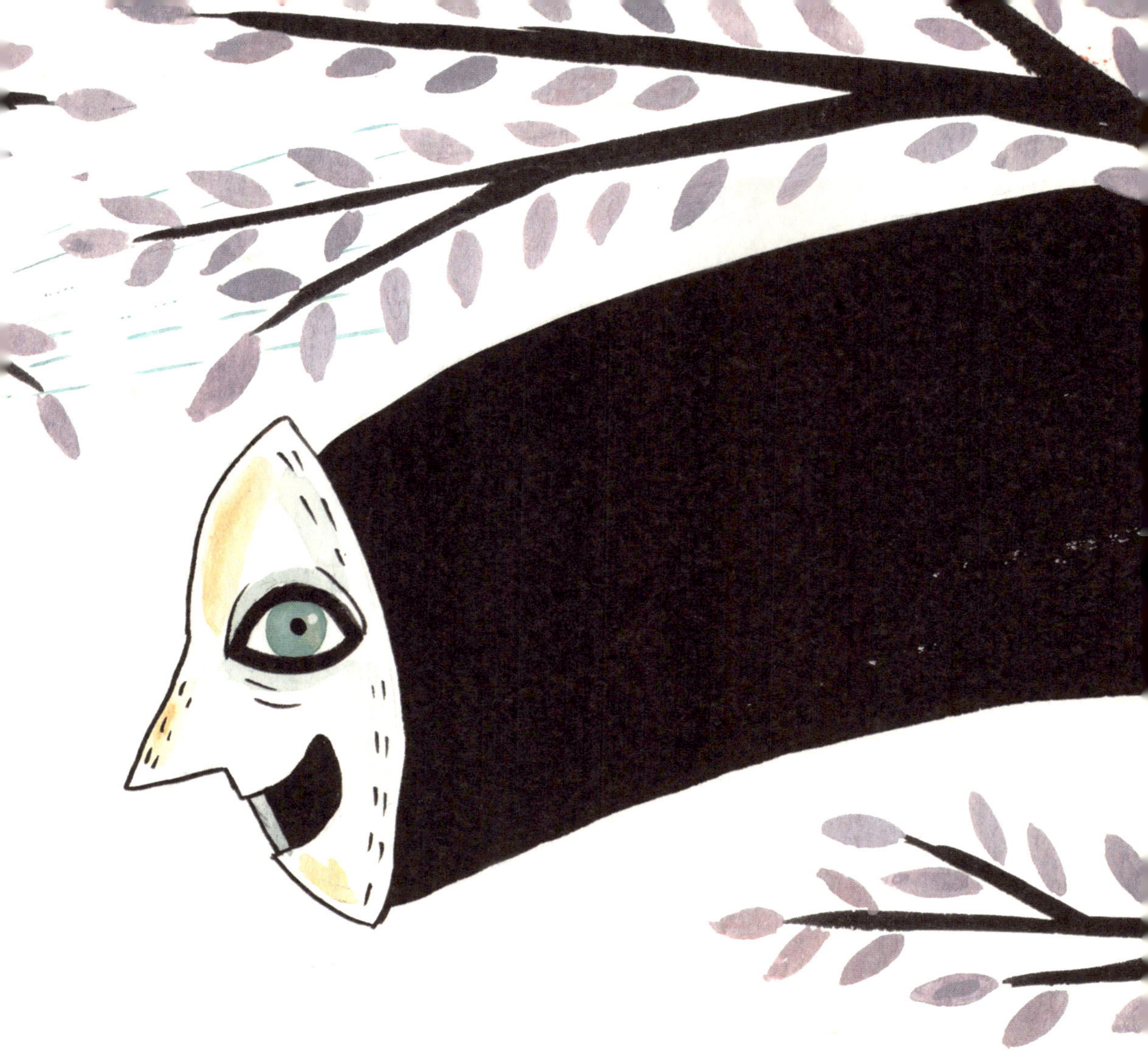

Yo quería ser madre, pero no era el momento. Esa pequeña pastilla, que tan amarga me supo al tomarla con veintinueve años y en la más absoluta precariedad, en realidad me estaba salvando de algo que no era capaz de ver y que iba más allá de la maternidad. Por entonces la sombra de Luis me devoraba, como la Nada que va engullendo Fantasía. Yo, que aprendí que una madre lo sacrifica todo por sus hijos, habría acabado encerrada en esa prisión en la que vivía, en esa torre rodeada de maleza.

Y cuando Luis quedó atrás, las ganas de que un pequeño ser humano pudiera llegar a mi vida y destruir todo aquello que tanto me había costado construir quedaron varadas en un camino secundario.

Pasó el tiempo, nadie puede derrotar a Cronos. Son otras las batallas.

Treinta y dos años, pareja reciente, poco dinero y feliz. No era momento de retomar la idea, y tampoco lo deseaba. Me decía que quizá eso de la maternidad no fuese para todo el mundo, desde luego no para mí. Quizá quería ser madre para llenar ese hueco inmenso y oscuro que tenía dentro, pero ese hueco había desaparecido. Vivía en un bajo de 30 metros cuadrados, pero era el bajo que pagaba con mi dinero y que había decorado a mi gusto, donde iban mis amigos o un nuevo novio que se llamaba Ángel, y del que salía todos los días varias veces para hablar con Laura, o tomar una cerveza con Jesús. Me sentía afortunada. Era feliz y ya: en ese mundo no había espacio para los hijos.

Mi límite para quedarme embarazada siempre habían sido los treinta y cinco y me faltaba poco para cumplirlos, aunque las ganas seguían sin aparecer. En ese momento habría podido, pero es que también podía viajar, por fin podía darme algún capricho: comprarme algún vestido, cenar en ese restaurante que tanto me gustaba sin preocuparme de hacer cuentas. Una criatura arruinaría eso que ni siquiera sabía que podía tener.

Ángel y yo siempre íbamos con cuidado. Además, yo andaba estresada con mucho trabajo. ¿Qué sentido tendría complicarse la vida con un hijo? Aunque, ¿qué sé yo?, quizá no haya que pensárselo tanto.

Aun así, cuando las cosas se fueron torciendo con Ángel y comencé a tener dudas sobre la idea de la maternidad, que él tuviese claro que no quería ser padre resultó determinante para romper la relación. No quería puertas cerradas, quería ser la guardiana de todas mis llaves.

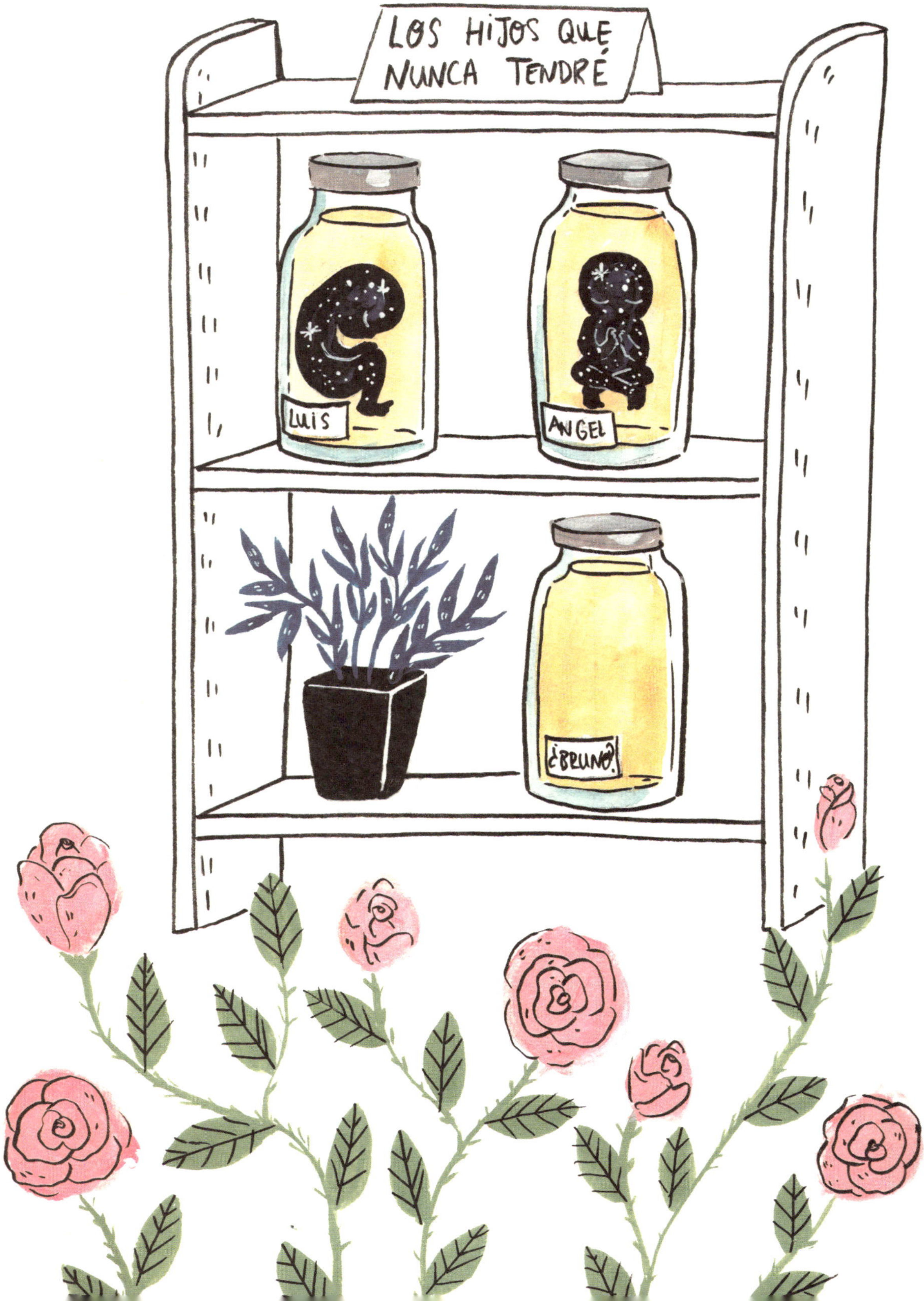
LOS HIJOS QUE
NUNCA TENDRÉ
LUIS
ANGEL
¿BRUNO?

> **embarazo**
> De embarazar.
> **1. m.** Impedimento, dificultad, obstáculo.
> **2. m.** Estado en que se halla la mujer gestante.
> **3. m.** Encogimiento o falta de soltura en los modales o en la acción.

Y siguieron volando los años. Treinta y seis, treinta y siete... cuarenta. Dejé atrás todos los plazos que me había marcado para ser madre. Aun así, la doctora me habló de recuento ovárico alto: «Estás bien, pero si tienes dudas, congela óvulos». No me explicó nada de la calidad ni de otras variables, pero tampoco me importó.

Seguí viajando. Seguí pintando. Seguí creciendo. Llegó un amor nuevo a mi vida: se llamaba Bruno y no se cerraba a la idea de la paternidad. Yo era feliz. Si llegaba un bebé, bien, y si no, también.

Fui pasando de un «Yo ya he vivido todo lo que quería vivir sola» a un «Los niños pequeños me gustan solo de visita»; de un «¿Cómo sería?, ¿se parecería a mí o a Bruno?» a un «Me encanta mi vida tal y como es y no quiero que destroce mi cuerpo». Tan pronto pensaba que no quería traer a nadie a este mundo que no comprendo, como pensaba que a lo mejor me ayudaría a relativizar, a darme cuenta de que la realidad es otra cosa que la porquería que veo en el telediario y en las redes sociales.

Ya vivía preñada de contradicciones. Miedo a acabar sola y que nadie cuidase de mí; miedo a tener que anteponer a alguien el resto de mi vida. Miedo a estar siendo egoísta por querer un hijo y también por no quererlo. Miedo a estar dejándome arrastrar por imperativos sociales que, como feminista, ni siquiera comparto.

No hay respuestas. Había días que tenía claro que la maternidad era cosa de otras, pero otros días me preguntaba si justificaba con teorías mi individualismo y mi egocentrismo. No sabía si era bueno o malo. No sabía si me acabaría arrepintiendo, tomase la decisión que tomase.

Mujer sin hijos

La matriz
Agita su vaina, la luna
Se libera del árbol sin tener adónde ir.

Mi paisaje es una mano sin líneas,
Caminos que formaron un nudo,
El nudo que soy yo misma,

Yo la rosa que tú consigues:
Este cuerpo,
Este marfil

Atroz como el chillido de un niño.
Igual que una araña, hilo espejos,
Fieles a mi imagen,

Engendrando solo sangre
Rojo oscuro: ¡Pruébala!
Y mi bosque

Mi funeral,
Y este otero y este
Centellear con las bocas de los muertos.

Sylvia Plath

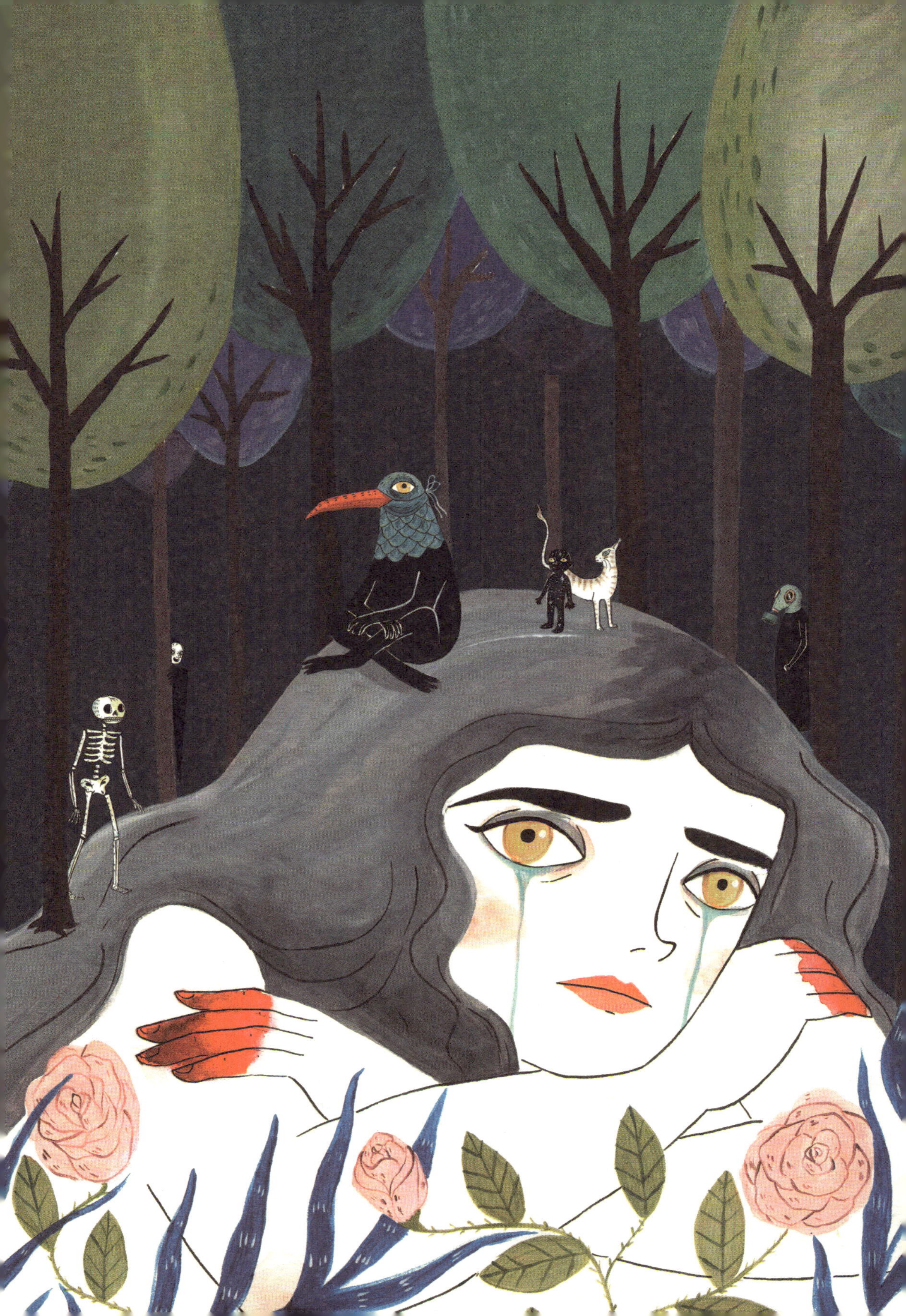

La Mano de Gera

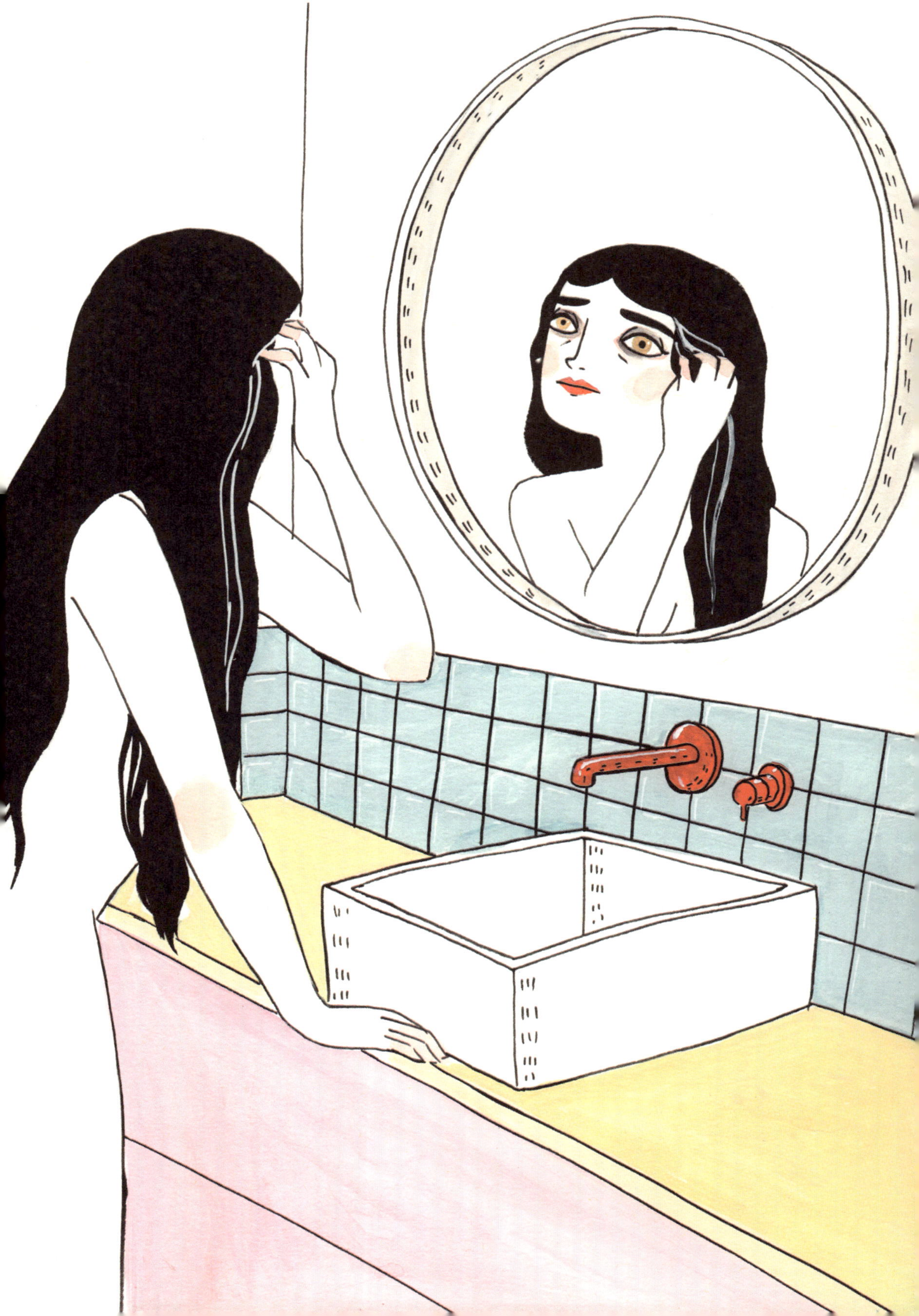

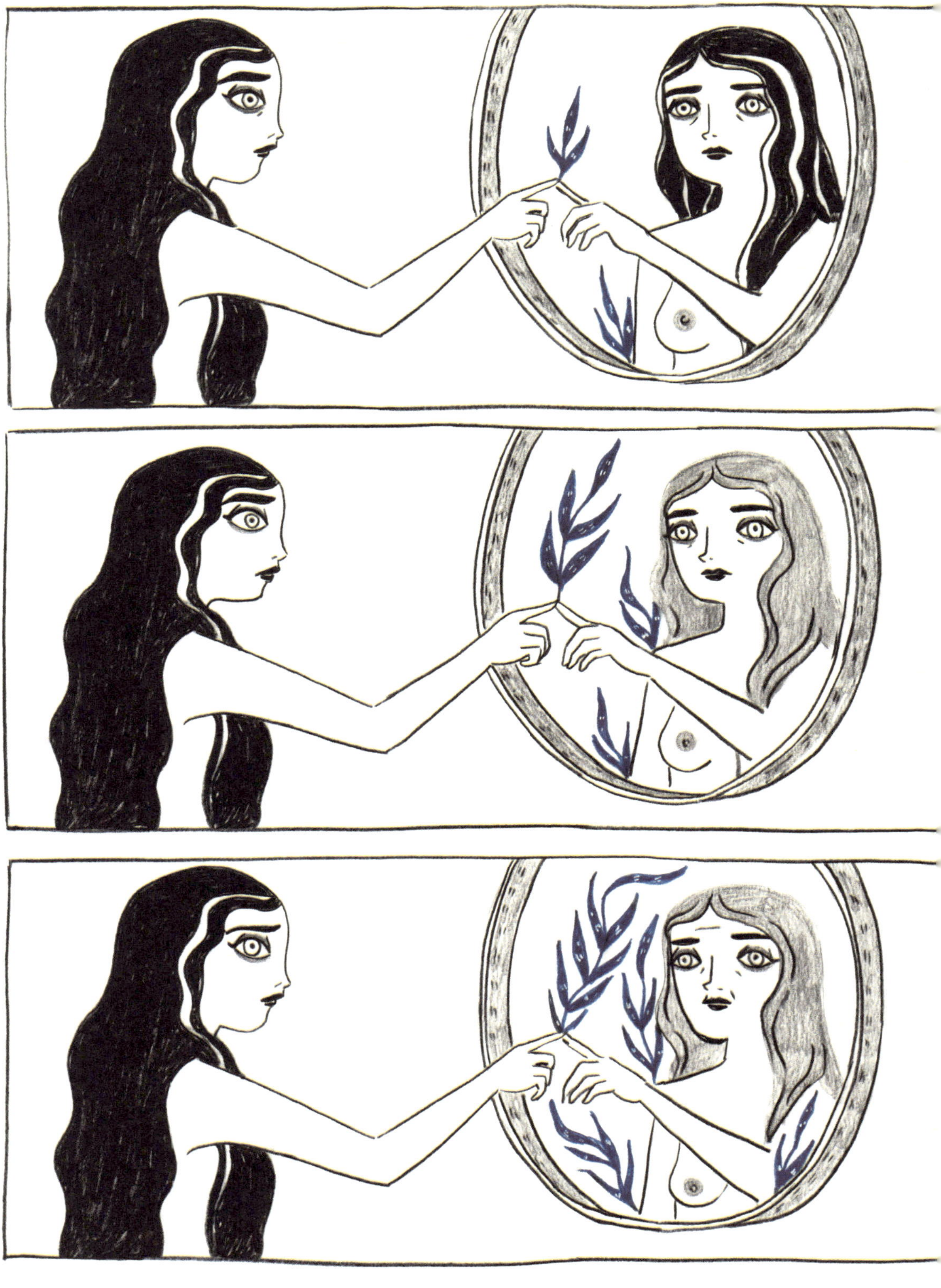

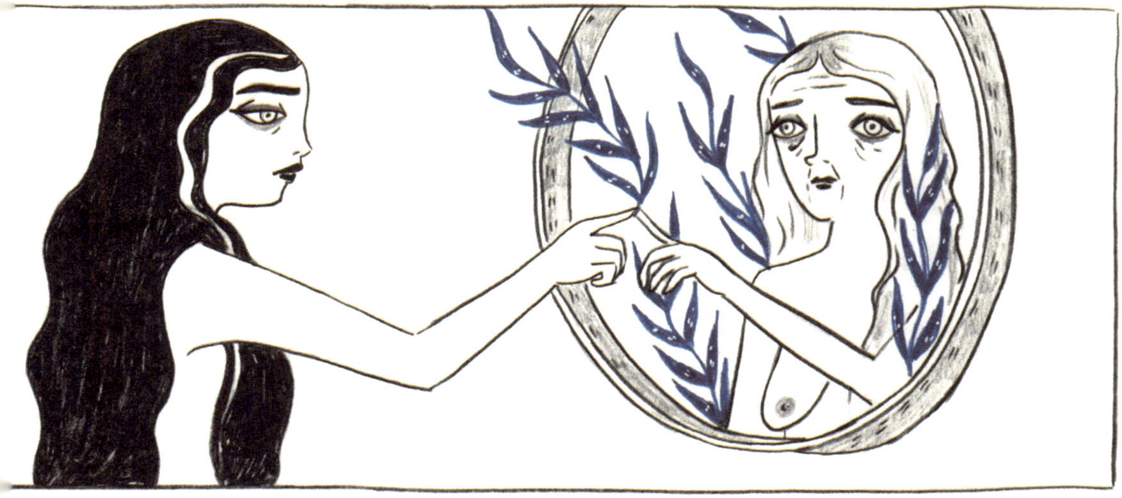

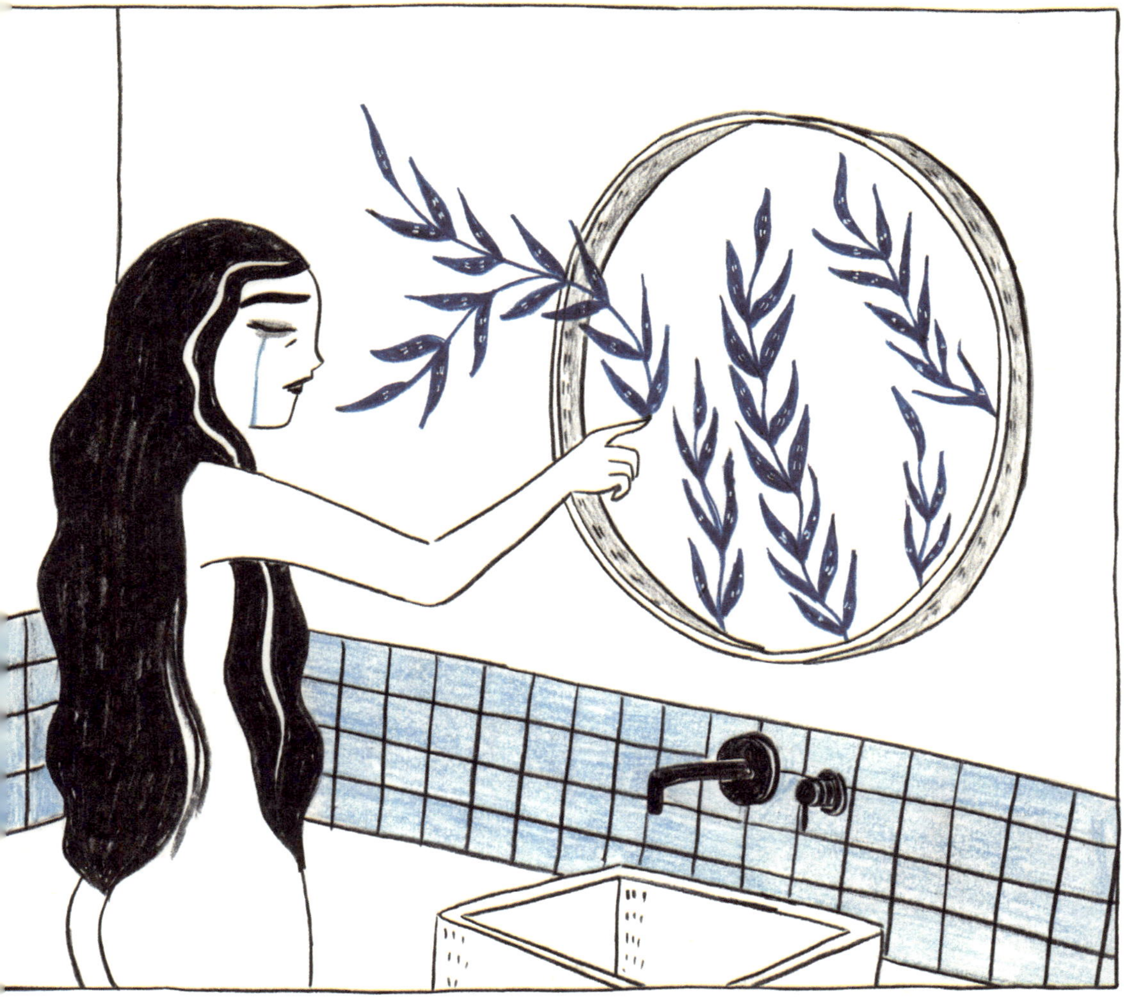

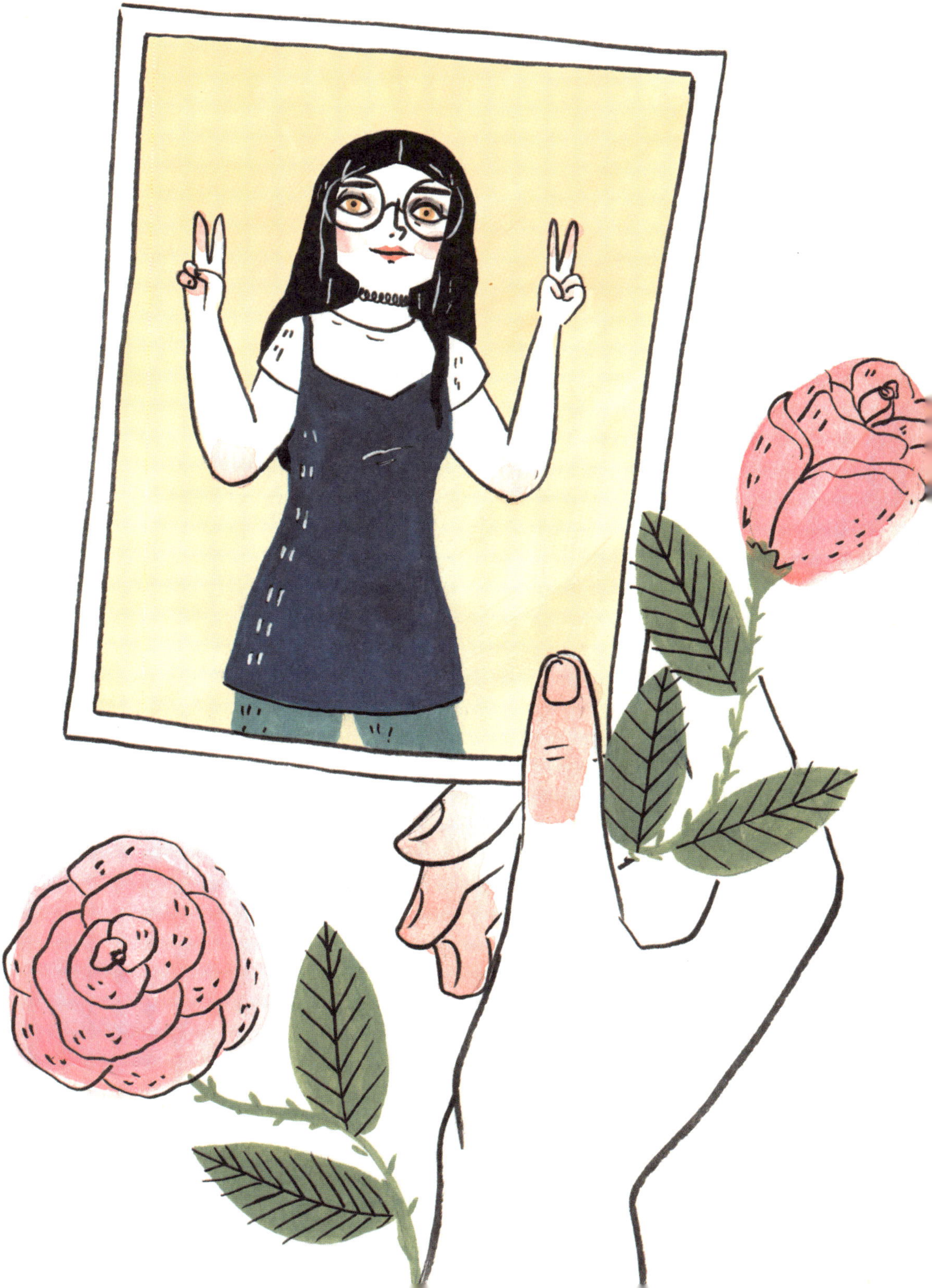

Cuando era niña, el tiempo parecía avanzar muy despacio, sin moldear mi cuerpo. A la mayoría de mis compañeras ya les despuntaba el pecho, y a todas les había llegado la menstruación; incluso a Marta, que era más pequeña que yo, delgada y sin curvas. Me miraba en el espejo y no había nada que me convirtiera en mujer, apenas una pelusa que asomaba en el pubis y las axilas, y una especie de botón detrás de los pezones. Seguía sin atraer las miradas de los chicos de la clase, y ya algo me decía que, si no era deseada, no valía. Para la mujer, dejar la infancia siempre ha supuesto convertirse en un objeto de deseo, sin que se le dé la oportunidad de ser deseante. Cuando eso ocurre y una toma conciencia de hasta qué punto la felicidad está ligada a la mirada de otros, comienzan las obsesiones y el cuidado.

Yo, que crecí como «la loca», nunca destaqué como «la guapa». Asumía que era una chica del montón, aunque tampoco me pesaba. El primer beso tardó en llegar, pero llegó, como todo en esta vida. Y de una forma u otra acabé saliendo con el chico que me gustaba. Así que durante mucho tiempo viví tranquila con el cuerpo que habitaba, hasta superé con rapidez el complejo de «plana». Ahora que lo pienso, quizá fue una suerte no destacar por mi físico. No situarlo en el centro de mi ego y construir en torno a él una visión de mí misma que poco a poco, con el paso de los años y los irremediables cambios, habría ido resquebrajando mi autoestima.

Llegaron las redes sociales y sin darnos cuenta ya habíamos caído en la nueva trampa: un nuevo espejo donde mirarse y buscar nuevas referencias. El yo real, aquel que antes estaba bien o al que ni siquiera prestábamos atención, ya no era lo suficientemente bueno para mostrarlo públicamente, era preciso esconderlo entre filtros, en escorzos de cámara. Con la nueva tiranía, las chicas llenan cada vez más las consultas de cirugía estética, se retocan siendo muy jóvenes, y todos los rostros parecen el mismo. Leo con estupor las estadísticas: en los últimos años esas operaciones han aumentado un 215 por ciento, y en el 85 por ciento de los casos las pacientes son mujeres. Observo con curiosidad sus transformaciones y me pregunto qué sentirán cuando vean fotos suyas del pasado. ¿Se reconocerán en ellas?

En una charla escuché a la escritora Sara Torres decir que las mujeres nos mirábamos en el espejo buscando el defecto, aquello que tenemos que «arreglar»: las ojeras que disimular, el mechón gris que teñir, la arruga que rellenar. El cuerpo es materia y la materia se transforma.

Yo no he sucumbido al bisturí, no he buscado la falla en el grueso de mi nariz o en mi pecho diminuto, no he luchado contra esa transformación, e inevitablemente he visto cómo todo mi cuerpo ha ido cambiando: la cintura ensancha, el colágeno se escapa de los poros. Ya no es solo cuestión de adelgazar, mi piel no se muestra tersa como antes y la grasa que se me acumula en la barriga y los muslos ha llegado para quedarse, como si hubiera firmado un contrato indefinido con mis células. Esto no lo salvan ni las poses ni los filtros.

Está claro: mi error ha sido seguir cumpliendo años, pasar de tener treinta y pocos a tener treinta y todos, pero al parecer el contexto no los cumplió conmigo. Miro en Instagram, todas las mujeres son jóvenes. Y no es solo aquí donde busco referentes de mi edad: no están en el cine, los libros, las series… ¿Dónde han ido a parar?

Me miro en el espejo y lo comprendo: estoy desapareciendo, porque si hay algo que vale más que nuestra belleza es nuestra juventud.

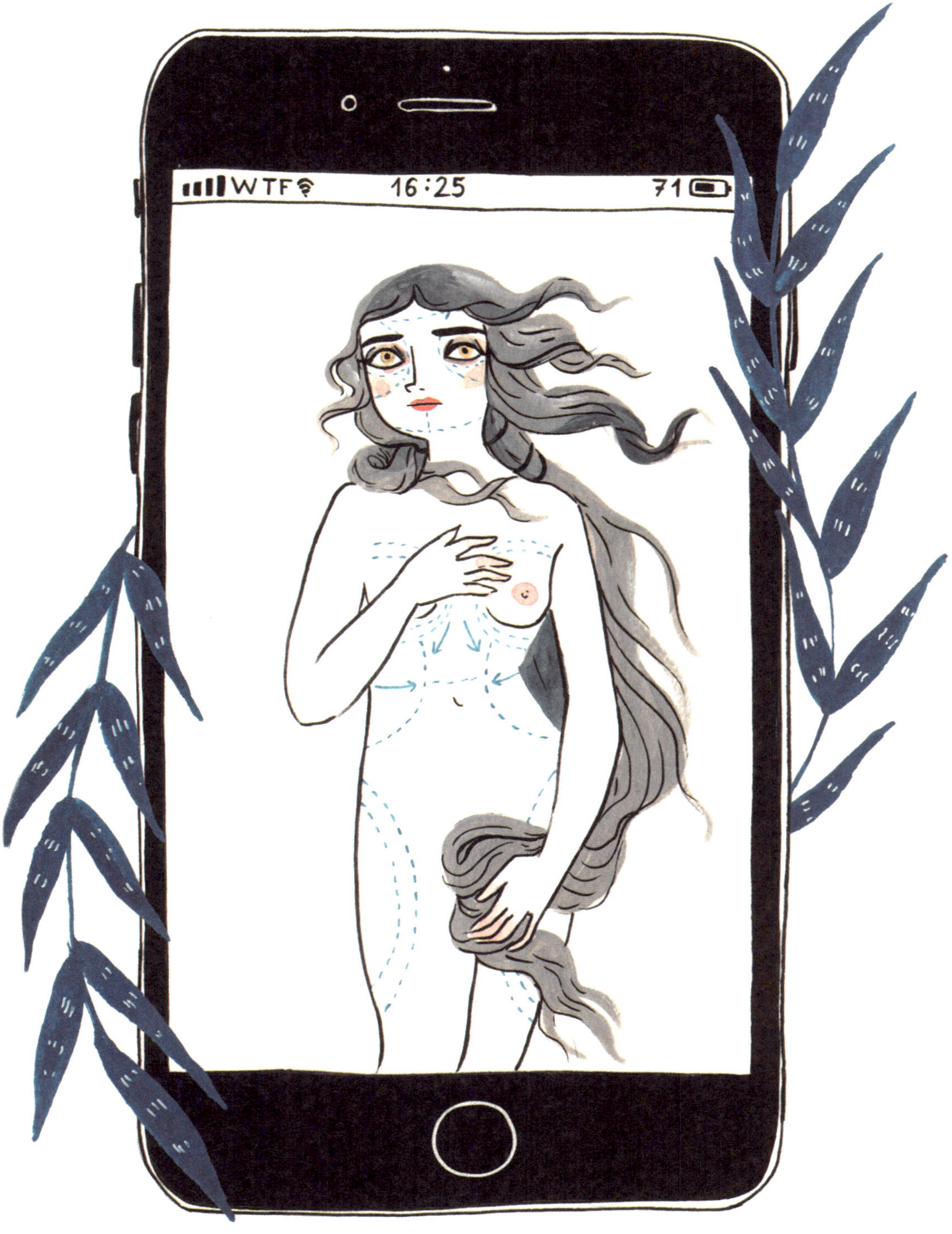
WTF
16:25
71

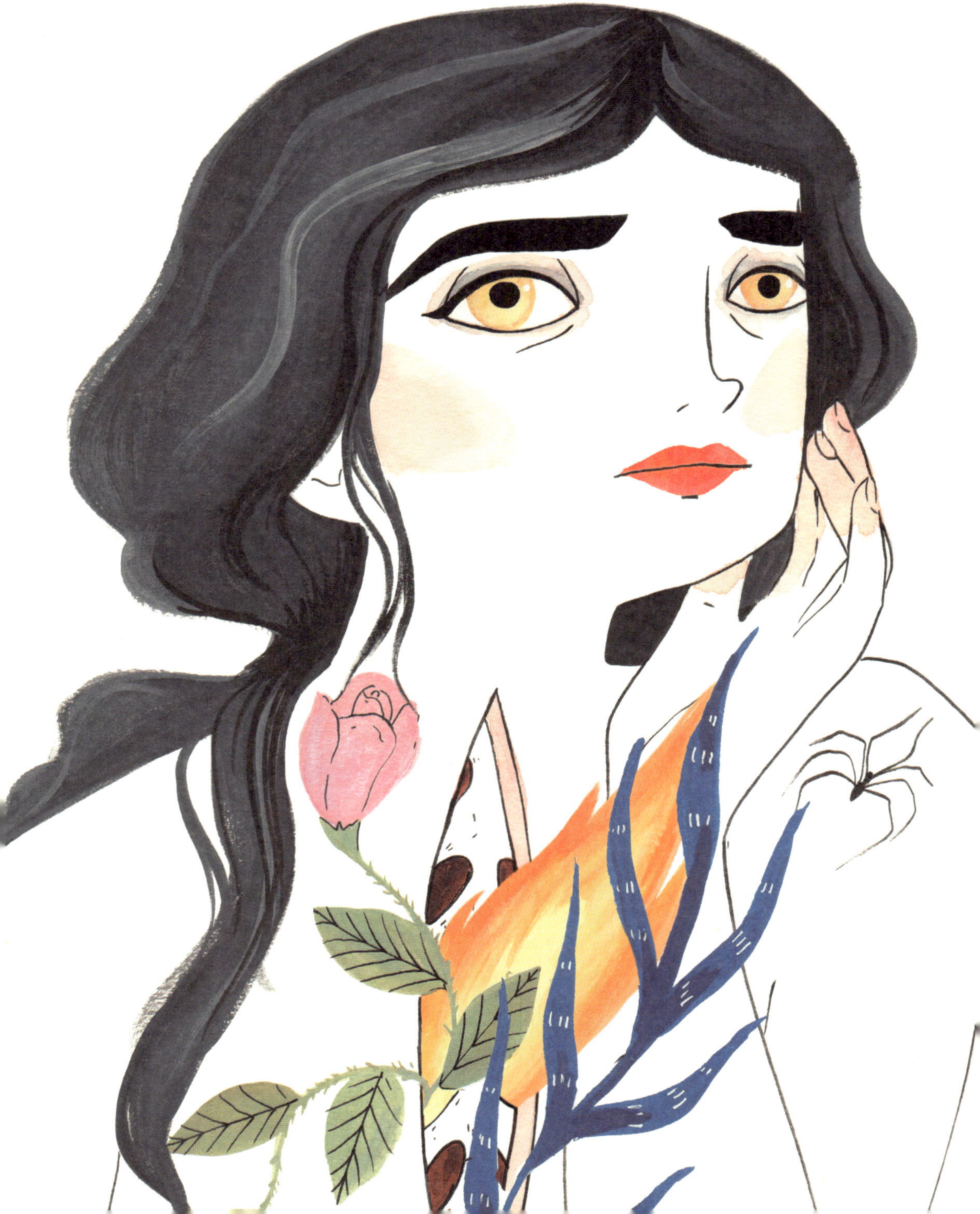

—Entonces ¿qué es lo peor de hacerte viejo; Alvin?
—Bueno, lo peor de ser viejo es recordar cuando eras joven.

David Lynch, *Una historia verdadera*

¿A partir de qué edad dejamos de existir? ¿Qué señales nos lo anticipan, qué avisos?

Quizá uno de los primeros llegue con los hombres: los de tu edad comienzan a estar con mujeres más jóvenes que tú.

Ponen la carga en nosotras, lo disfrazan de elogio: «La mujer madura antes, necesita un hombre de más edad para que esté a su altura». Pero cuando esos hombres mayores y maduros son tus ex o tus amigos, gente de tu quinta, y ves que se enamoran de veinteañeras, el círculo se cierra. Y lo hace como una soga en torno al cuello de tu futura vida de pareja.

¿Qué les pasa? ¿La madurez masculina retrocede conforme cumplen años? Les brindamos carne tersa y un cerebro aún vulnerable que admire cuanto ellos saben de la vida. Les regalamos una juventud en fuga y no somos capaces de verlo.

Pero un día tenemos treinta, cuarenta, cincuenta años. Y nuestra admirada madurez femenina de repente estorba. Y entonces, si seguimos solteras, parece que solo tenemos dos alternativas: o renunciar a esa vida en pareja, o resignarnos a estar con un señor veinte años mayor que nosotras, y ya eso de la madurez no tiene ninguna gracia.

Ahora que ya no soy más joven

Ahora que ya remonto la mitad del camino de mi vida,
yo, que siempre me apené de las gentes mayores,
yo, que soy eterna pues he muerto cien veces, de tedio, de agonía,
y que alargo mis brazos al sol en las mañanas y me arrullo
en las noches y me canto canciones para espantar el miedo,
¿qué haré con esta sombra que comienza a vestirme
y a despojarme sin remordimientos?
¿Qué haré con el confuso y turbio río que no encuentra su mar,
con tanto día y tanto aniversario, con tanta juventud a las espaldas,
si aún no he nacido, si aún hoy me cabe
un mundo entero en el costado izquierdo?
¿Qué hacer ahora que ya no soy más joven
si todavía no te he conocido?

Piedad Bonnett

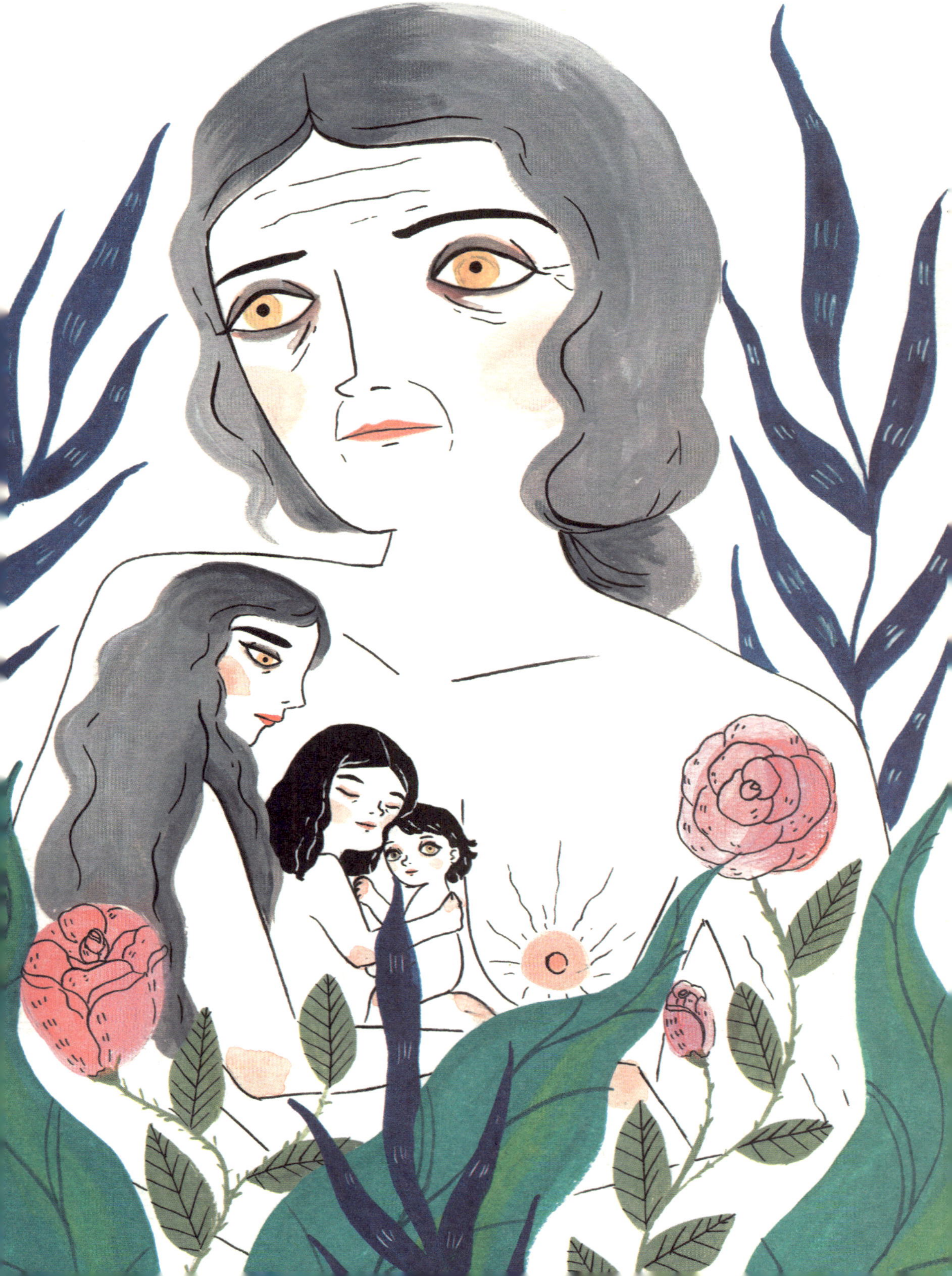

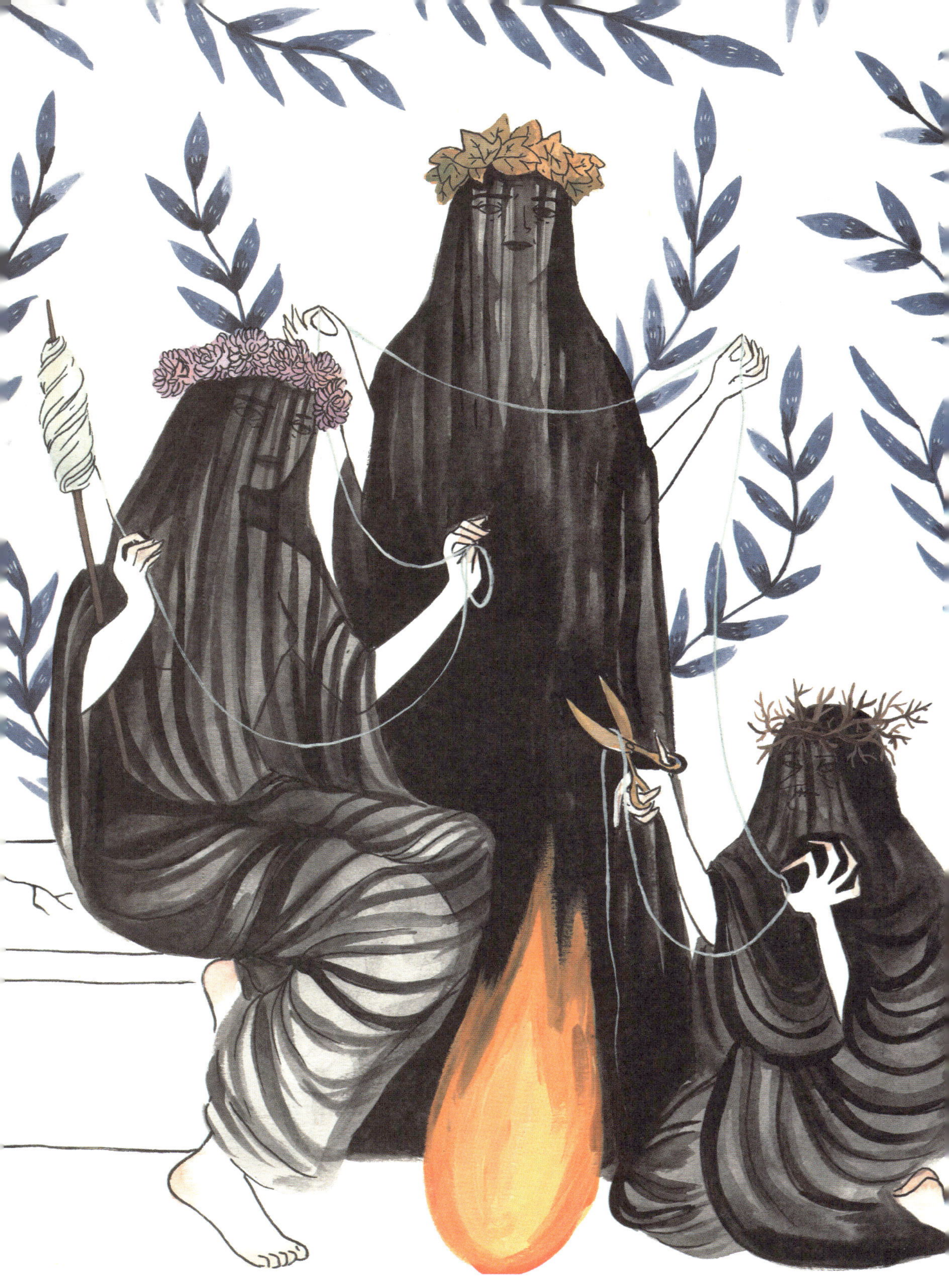

En el mundo laboral también encuentras un vacío. Pasas de ser una joven promesa a la que le queda mucho por aprender a estar obsoleta, y al más mínimo despiste se te escapa ese paso intermedio del éxito. Y más aún si decides ser madre, porque es difícil conciliar los mejores años de tu carrera profesional con el cuidado de la familia.

Me miraba en el espejo y veía la arruga y la cana. Sabía que el dinero me permitiría disimularlo durante algún tiempo: podía pasar de depilarme, maquillarme y hacer dieta al hilo tensor y el baby Botox, para prevenir lo que de todas formas acabaría llegando porque es lo natural, pero que —te convencen— en ti está mal.

Cada vez tenía más la certeza de que vivimos en un mundo hecho para ellos, y yo no quería formar parte de él. No quiero.

Acababa de superar los cuarenta y ya temía no encontrarme si me escudriñaba por encima de los hombros. Iba mirando inquieta de un lado a otro, buscando el rastro de la vida que me esperaba, buscando otro sendero en el bosque de esta existencia que está hecha de carreras hacia pistas forestales plagadas de maleza. Sabía que había otro mundo: el que estamos creando nosotras.

Trigo lastimado
(fragmento)

Y todavía
aunque siempre he distinguido quién era el verdugo y quién era la víctima
aunque he hecho de mi vida un camino hacia eso que llaman felicidad
sin vergüenza y sin gloria con toda la lealtad hacia la niña aquella que tuvo
quince años una vez
esa niña indomable que supo contener el respeto a sí misma
salvarlo de los fuegos y de las multitudes
a pesar de todo eso
me miro en el espejo y me veo vieja
y eso no puede ser
sé que no puede ser
Me tenía el patriarcado una trampa guardada
quizá sea la más grande la de más dentelladas
Toda esta lucha larga y vertebrada por más de mil mujeres a mi lado
todo el amor guardado y este fiero presente por años codiciado
para que ahora
en un simple vistazo en el espejo
en un reflejo triste en la pantalla
quiera esconder mi cuerpo y mi alegría
todo lo que he sudado y he besado
la risa desmadrada de mis noches
el esfuerzo titánico del día
la vida entera toda que he vivido
convertida en desidia
No puede ser, me digo

Mujer, mira hacia el frente
no puede ser
No seas la enemiga encerrada en un cuerpo que se agrieta
pero que sirve aún para la lidia

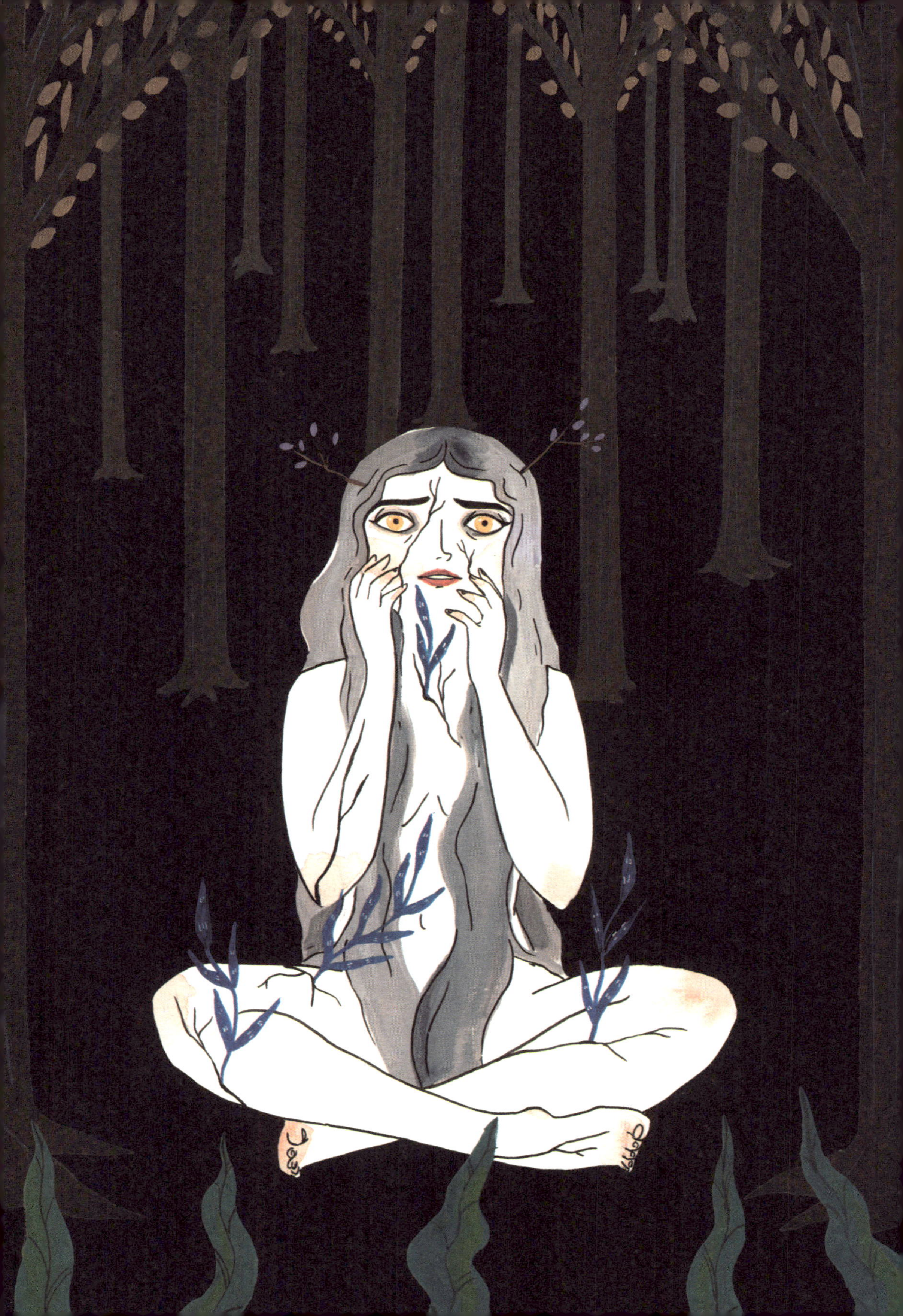

Yo me quiero querer en la agonía
yo me quiero querer como me quise
simplemente por ser y por el viento
Yo me quiero querer como esos días en los que puesta en pie de la ceniza
elegí caminar
quiero la fuerza que dentro de mi vientre desmorona las horas más marchitas
quiero vivir sin miedo a las arrugas sin ácido hialurónico sin pena por mi pelo
que cae en desbandada los ojos achicados y el labio que pierde su dibujo
quiero vivir sin temor a las canas sin temor a la carne desprendida del músculo
quiero vivir sin susto por la herida que abre en dos mi costado y me hace presa
fácil del quiste y de la envidia
Quiero reconocerme en este cuerpo que ha atravesado los muros invisibles
Quiero reír después de veinte años cuando pasen los cielos por mi lado quiero
reír con la boca sin dientes si hace falta y la lengua rota y despavorida
Quiero ladrar quiero quitarme el sueño quiero sentir que toda esta miseria
luminosa no es una despedida
Es simplemente el riesgo de estar viva.

Lara Moreno

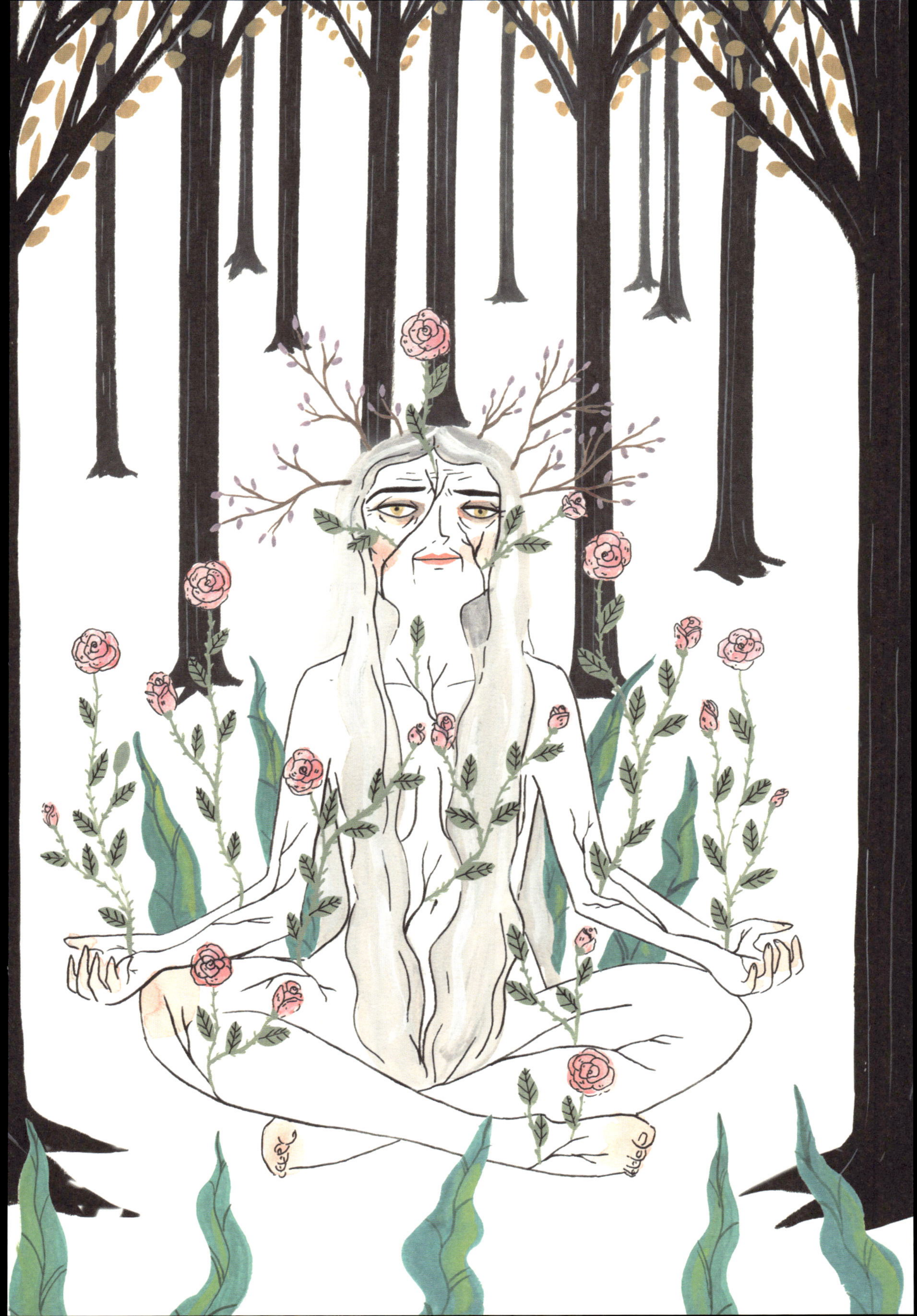

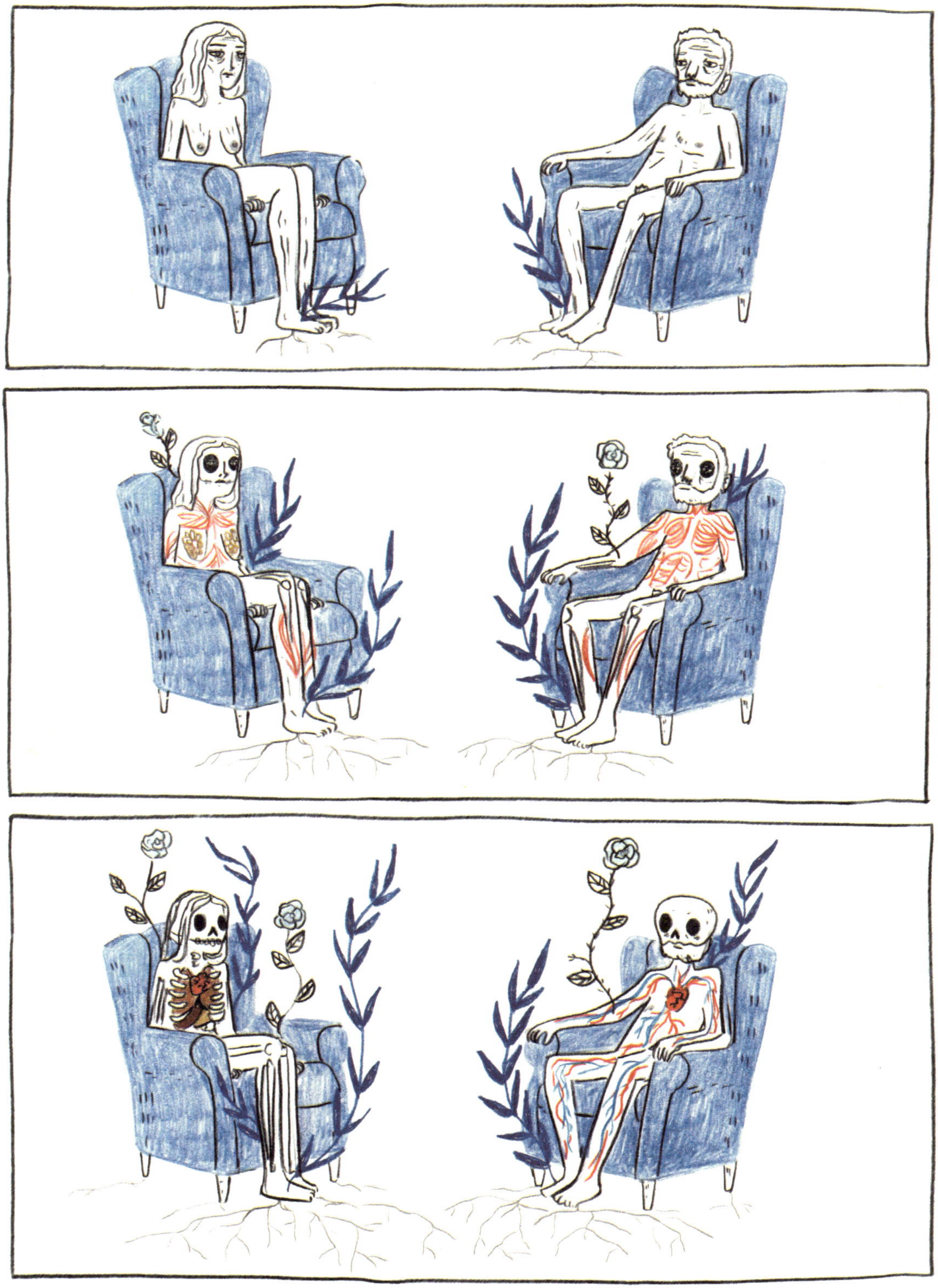

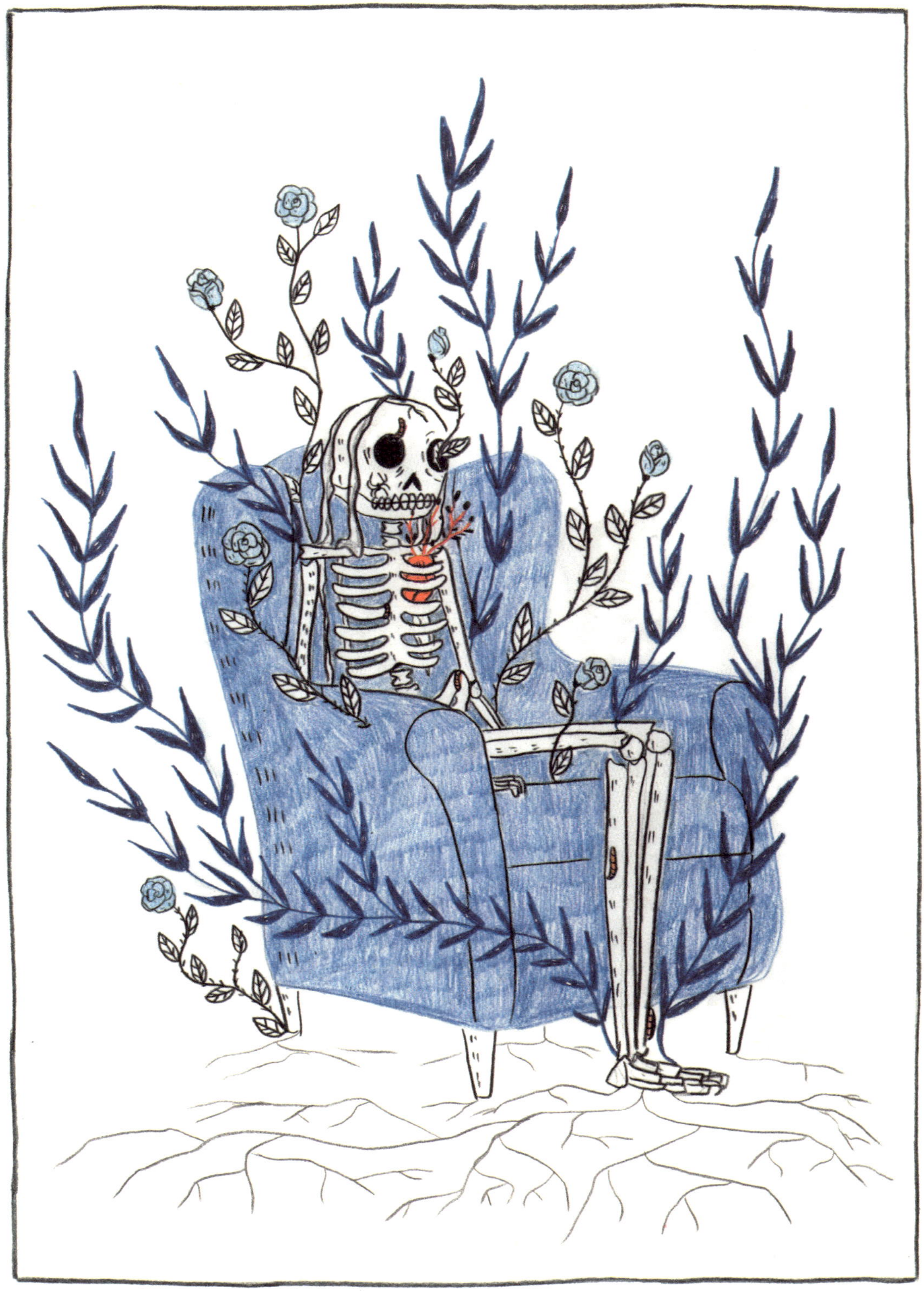

«Me da mucho miedo el tiempo, porque no lo entiendo», confesaba la pintora y escritora Leonora Carrington en una entrevista a sus noventa y dos años. A mí también me da miedo el tiempo y sus consecuencias. Me da miedo perder la cabeza, o no controlar mi cuerpo, depender de los demás, ser un estorbo, estar sola o, peor aún, sentirme sola rodeada de gente que no me importa, a la que no he elegido y viene impuesta por mis dependencias. Llegados al punto en que la carne huele a descomposición, hombres y mujeres somos iguales ante los ojos de la sociedad, un estorbo.

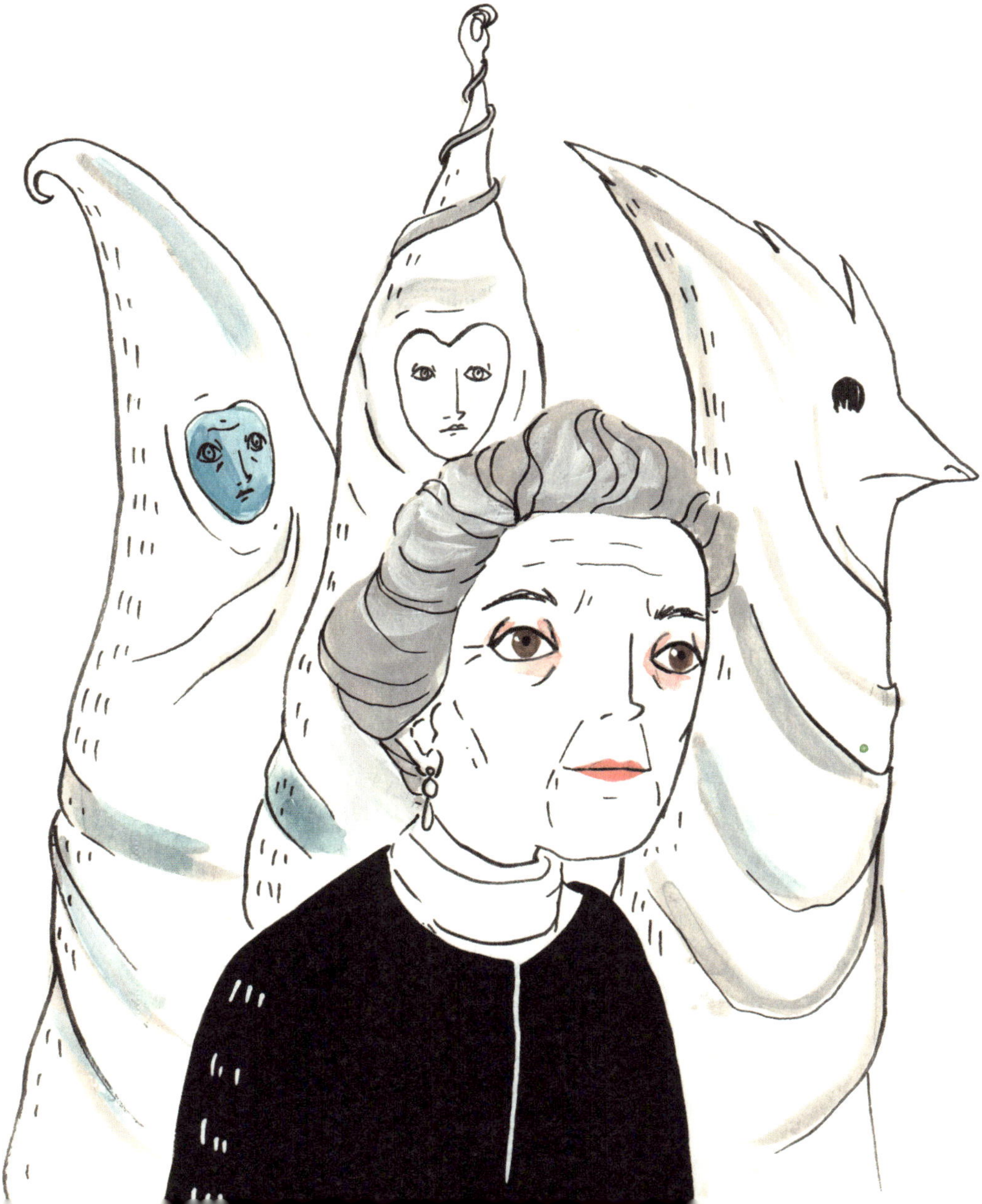

Cuando eres joven, la juventud parece infinita. La vejez está tan lejos que sientes que sus dedos nunca te tocarán. Es fácil reírte de la muerte cuando te queda toda la vida por delante. Hasta que un día cambian las tornas y por delante solo ves senderos cortados por árboles caídos y hay restos de un incendio que ha vuelto la tierra infértil.

Sabes que un día lo que aún permanece fresco acabará marchitándose, pero hoy llevo un hacha, la sujeto con esta mano que ya no es tan joven y que ahora tiene más fuerza. Voy a sobreponerme al miedo a mis propias tinieblas y a abrirme un nuevo camino. Voy a existir en todas mis edades, voy a vivir esta vida sabiendo que solo hay una, con todo lo que eso conlleva para bien y para mal. Es una promesa.

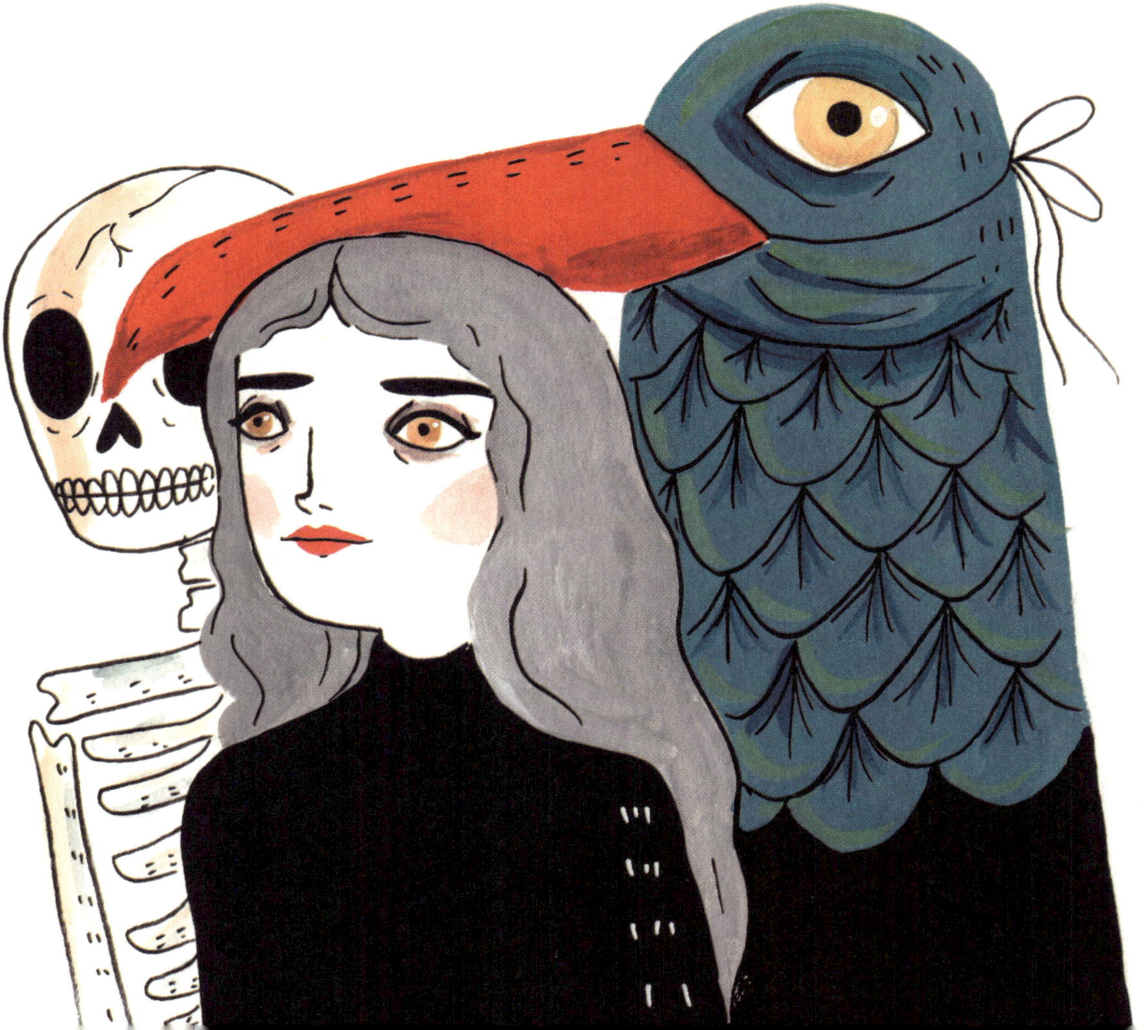

Vamos a tirarnos al suelo

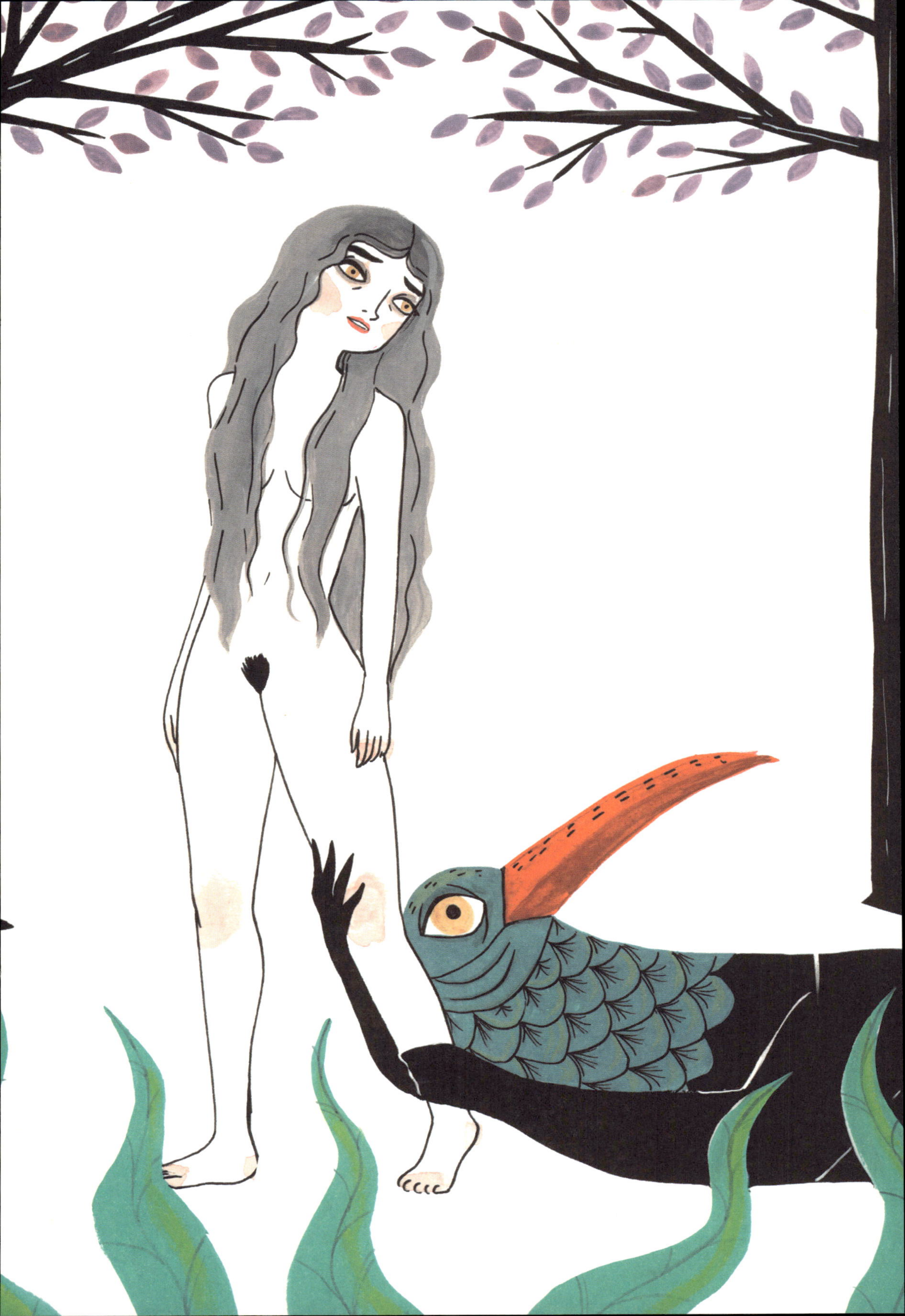

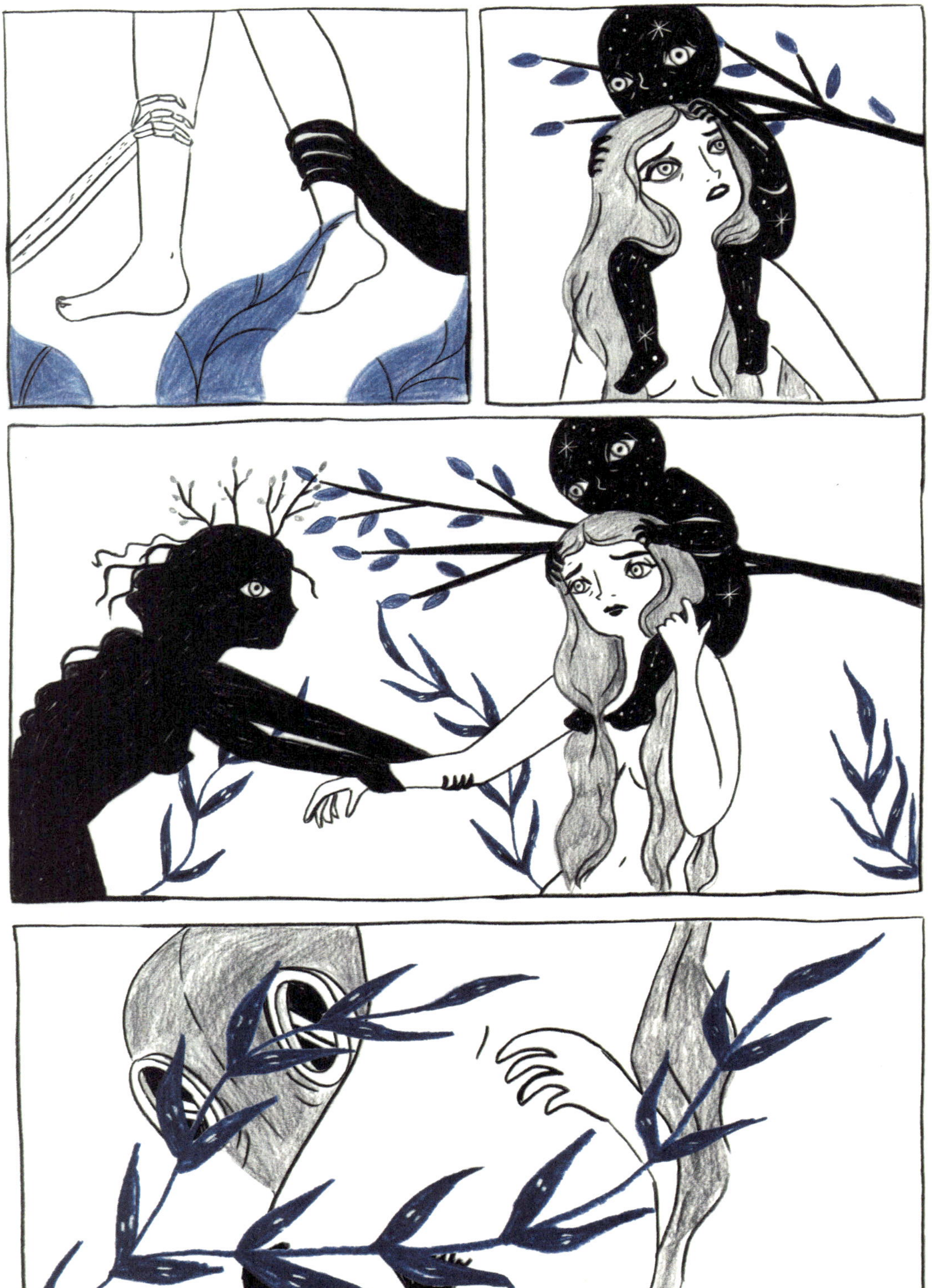

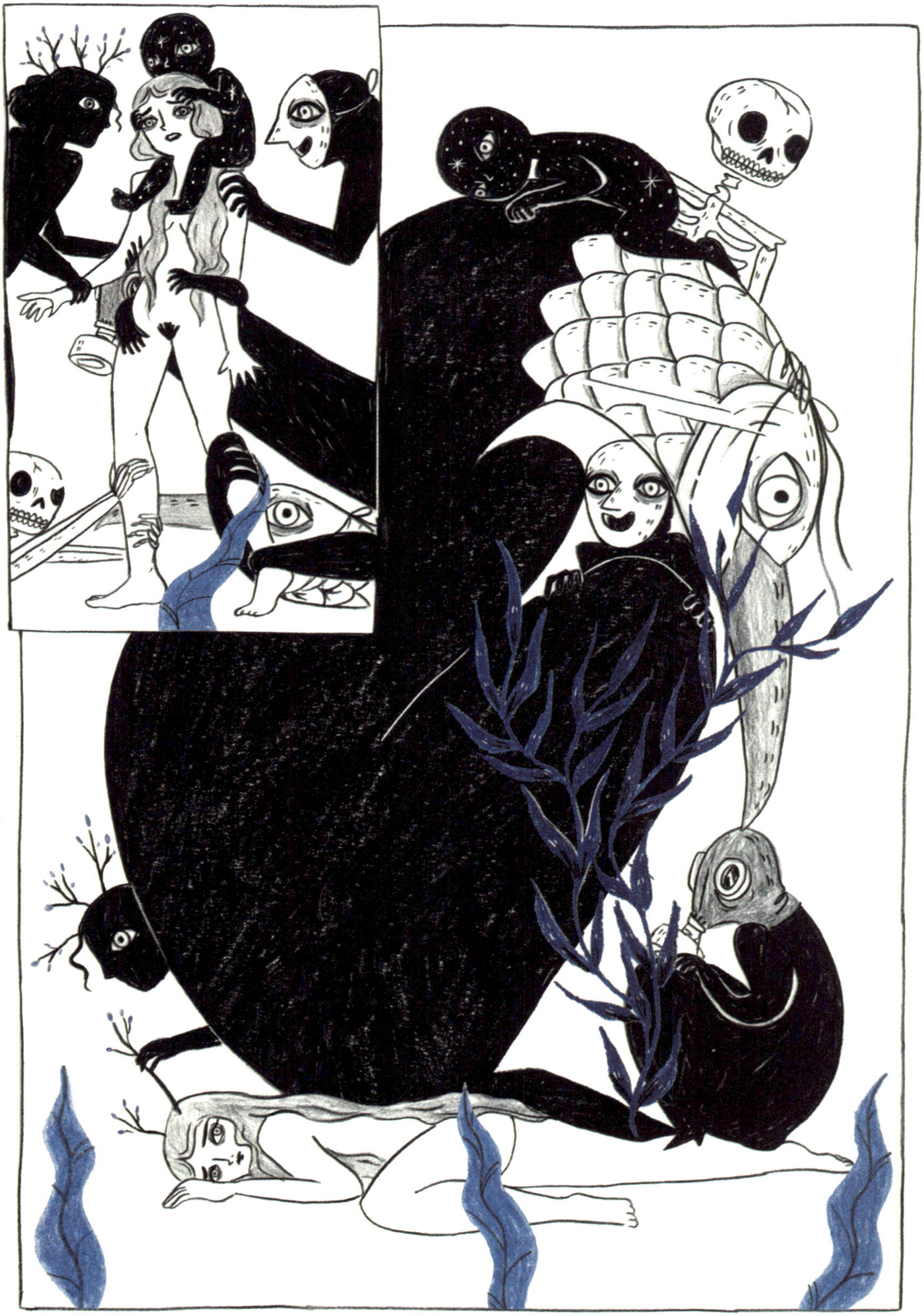

> «Es junio. Me canso de ser valiente».
>
> ANNE SEXTON

Durante mucho tiempo estuve abriéndome camino entre la maleza sin mirar atrás. A cada tropiezo, me levantaba llenándome las rodillas y las palmas de las manos de postillas que cicatrizaban mal, dejando la carne blanda a la espera de sangrar en cualquier momento.

A mí me habían enseñado que así tenía que ser: mirar siempre hacia delante, nunca hacia atrás.

Pero, antes o después, llega otro golpe que hace que el cuerpo colapse. Las heridas que no desinfectamos a la luz del sol se abren, y temía que todos aquellos monstruos que creía haber vencido saliesen de dentro y se colocaran frente a mí.

Entonces ya no podía avanzar, me aterraba caerme, sentía que el suelo tiraba de mí y que algo me ahogaba. Perdía las fuerzas y me asustaba no ser capaz de volver a levantarme, aplastada por los miedos que se habían multiplicado como avispas en su nido de barro bajo tierra esperando para salir.

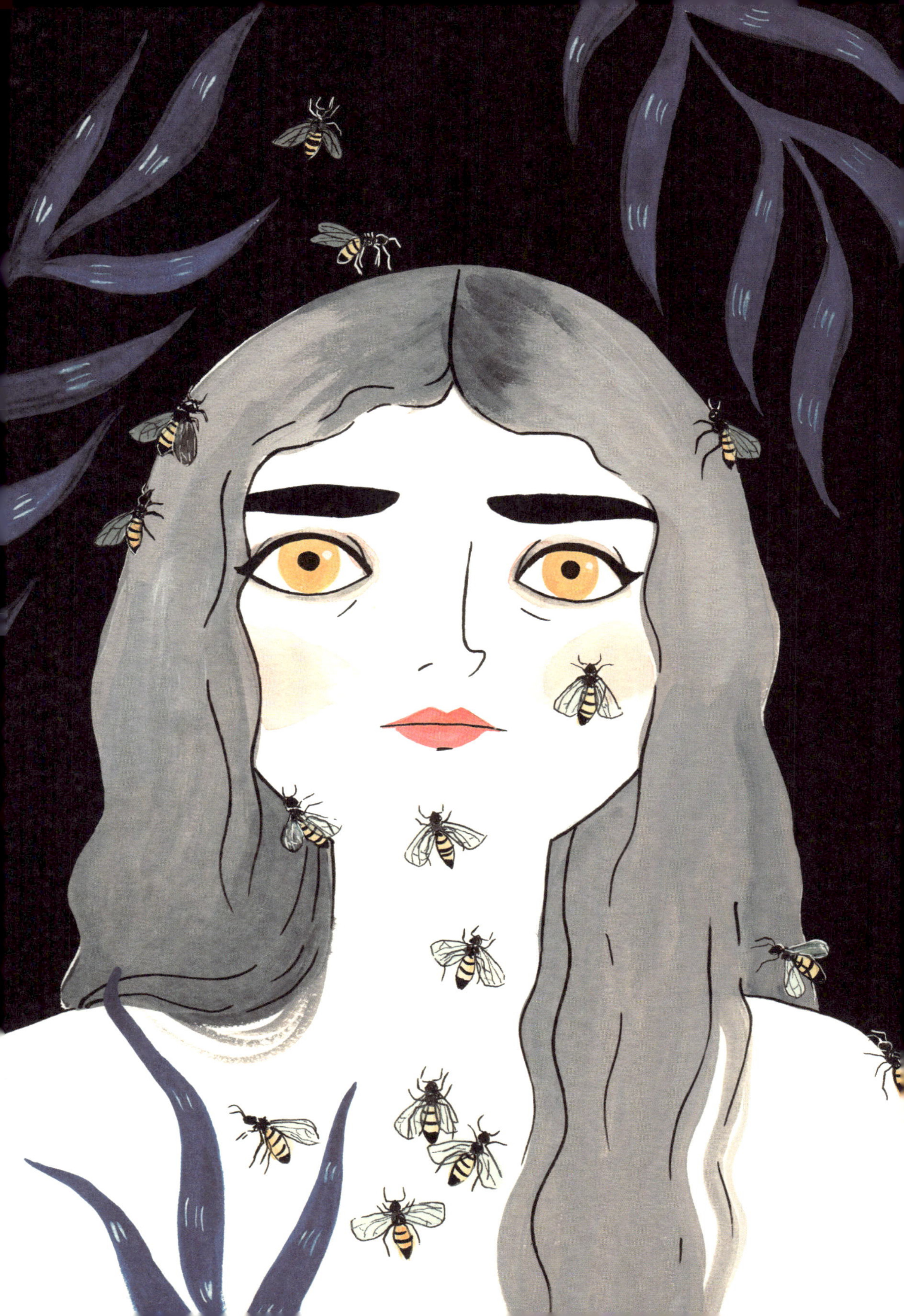

Pequeñas embestidas

Todo está bien, todo está bien.
Puedo soportar otra pequeña embestida
como la de ayer,
aún puedo aguantar muchas más.

Estos pequeños embates de la vida no acabarán conmigo.
Otra cosa diferente es que crezca en mí la mezquindad,
que se instale en mí la amargura de los desafortunados,
de los que creen que se merecen algo mejor.

Pero, madre, duerme tranquila,
porque esto no me va a matar.
Esta última pequeña embestida
no me va a matar.

Puedo ser cabal, he de ser cabal.
No demasiado, lo justo para sobrellevar
con elegancia las hostias que me puedan dar.
Para llevar con humor este antro en el que manda el dinero.
Para vivir con amor, aunque este no sea del todo sincero.

Tú nunca serás Françoise Hardy (lo sé).
Y tú, mi amor, nunca serás Alain Delon.
Pero una cosa es segura,
nuestra piel es ahora más dura,
más clara nuestra intención.
Todo está bien,
al menos en esta canción.

TULSA

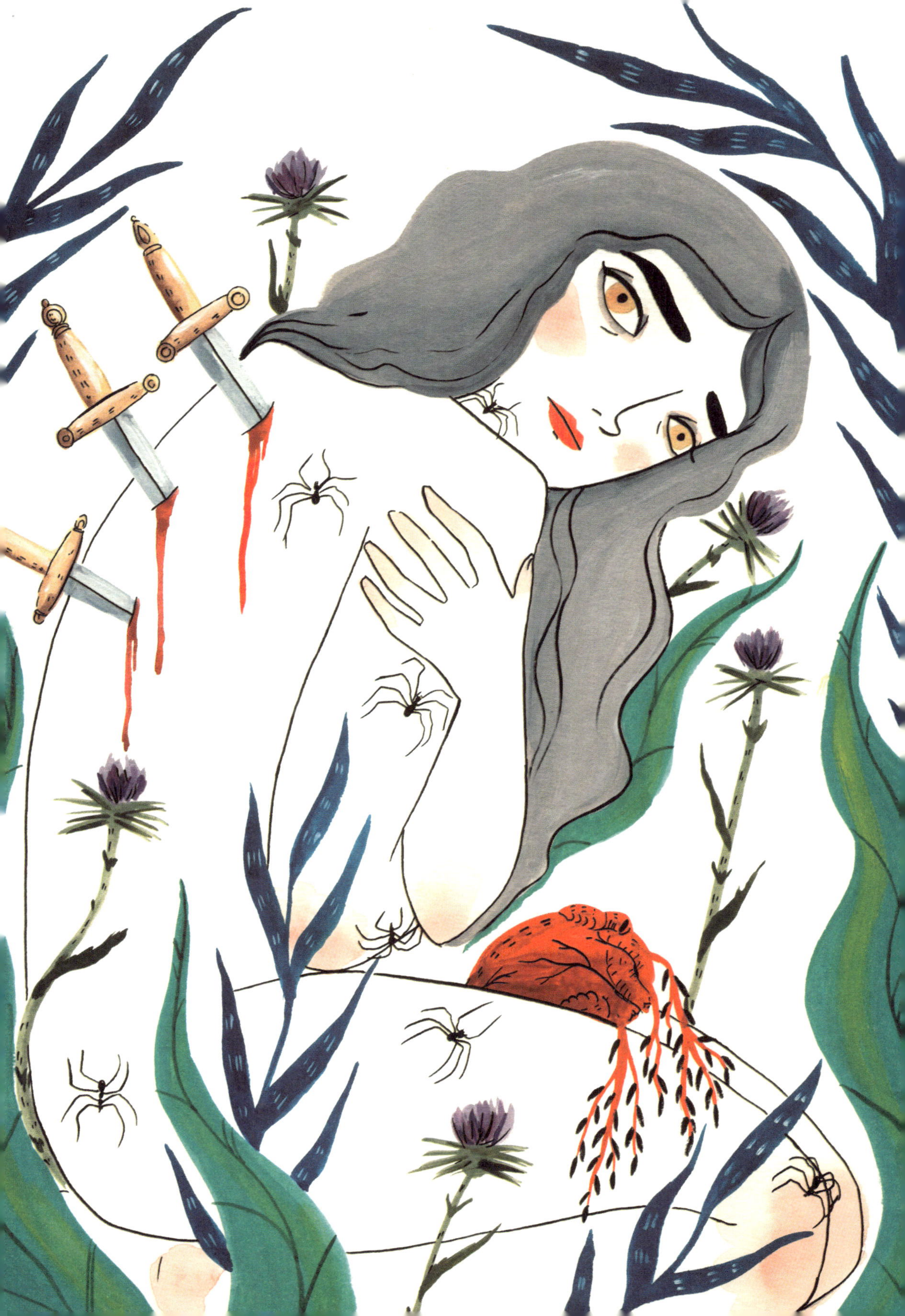

En general, todo iba bien; mejor que bien, nunca soñé estar así. Pero cada vez eran más frecuentes las ganas de tirarme al suelo y abandonarme. No es que quisiera dejar de existir. De hecho, lo que más miedo me daba era desaparecer algún día. Pero las fuerzas de repente se agotaban y la gravedad de la tierra me llamaba a gritos.

Entonces me acordé de la película *El marido de la peluquera*, y de Mathilde, que decide terminar con su vida cuando lo tiene todo para así no perder nada. Y por fin lo comprendí: mi mayor miedo era perder lo que tenía, creer que me fallarían las fuerzas para soportar la siguiente embestida. Pero ese nuevo miedo me estaba paralizando, así que decidí tirar de él y sacarlo fuera, y junto a él salieron el síndrome de la impostora, el fantasma de la culpa, la necesidad de no defraudar a nadie, de no perder el control, la incapacidad de decir «no».

Un día se lo conté a mis amigas. Estábamos paseando por el centro de la ciudad y la calle estaba llena de gente. Les confesé que no podía más, que el cuerpo me pedía parar, pero que me daba miedo no volver a levantarme.

—Pues si es lo que te pide el cuerpo, tírate al suelo —dijeron—. Venga, nos tiramos todas.

Sentí alivio en ese momento en que nos dejamos caer sobre el asfalto. Alivio de saber que no estaba sola, pero también un alivio físico: ríos de personas que nos sorteaban, y nosotras allí, blindadas a esas miradas, a las prisas, a las pesadillas. Al rato, dos de ellas me dieron la mano para levantarme —«Mírate, ya estás arriba»— y entendí que una amiga es una liana tendida para escapar de las arenas movedizas. No volví a tirarme al suelo en público, pero sí tomé la decisión de ir a terapia.

Necesitaba pasear serena por el bosque tenebroso de mi mente, recorrerlo de punta a punta, abrir algunas de aquellas cajitas cerradas, las que me sentí con fuerzas y ganas de abrir, para así entenderme y avanzar. Para comprender que no podemos deshacernos de los miedos, que los necesitamos para sobrevivir, y que podemos convivir con ellos.

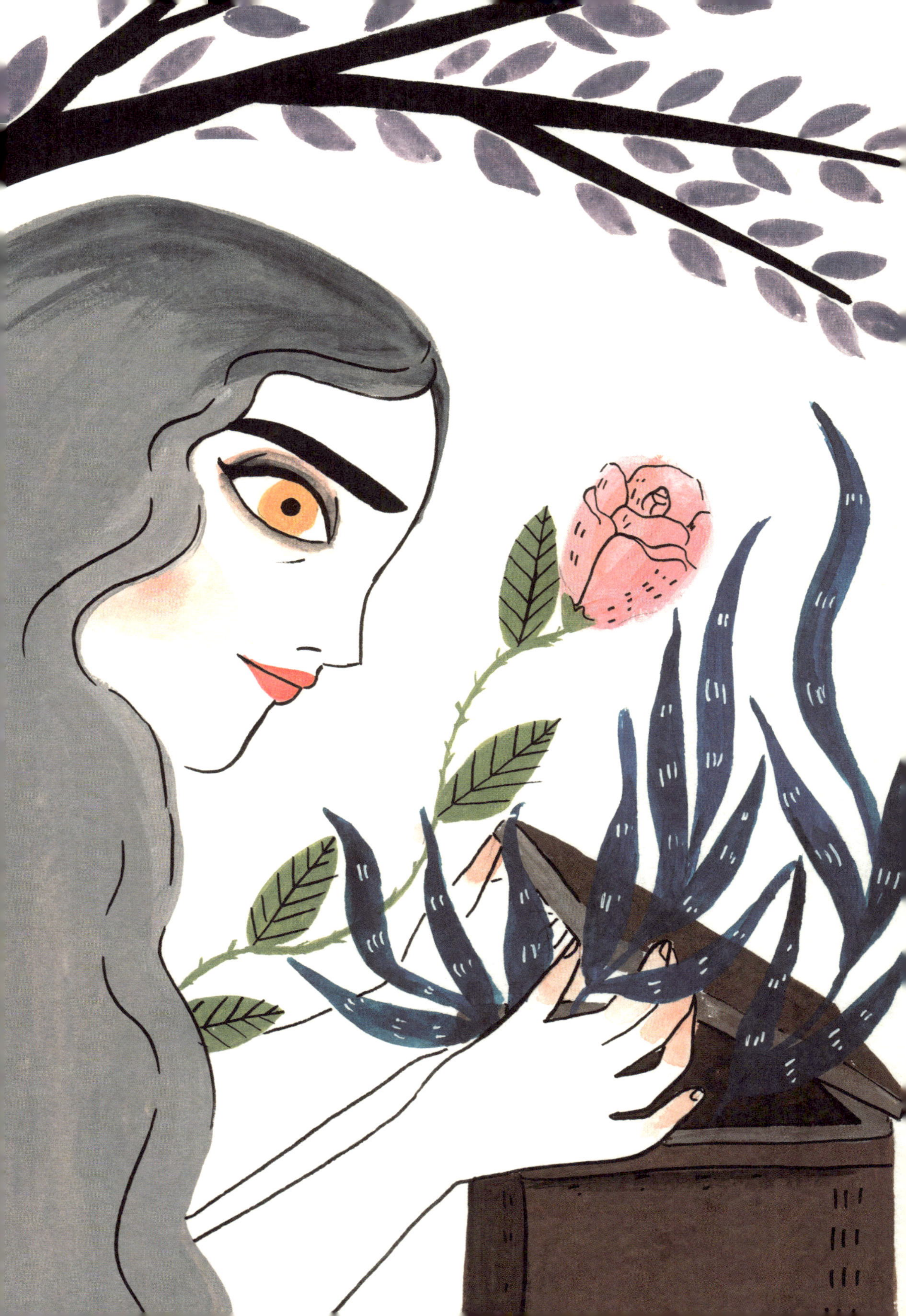

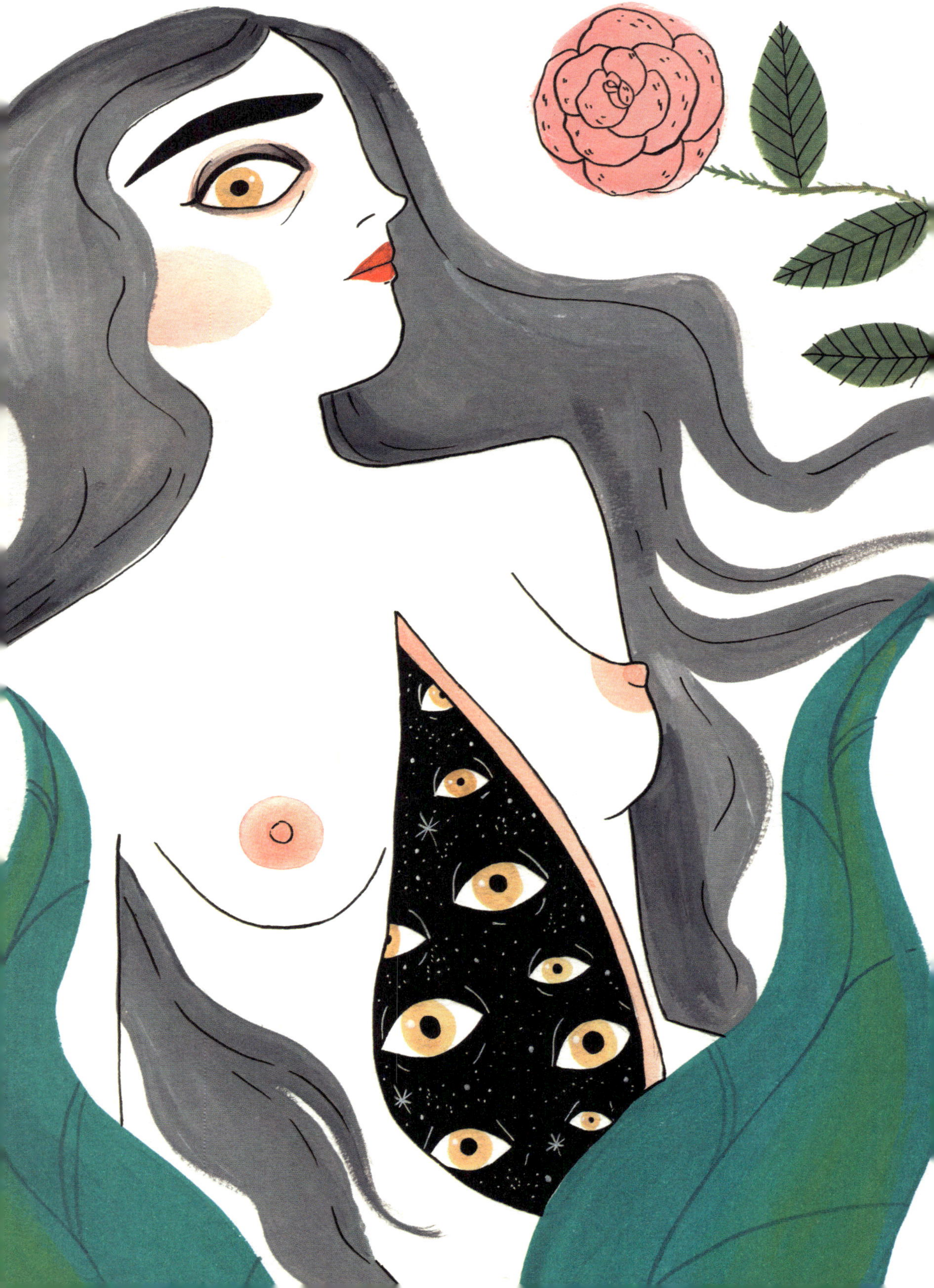

Lista de Algunos Pequeños y Grandes Miedos

- A la enfermedad.
- A la muerte.
- A volar.
- A volver sola a casa.
- Al fascismo.
- A hacer el ridículo, a hablar más de la cuenta.
- A ser esa persona que me cae tan mal.
- A las arañas.
- A las guerras.
- A la sangre que proviene de las heridas.
- A la soledad.
- A no volver a estar sola.
- A no emocionarme con las pequeñas cosas.
- A ser madre.
- A no ser madre.
- A ser mala madre.
- A cometer los mismos errores.
- A no tener el control de las cosas.
- A la locura.
- A no ser consciente de que soy mala persona.
- A perderlo todo, a no poder sostenerme o, lo que es peor, no poder sostener a mi hijo.
- A conducir y a ir en coche en carreteras al borde de un acantilado.
- A dejar de ser yo por satisfacer a otras personas (sobre todo a la pareja).
- A no poder salir huyendo, ahora que hay cosas que serán para siempre y siempre es mucho tiempo.
- A ser vieja...

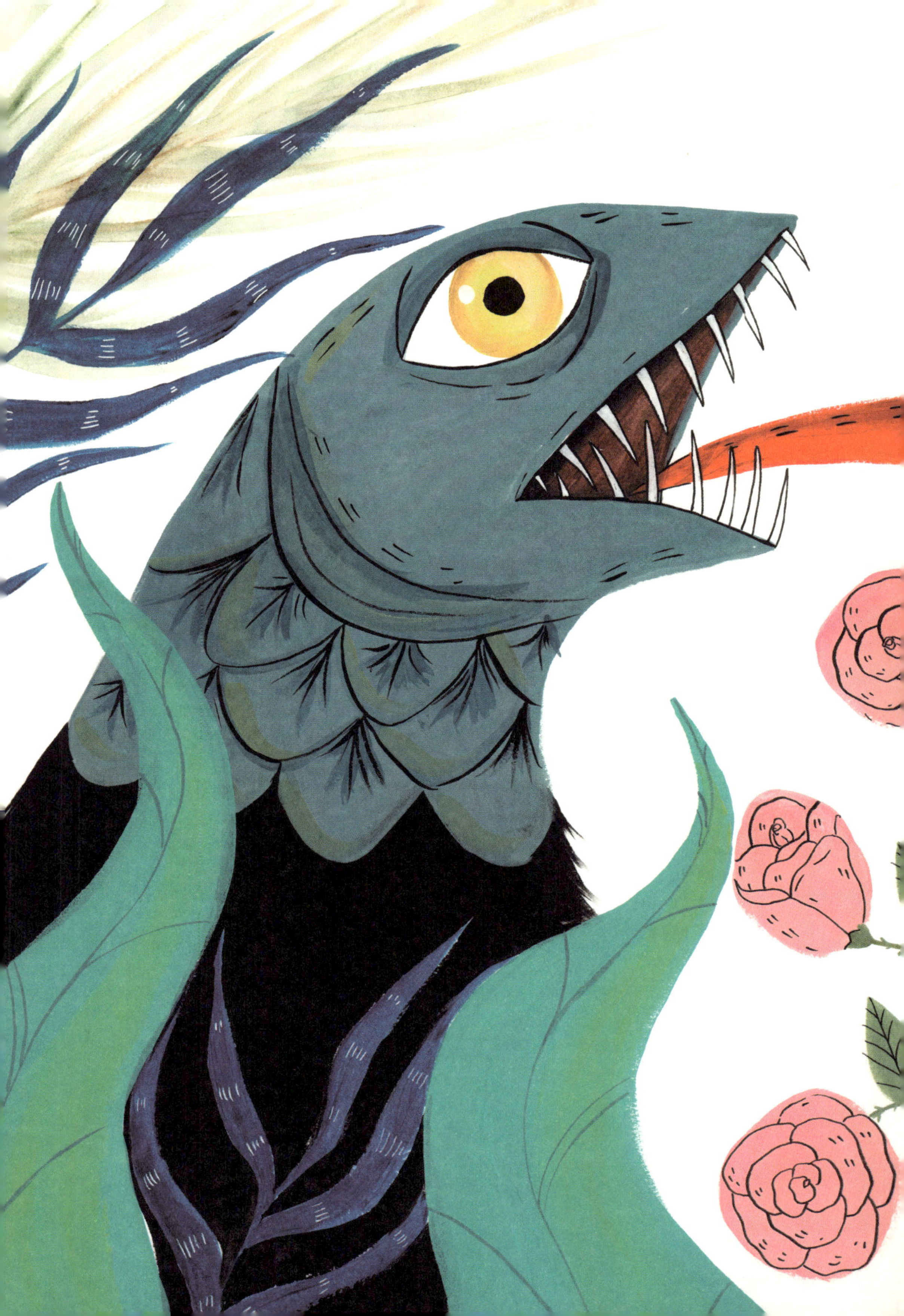

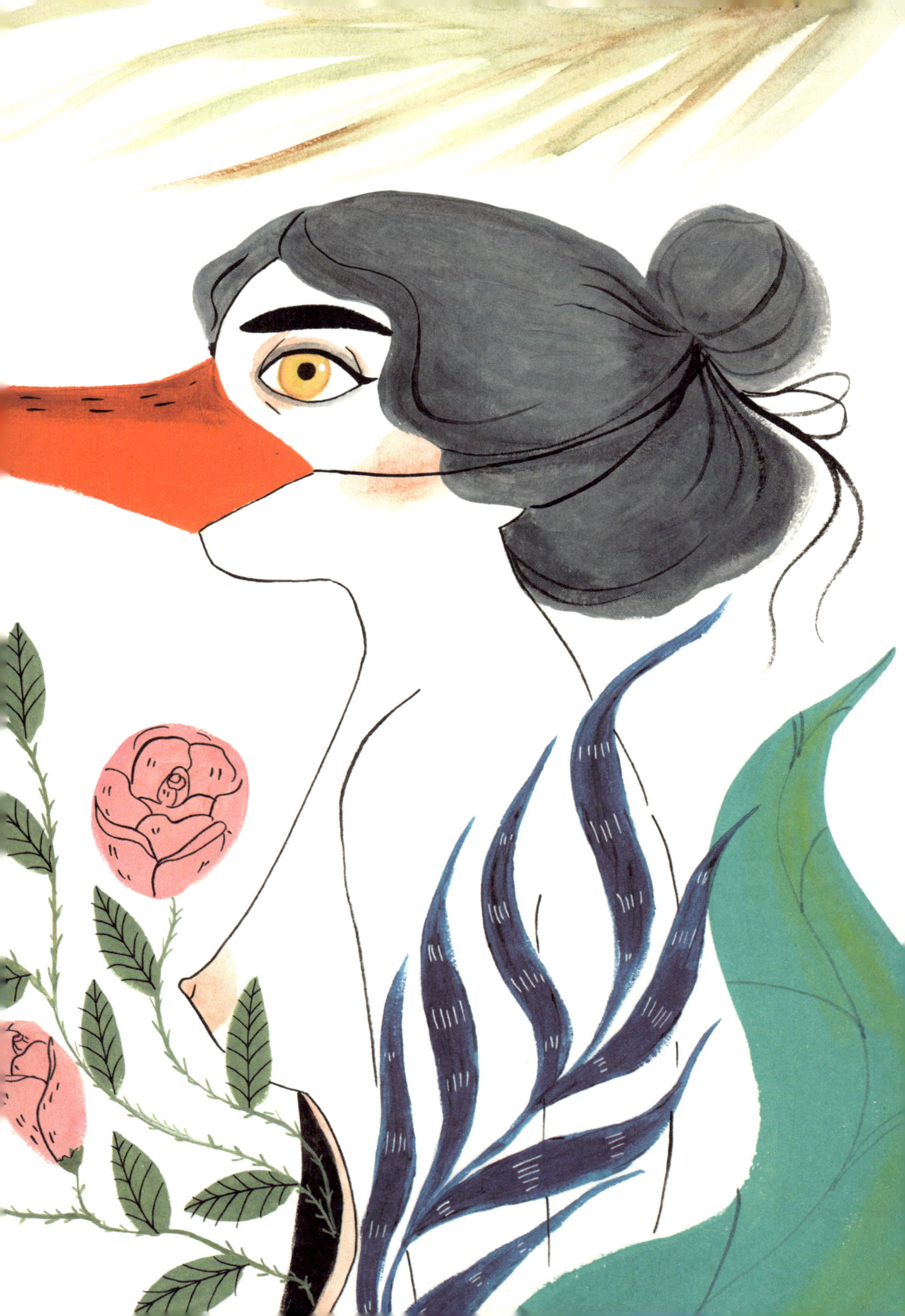

El Fin de la Vida

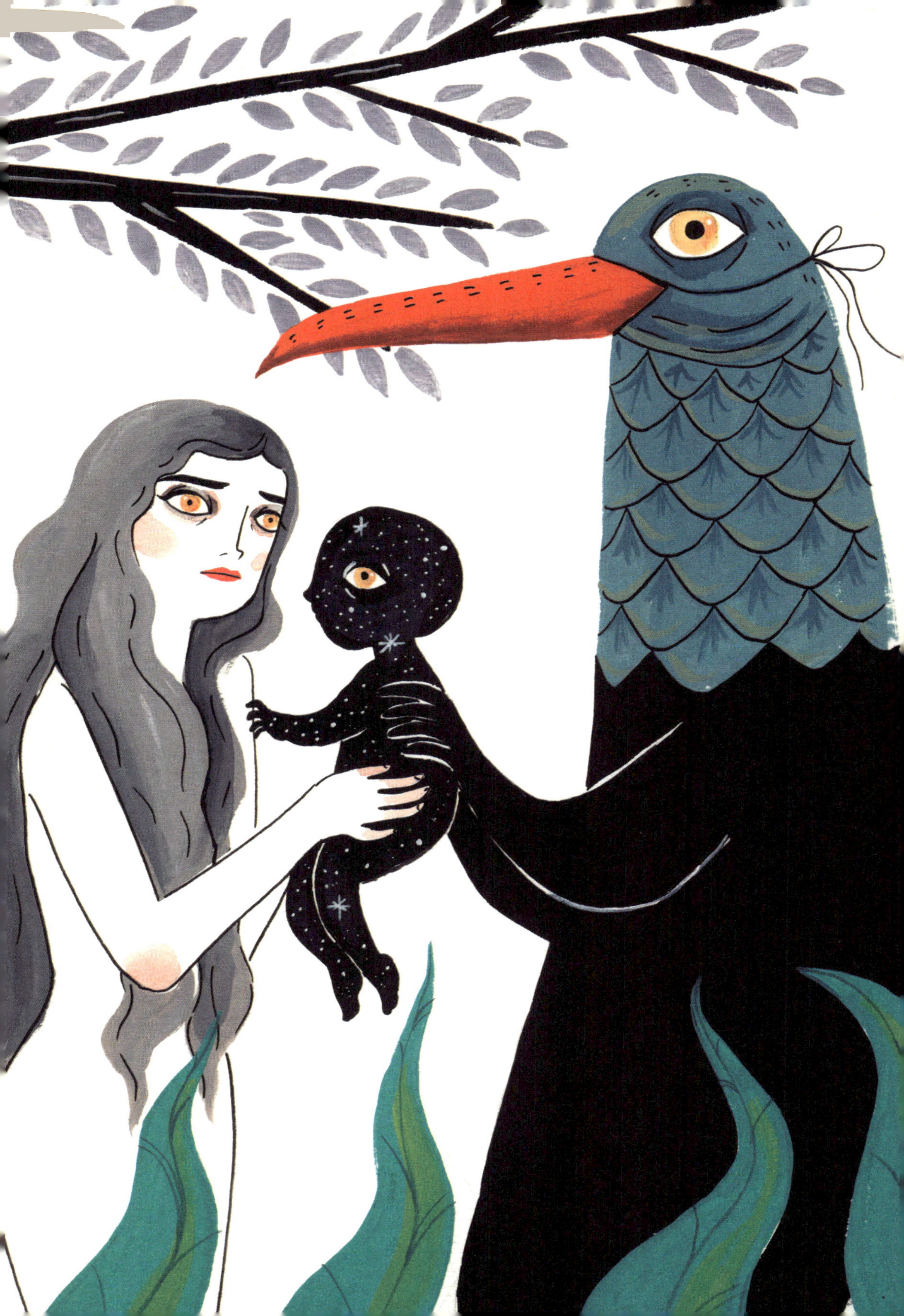

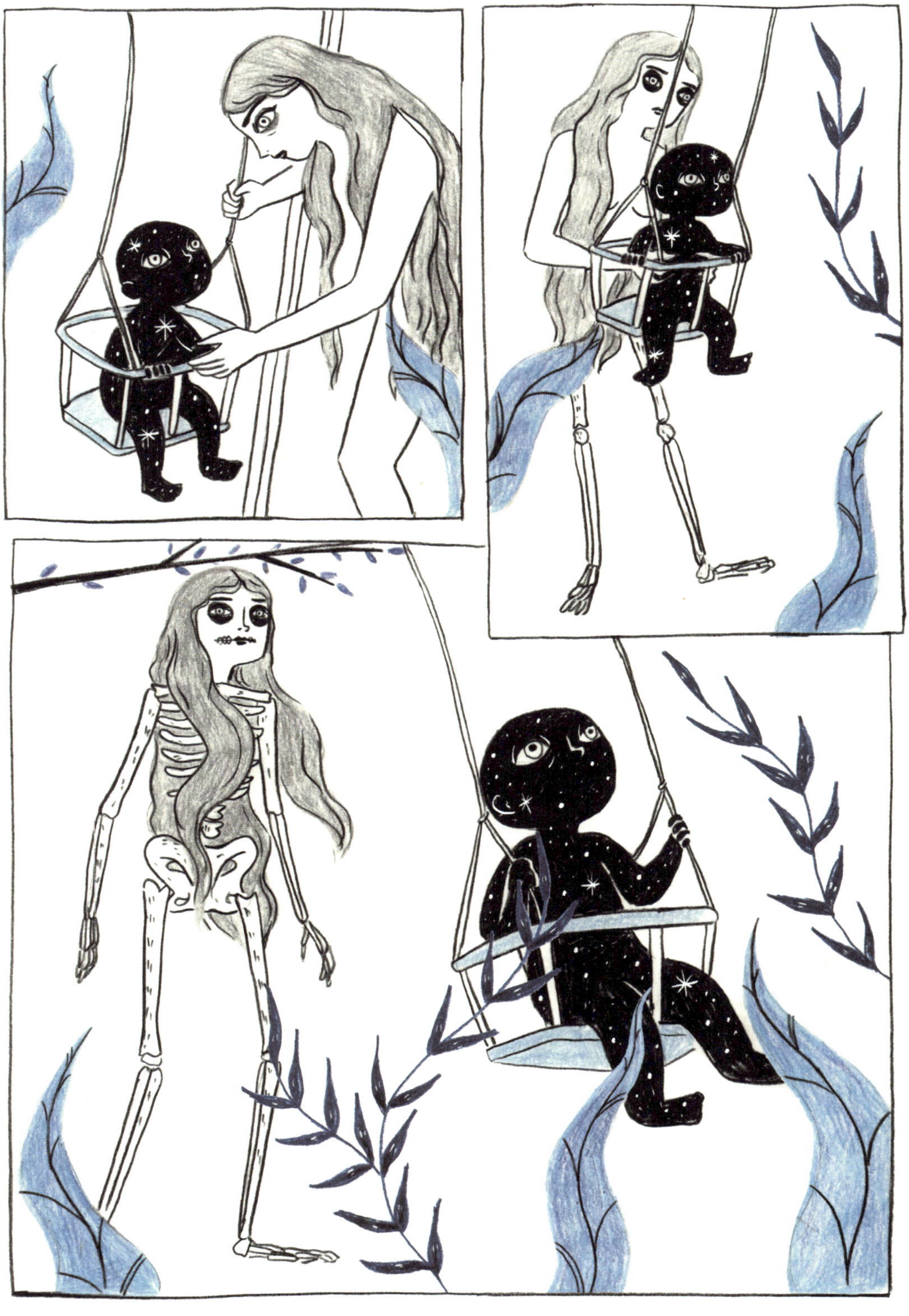

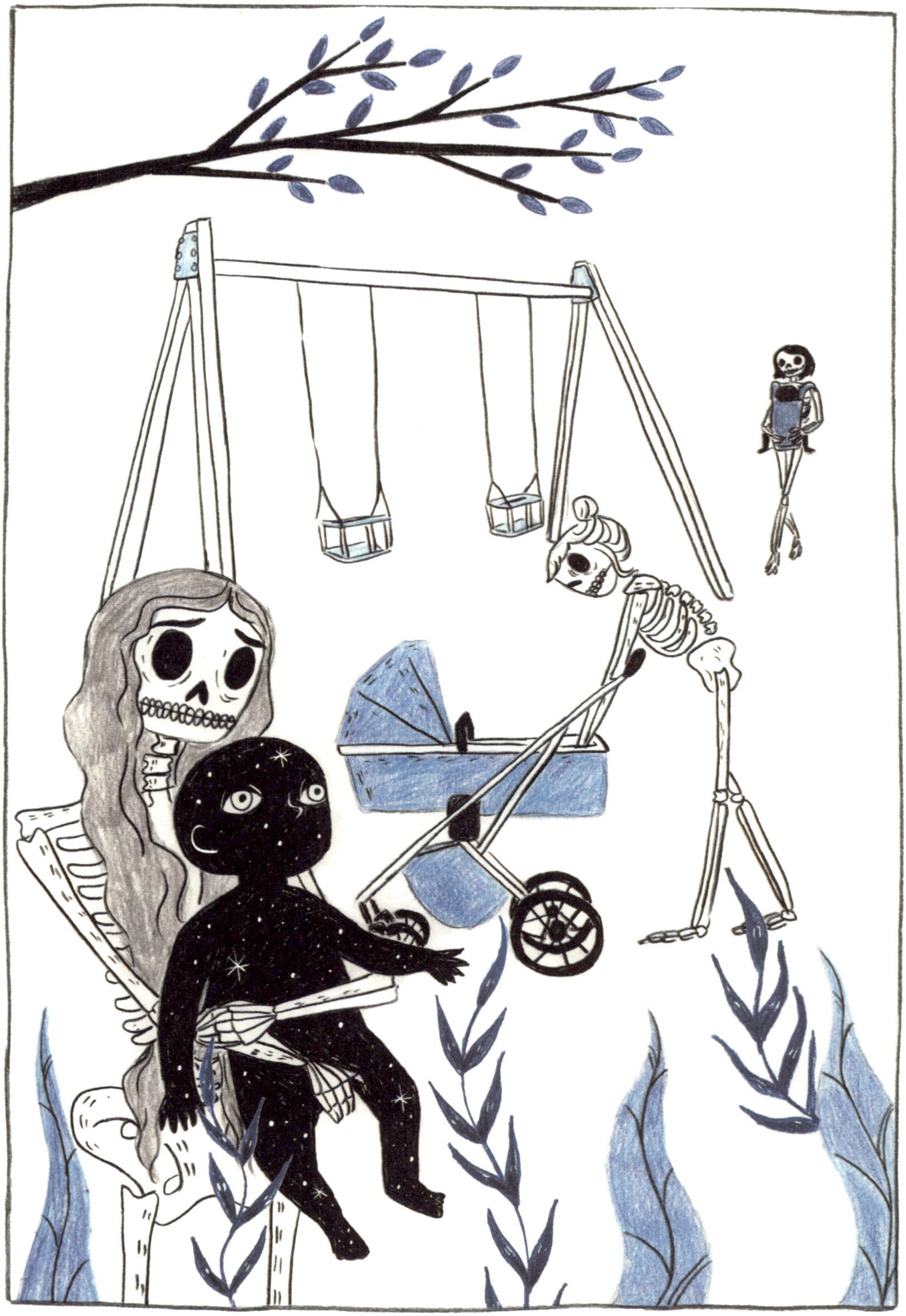

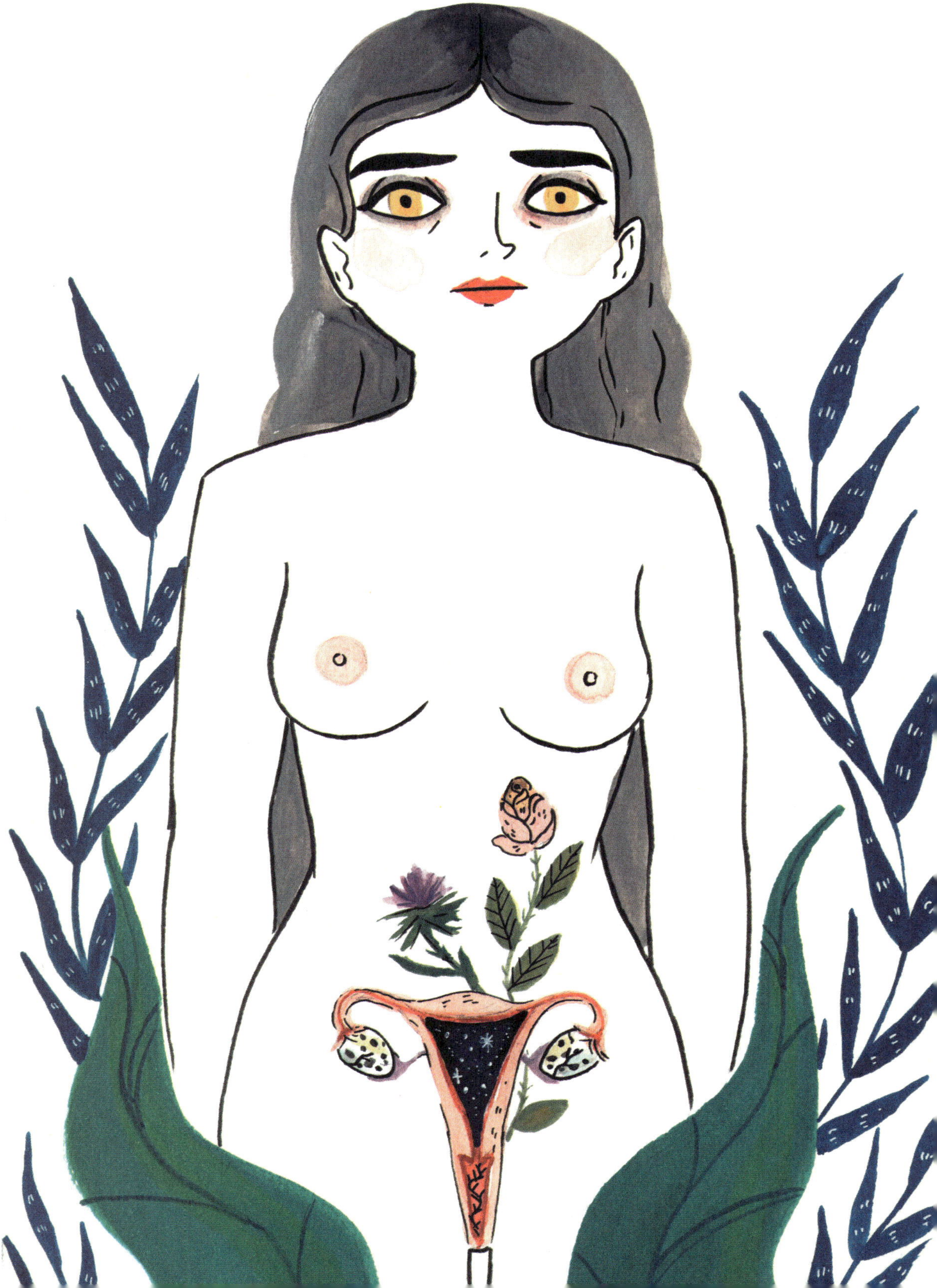

Hubo una época en que pensaba que con treinta y pocos ya tendría al menos dos hijos; es bueno que tengan hermanos. A los treinta y cinco cerraría el chiringuito. Luego me amplié el plazo hasta los cuarenta. No más allá, de ninguna manera. Creía que era egoísta ser madre tan tarde: «El cuerpo y la energía no son los mismos y la diferencia generacional es enorme», me decía.

Pero hace mucho que eso quedó atrás, cuando comprendí que a las mujeres se nos ha impuesto lo que llamamos «el instinto maternal», que no todas lo tienen, no todas quieren ser madres, y durante bastante tiempo yo no quise. Ni siquiera con cuarenta años lo vivía como una certeza. Solo sabía que hubo un tiempo en que lo deseé con fuerza y otro en el que abracé con intensidad mi independencia, cuando un bebé no tenía lugar ni sentido.

Con cuarenta años ya cumplidos, el fiel de la balanza se desequilibró al fin y pensé que tenía que intentarlo, pese a haber sobrepasado el límite que me había autoimpuesto. Si todo iba bien, saldría de cuentas con cuarenta y uno, pero ¿qué era un año más o un año menos?

Una parte de mí creía que ya era vieja, los escasos óvulos que me quedaban debían de estar marchitos. Mi útero no tendría las fuerzas ni las ganas de retener un embrión durante nueve meses. A mi alrededor, gente conocida estaba teniendo pérdidas gestacionales o se sometía a tratamientos de fertilidad porque habían esperado demasiado.

Tantas mujeres en el mundo que llevan años llorando porque no pueden quedarse embarazadas, recibiendo tratamientos durísimos para conseguirlo y sin ninguna garantía de lograrlo… Yo había esperado mucho, y tomé la decisión llena de dudas.

Y sin embargo, ahí estaban: las dos rayitas azules.

> **remordimiento**
> De *remorder* y *-miento*.
> **1. m.** Inquietud, pesar interno que queda después de realizar lo que se considera una mala acción.

«Voy a ser madre», me repetía. Dos rayitas azules que durante unos días me llenaron de una felicidad que era nueva para mí. Pero la alegría se esfumó pronto, y en lugar de un embrión parecía que mi vientre estuviera engendrando un agujero negro que se lo tragaría todo.

«¿Qué has hecho?», me susurraba una y otra vez aquella voz dentro de mi cabeza. «Si la vida te gustaba tal y como era. ¿Qué necesidad de adentrarte otra vez en el bosque tenebroso de lo desconocido? Siempre puedes hacer algo para cambiarlo, ya lo has hecho antes», me aconsejaba el miedo. Pero ¿acaso no era precisamente este el cambio? Claro que lo era.

Era un nuevo miedo, no a la revolución que estaba comenzando dentro de mi cuerpo, sino al hecho de no poder retractarme ya nunca de esa decisión inamovible y con consecuencias de por vida. Llevaba años buscando controlarlo todo, llevar las riendas de mi existencia, y ahora temía perder el control. ¿Y si nunca lo recuperaba?

Tenía hasta la semana doce. Había tiempo para valorarlo. Igual iba mal y no me tocaba decidir nada. Ya era mayor, era muy habitual sufrir un aborto espontáneo. ¿Cómo podía estar deseando algo así? Seguro que si lo perdía me arrepentiría de haberlo pensado, aunque sabía que por mis labios el que hablaba era el pánico.

«Te mostraré el miedo en un puñado de polvo», dice T. S. Eliot en *La tierra baldía*. Yo podría mostrarlo en un puñado de células que aún medían menos que una cabeza de martillo y ya golpeaban como un ariete mi mundo, reventando muros.

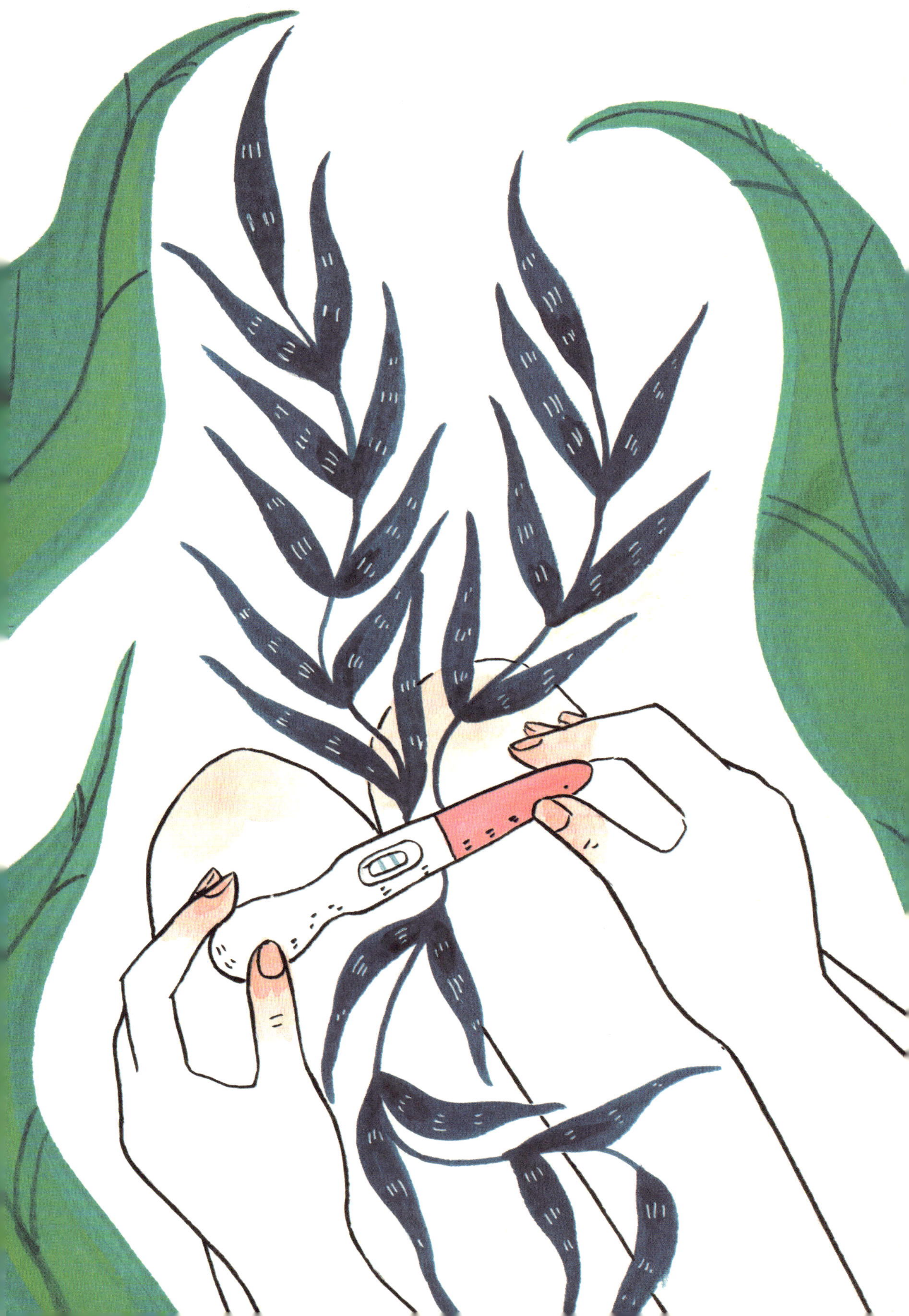

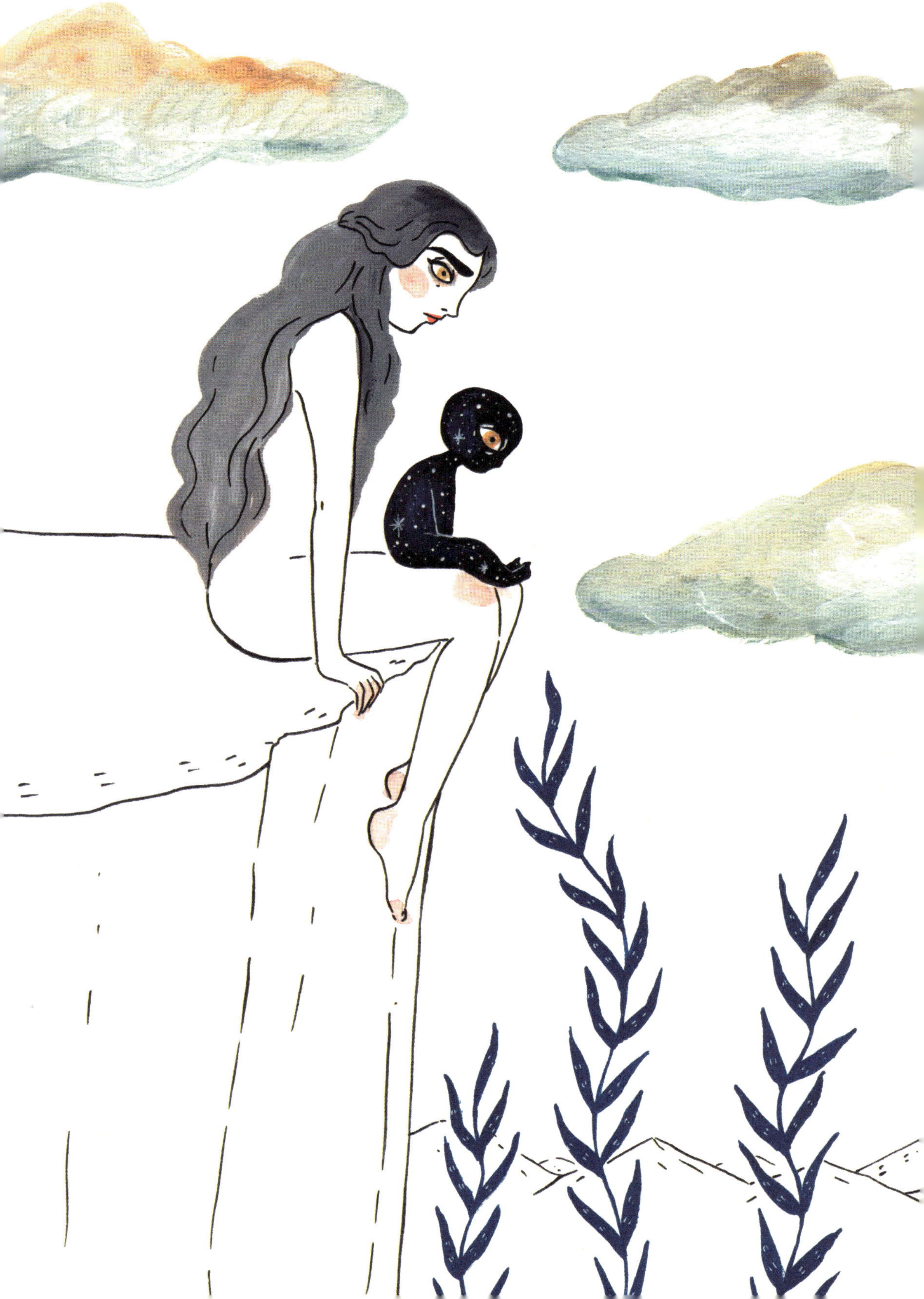

A diario escucho a mujeres y a amigas a las que admiro que han decidido ponerse en el centro; yo he estado ahí hasta hace muy poco, apostando por mí misma, por cuidarme y vivir mi vida por y para mí.

Sin embargo, esas dos rayitas azules marcaron una nueva frontera: de repente ya no me hacían gracia sus bromas de parejas acabadas, agotadas desde que el bebé llegó a sus vidas para demolerlo todo.

«Tu vida va a cambiar», me repetían sin cesar por todos lados. Y yo oía: «Tu vida se va a acabar». Pero lo había pensado mucho y estaba dispuesta a esa transformación. A lo mejor prefería pasar tiempo con el ser que se estaba formando dentro de mí en lugar de irme de cañas. No necesito salir todos los fines de semana y, siendo sincera, no necesito tantos momentos «libres».

Busqué una señal sobre las bondades y las maravillas de la maternidad, pero no di con ella. Todo lo que leía eran posts de las madres de ahora, de las activistas, ¿qué les pasaba? Falta de sueño, soledad, incomprensión y pezones agrietados que supuran sangre. Reclaman hablar del tema sin filtros para que las futuras valientes no nos topemos con una realidad de la que a ellas no les advirtieron. No es que yo tuviera idealizada la experiencia, he visto de cerca a mis amigas o a mi hermana, que dieron el paso hace tal vez demasiado tiempo como para tener un recuerdo real. ¿Por qué de repente todo parecía tan horrible? ¿Dónde estaba la belleza del proceso? ¿Por qué solo oía hablar del sufrimiento que me esperaba? Desde la ignorancia viviría al menos un embarazo feliz, no veía la necesidad de estar amargada antes, durante y después.

El miedo ajustó sus brazos con firmeza alrededor de mi pecho, y su voz me fue envolviendo suavemente con su relato convincente: «Te acercas al precipicio», me advertía. «Y a sabiendas, ¿te vas a tirar por él?».

Ese nuevo relato tan necesario que al fin venía de nuestras voces a mí me hería profundamente.

Me asustaba la soledad. He visto a demasiadas amigas abrumadas por el peso de esa criatura que vive prendida de su pecho y las aísla del resto. Como si un hijo fuese una astilla de nuestra madera, dispuesta a penetrar en nuestra piel y presionar a modo de cuña para distanciarnos del mundo. También de su padre.

Me asustaba sentirme sola y desbordada en mitad de la noche; con un bebé amarrado al pecho o llorando, y Bruno dormido en la cama, convencido como tantos otros de que los primeros años pertenecen a la madre. ¿Me iba a pasar a mí eso? Avisos por todas partes de que no tenía ni idea de nada y que ya me enteraría cuando llegase el momento.

Me asustaba no saber protegerme; no saber protegerlo o protegerla. Me asustaba convertirme en faro de nadie, sin saber si mi luz sería capaz de atravesar las sombras, y además hacerlo sola.

Cuando daba voz a mi miedo, me decían que no me preocupase, que iba a ser una buena madre, pero lo que yo quería escuchar era: «No te preocupes, vas a ser feliz».

Faltaban dos semanas para poder abortar. Mi cuerpo estaba cambiando, el agujero negro crecía dentro y mi barriga, aún imperceptible para los demás, comenzaba a abultarse. Ya medía tres centímetros, tenía deditos, escuché el latido de su corazón. Pensaba que me conmovería más, pero, aunque no fuese así, sentí que ya era mío. Quedó decidido, me iba a tirar por el dichoso precipicio. Iba a dejarme llevar, quizá la caída no fuese tan mala.

Y en ese momento, casi por arte de magia, llegaron las palabras que había dejado de buscar: «Vas a ser feliz». Y sentí que de verdad se abría un nuevo sendero.

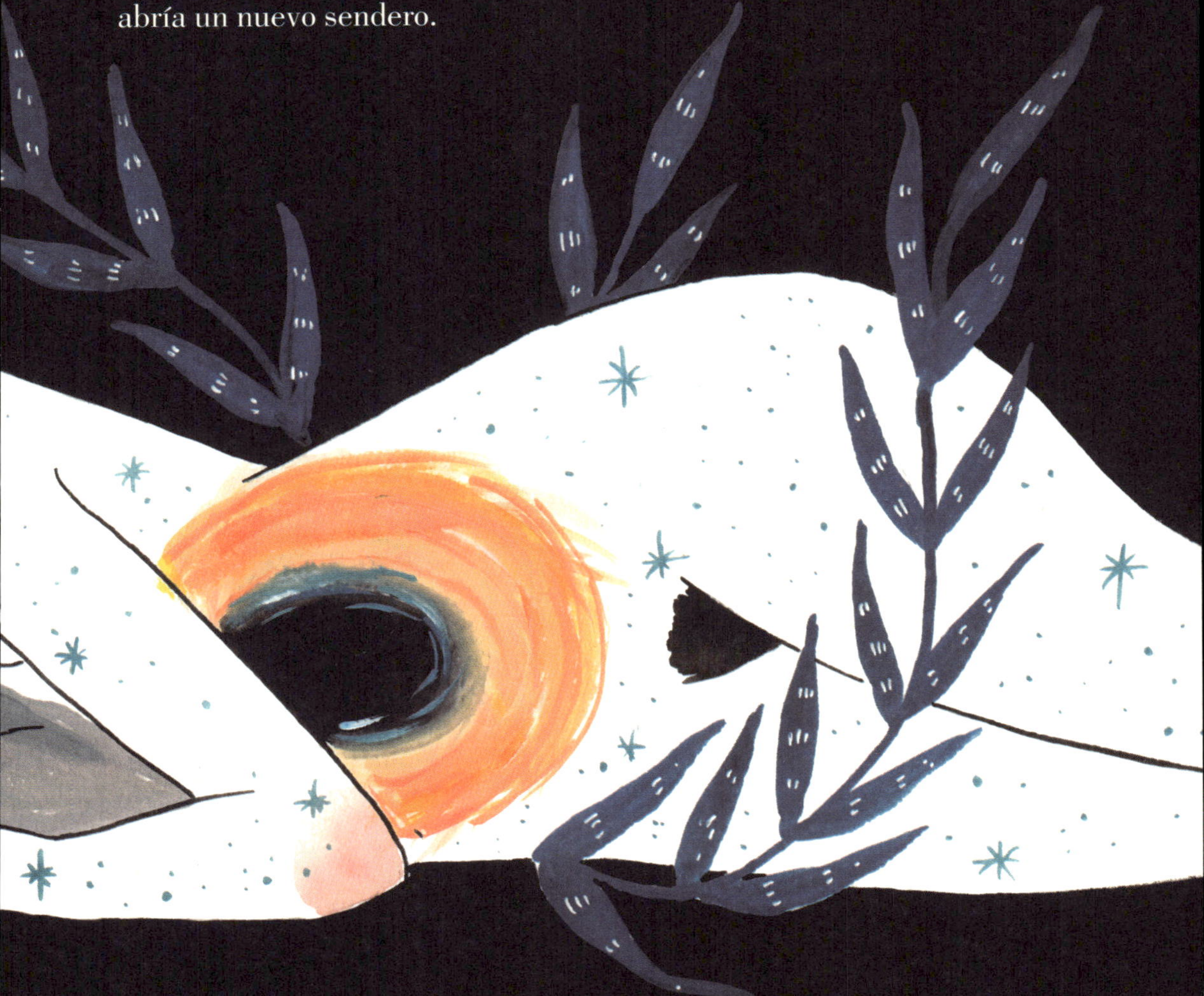

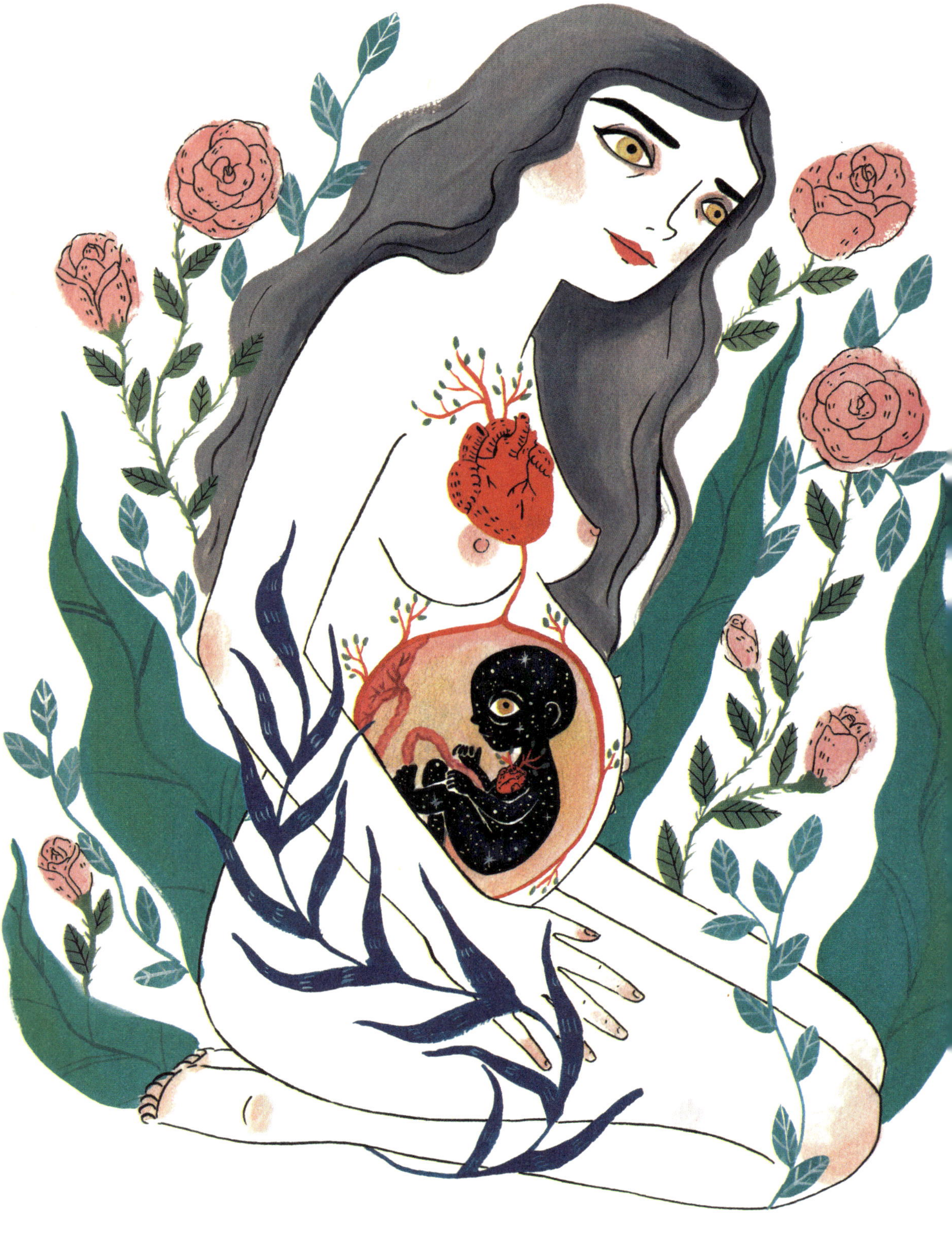

Il Futuro è Donna

Será verde o será marrón,
será del color del cielo en verano.
Será fría o de esas que cuando las ves
sientes un inmenso calor.

¿Cómo será tu mirada?
¿Cómo será tu corazón?

Construida en mi mente aburrida,
no pude pedirte permiso.
Espero que me perdones si algún día
no quieres pisar más el mundo.

¿Cómo será tu mirada?
¿Cómo será tu corazón?

Dirás que soy esto y lo otro
cuando cuide demasiado de ti,
te avergonzarás de mí
cuando me veas bailar.

Si me pides algún consejo,
me veré obligada a exhortar:
no hagas caso a tu madre,
ella nunca supo cómo atinar.

Serás fuerte y valiente.
Serás fuerte y valiente.

Cada vez, cada vez, cada vez,
cada vez, cada vez, cada vez
que pienso en ti
soy feliz.

TULSA

Todos los miedos regresan y se revuelven ahora que te espero a ti, mi pequeño bebé universo, mi niño sin nombre.

Quiero que nazcas fuerte y sano. Que se acaben las guerras, se llenen los ríos y se respete la naturaleza, porque quiero un mundo mejor para ti. Un mundo en el que puedas respirar y no mande el dinero.

Quiero que seas libre. No has nacido y ya cargas con el peso de lo que los demás proyectamos sobre ti. A veces es algo tan ridículo como en qué día y mes nacerás, tratan de atarte a la argolla de las estrellas y sus dibujos en el cielo. Yo no creo en un sino, soy todos y ninguno de los horóscopos. No hay destino, mi pequeño bebé universo, hay caminos que vas eligiendo y otros que a veces eligen por ti. Caminos que se retuercen, por los que te pierdes y en los que te encuentras. Formarán parte de tu propio bosque tenebroso, pero en todo bosque siempre hay claros.

Me molesta la carga de las etiquetas. Que me pregunten tu sexo y al responder lleguen las sentencias, como si solo unos genitales te definieran, como si la identidad viajase encerrada entre las piernas y te anclase a un grupo del que no podrás escapar. Yo tampoco lo hago bien, lo sé. Quiero romper con todo el peso del patriarcado, quiero que seas feminista, que seas libre, pero quizá en esa ansia de libertad esté construyendo otra pequeña cárcel para ti llena de expectativas que no te dejen ser sin más.

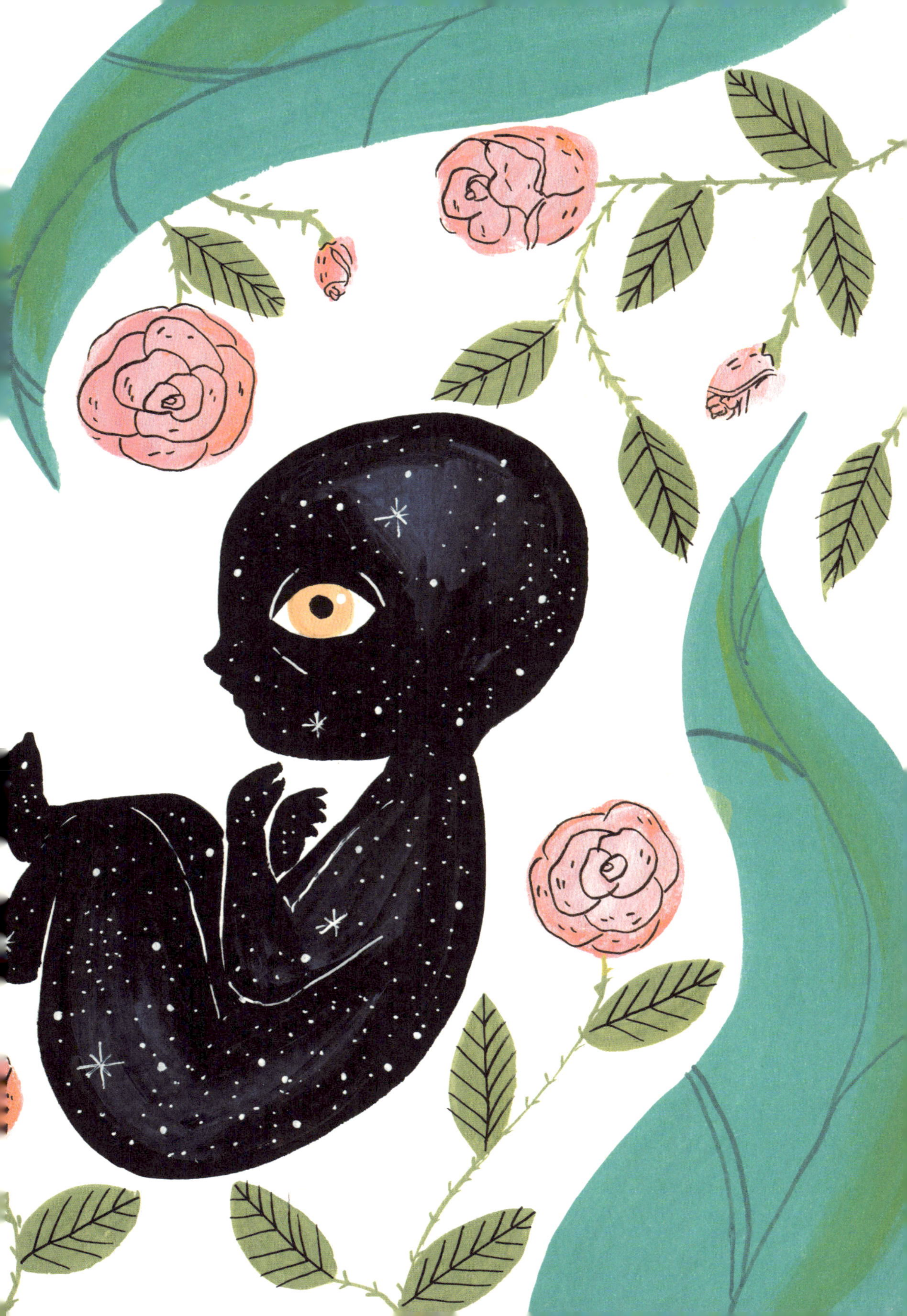

A veces recuerdo a esa niña-pelícano que fui hace mucho tiempo. Ahora sé que no estuvo tan mal ser ella, y me pregunto si tú caminarás a contracorriente, como lo hice yo. Puede ser difícil, pero te hace salir de lo que se supone que es la norma. Una norma que muchas veces se construye sobre ideas erróneas y que te mete dentro de cajas estancas, pequeñas, que una vez dentro te impiden crecer. Aunque también juego a imaginar cómo habría sido mi vida si hubiera tenido al menos un pie en una de ellas, porque todo lo que nos rodea quiere que creamos que la felicidad está ahí.

Quiero que seas bueno y que seas feliz, que no te hagan daño y no se lo hagas a los demás. Quiero demasiado para una persona que aún no ha llegado al mundo.

No tienes nombre porque no sé cómo nombrarte. Porque con cada uno que elijo te imagino de una forma o de otra, y no quiero imaginarte. Quiero conocerte. Quiero sorprenderme, quiero que tú me digas tu nombre. Quiero que seas tú sin más.

Quiero proveerte de todo lo que necesites y me aterra quedarme sin nada para ti, porque un día yo me quedé sin nada, o con casi nada. Pero eso no es verdad: me quedé con lo mejor, una madre y una hermana que lo fueron todo. Y yo lo seré todo para ti, y sé que también lo será tu padre, porque es un padre que me ha costado mucho encontrar. Él es capaz de adentrarse en mi bosque tenebroso y cogerme de la mano.

Tú, mi pequeño niño sin nombre, eres lo que más miedo me da, pero también el que me hace sentir que podré con todo. El que me hace mirar a mis miedos con ternura desde este brillante claro del bosque.

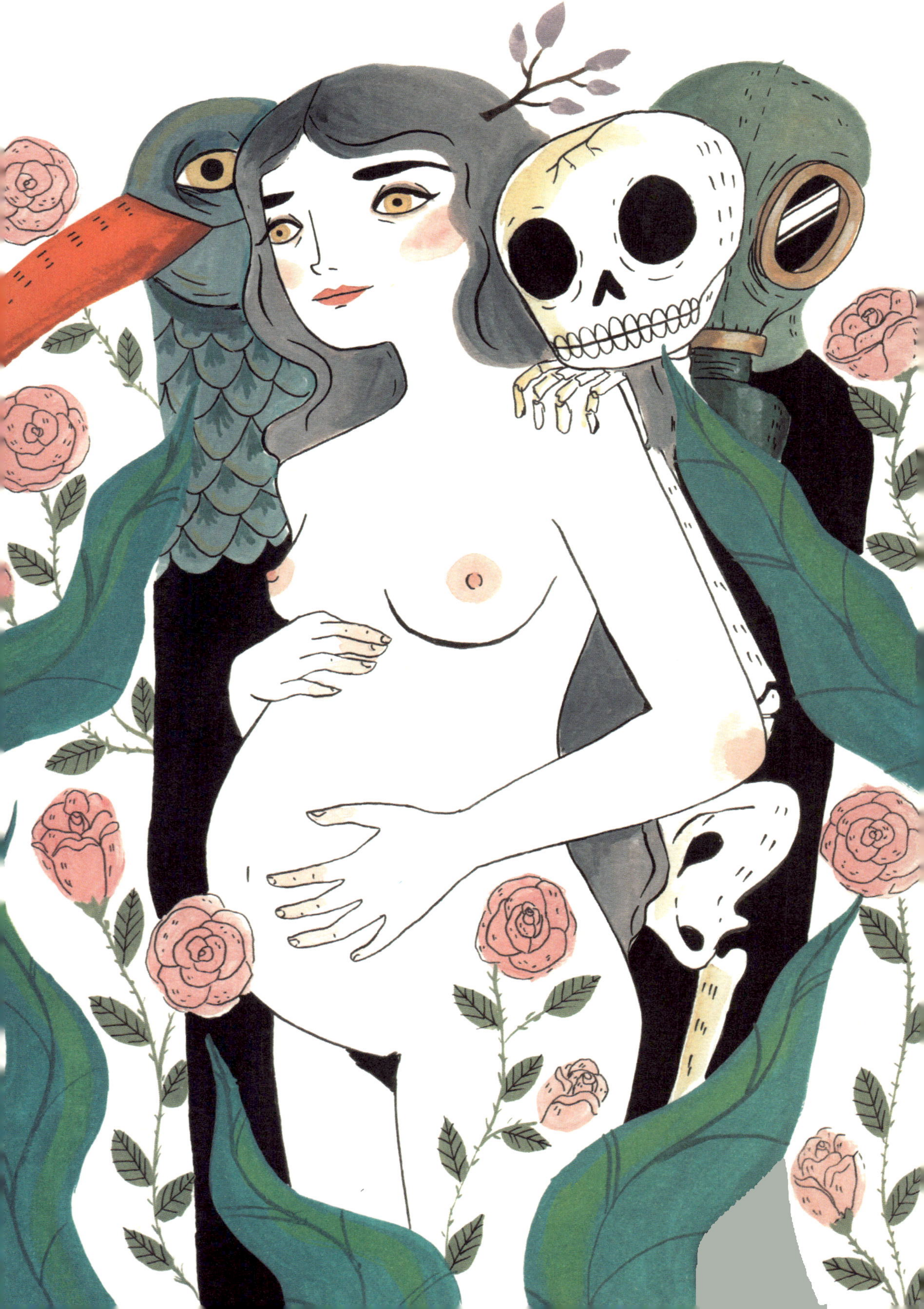

Parece que al fin aquí hay un claro
dentro del bosque tenebroso de mi mente.
¡Mira qué luminoso!
Tan lejos del tormento…
Ven, siéntate junto a mí,
aquí no tendrás miedo,
verás como te encanta.
Yo siempre vengo aquí
aunque a veces me pierdo
cuando ando despistada.

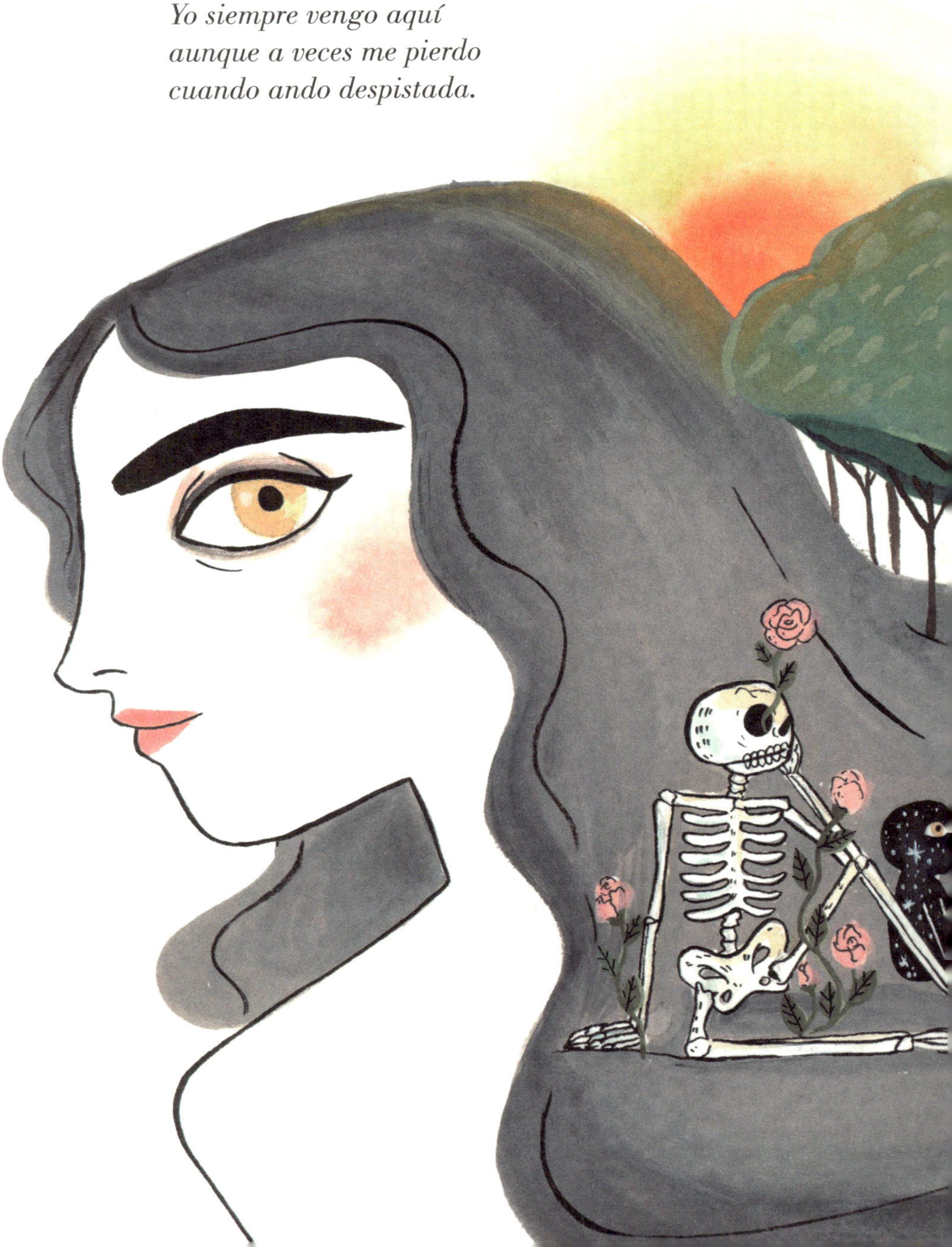

Este es el lugar
donde nace la belleza,
donde puedo estar tranquila.
No tengo otro lugar
que sea más divino.
Saca unos bocadillos
y disfrutemos desde aquí
de la puesta de sol.

LORENA ÁLVAREZ

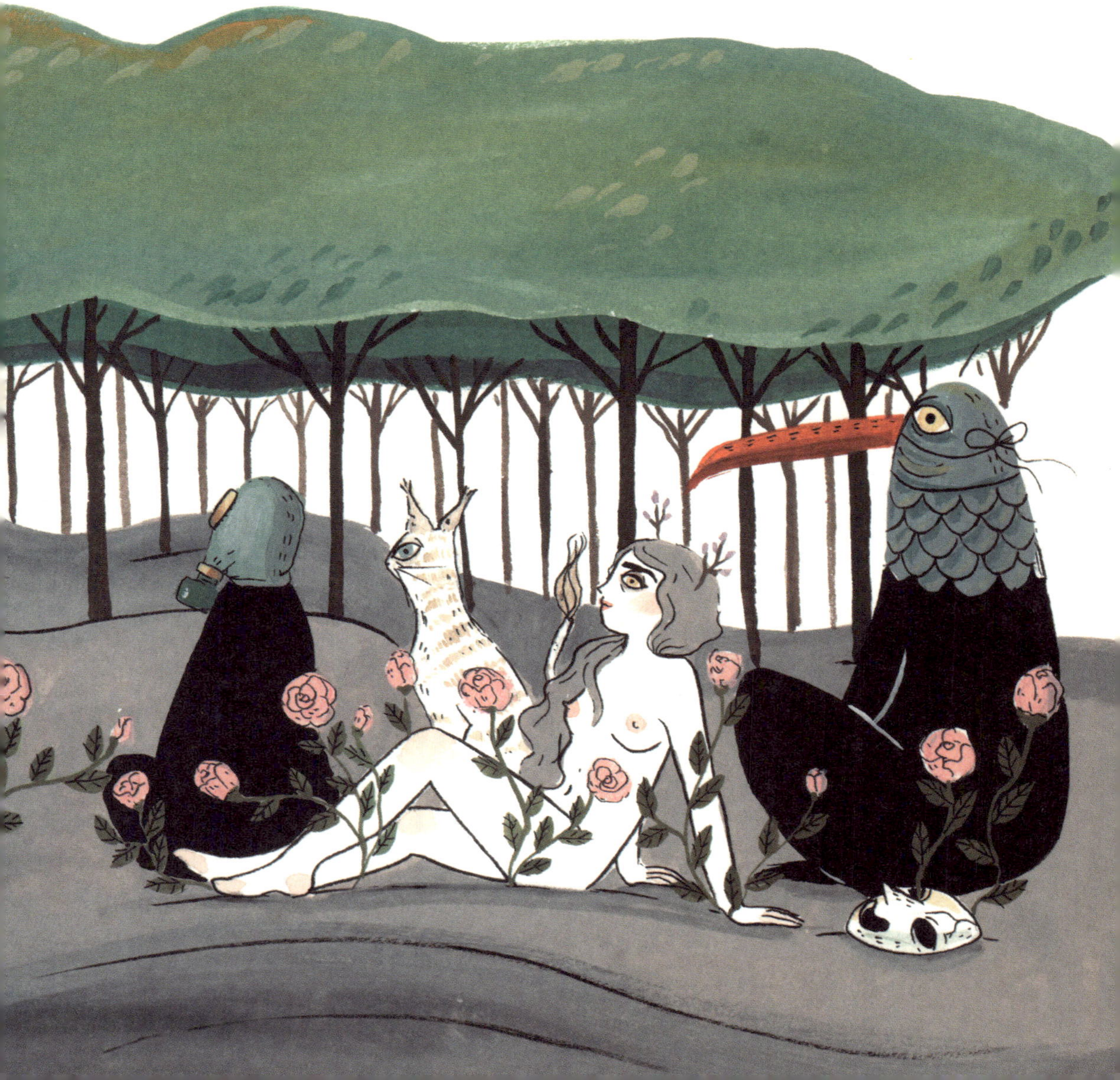

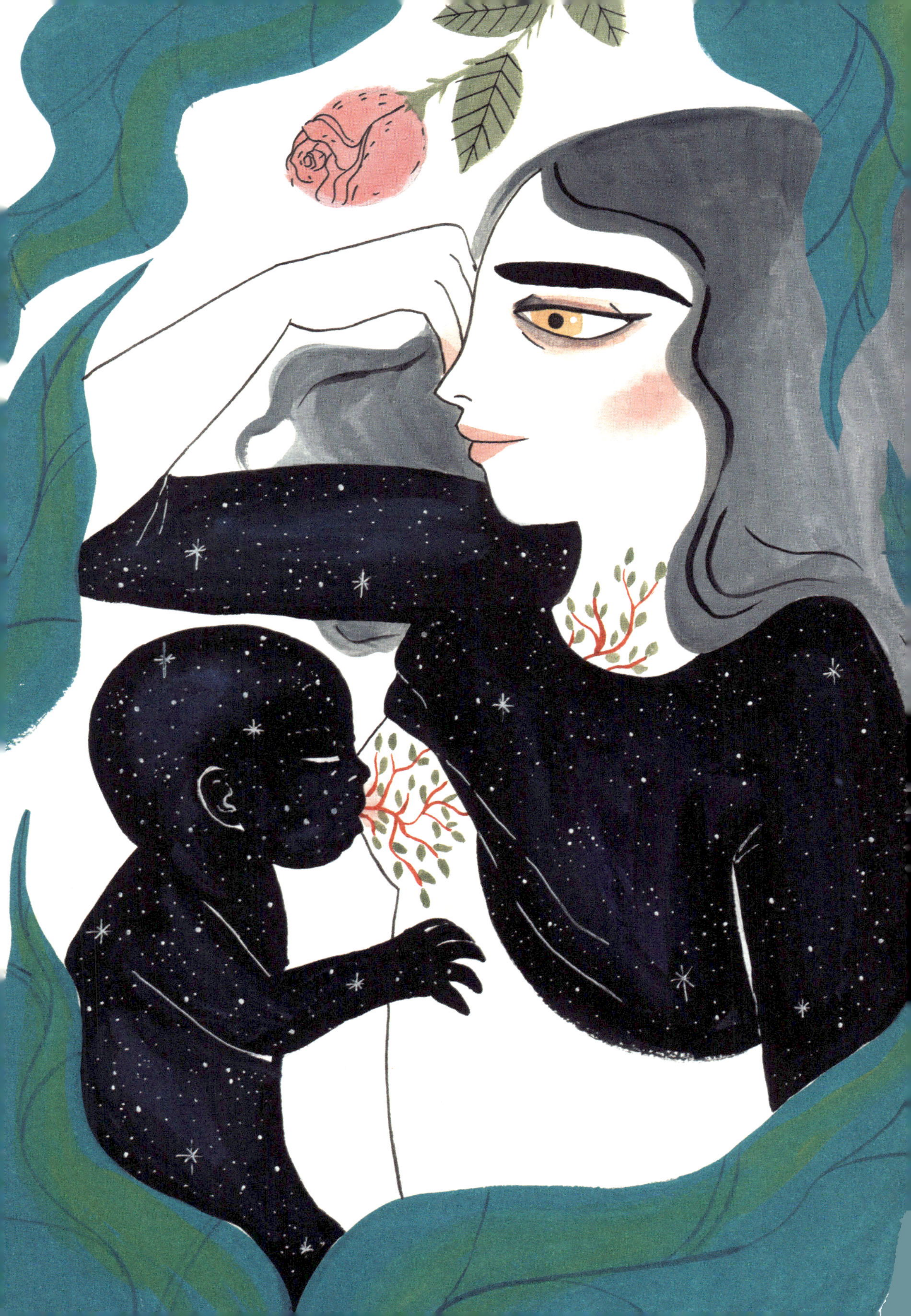

Epílogo

Lo que tienes entre las manos y que ahora es un libro comenzó como un cúmulo de imágenes que venían a mi cabeza. Llegaron en un momento en que me sentía feliz pero muy cansada, y sin saber muy bien a dónde irían a parar esos dibujos, sabía que tenía que hacerlos. Empecé a pintar, lo necesitaba. Quizá podría, en un futuro, organizar con ellos una exposición.

Le enseñé estas imágenes a varias personas. Una de ellas fue Lola, mi editora, quien me animó a ponerles palabras.

La narración que me pedían aquellas representaciones se plasmó en un primer momento en forma de cómic, donde aparecieron unos personajes y tomó forma una historia que mezclaba la ficción con algunos de mis sentimientos y de mis miedos.

Aquello se estaba transformando en un libro que requería tiempo para poder comprender, que me ayudara a comprenderme. Pasó una pandemia por medio y se colaron *Marilyn* y *Malas mujeres*. Transcurrió un año de terapia durante el cual atravesé el bosque tenebroso de mi mente y aprendí a mirar al miedo a los ojos. Sé que soy una privilegiada por habérmelo podido permitir, porque la salud mental, a día de hoy, es una asignatura pendiente. Y sé que soy una privilegiada porque mis miedos son los de una mujer blanca de clase trabajadora, a la que la vida a veces la ha arrollado, pero solo un poquito.

Viví un embarazo y un posparto, que lo ralentizó todo e incluso lo detuvo. No, a mí la maternidad no me ha liberado de mis miedos, pero solo había dos caminos: ser madre o no serlo, y yo elegí serlo con todo lo que conllevase.

Con la maternidad, muchos de los miedos se han removido, han aparecido algunos que no sabía que existían pero que estaban ahí, y han llegado otros nuevos. Otros más, de los que sí era consciente, ahora me parecen ridículos, insignificantes. Pero esa es otra historia.

Referencias de los textos citados

P. 8 Lorena Álvarez, «El bosque tenebroso de mi mente».

P. 24 Adrienne Rich, [Qué chiquilla era yo entonces], *Rescate a medianoche. Poemas 1995-1998*, trad. de Natalia Carbajosa, Madrid, Vaso Roto, 2020.

P. 42 Anne Sexton, «Palabras», *Poesía completa*, trad. de Ana Mata Buil, Madrid, Lumen, 2024, pp. 614-615.

P. 48 Alejandra Pizarnik, «Extracción de la piedra de locura», *Poesía completa*, Madrid, Lumen, 2023, pp. 247-248.

P. 61 Raymond Carver, «Miedo», *Todos nosotros. Poesía completa*, trad. de Jaime Priede, Barcelona, Anagrama, 2019, p. 141.

P. 68 Lorena Álvarez, «Romance de la huida».

P. 98 Rachel Cusk, *Despojos. Sobre el matrimonio y la separación*, trad. de Catalina Martínez Muñoz, Barcelona, Libros del Asteroide, 2020.

P. 106 Sylvia Plath, «Mujer sin hijos», *Dime mi nombre. Poesía completa. 1956-1963*, trad. de Xoán Abeleira, Barcelona, Navona, 2022.

P. 117 David Lynch, *Una historia verdadera* (1999).

P. 118 Piedad Bonnett, «Ahora que ya no soy más joven», *Poesía reunida*, Barcelona, Lumen, 2016, p. 168.

PP. 122 y 124 Lara Moreno, «Trigo lastimado», inédito.

P. 134 Anne Sexton, «La verdad que conocen los muertos», *Poesía completa*, trad. de Ana Mata Buil, Madrid, Lumen, 2024, p. 105.

P. 136 Tulsa, «Pequeñas embestidas».

P. 150 T. S. Eliot, «I. El entierro de los muertos», *La tierra baldía*, trad. de Andreu Jaume, Barcelona, Lumen, 2022, p. 91.

P. 157 Tulsa, «Il Futuro è Donna», 1 de diciembre de 1962.

PP. 162-163 Lorena Álvarez, «El bosque tenebroso de mi mente».

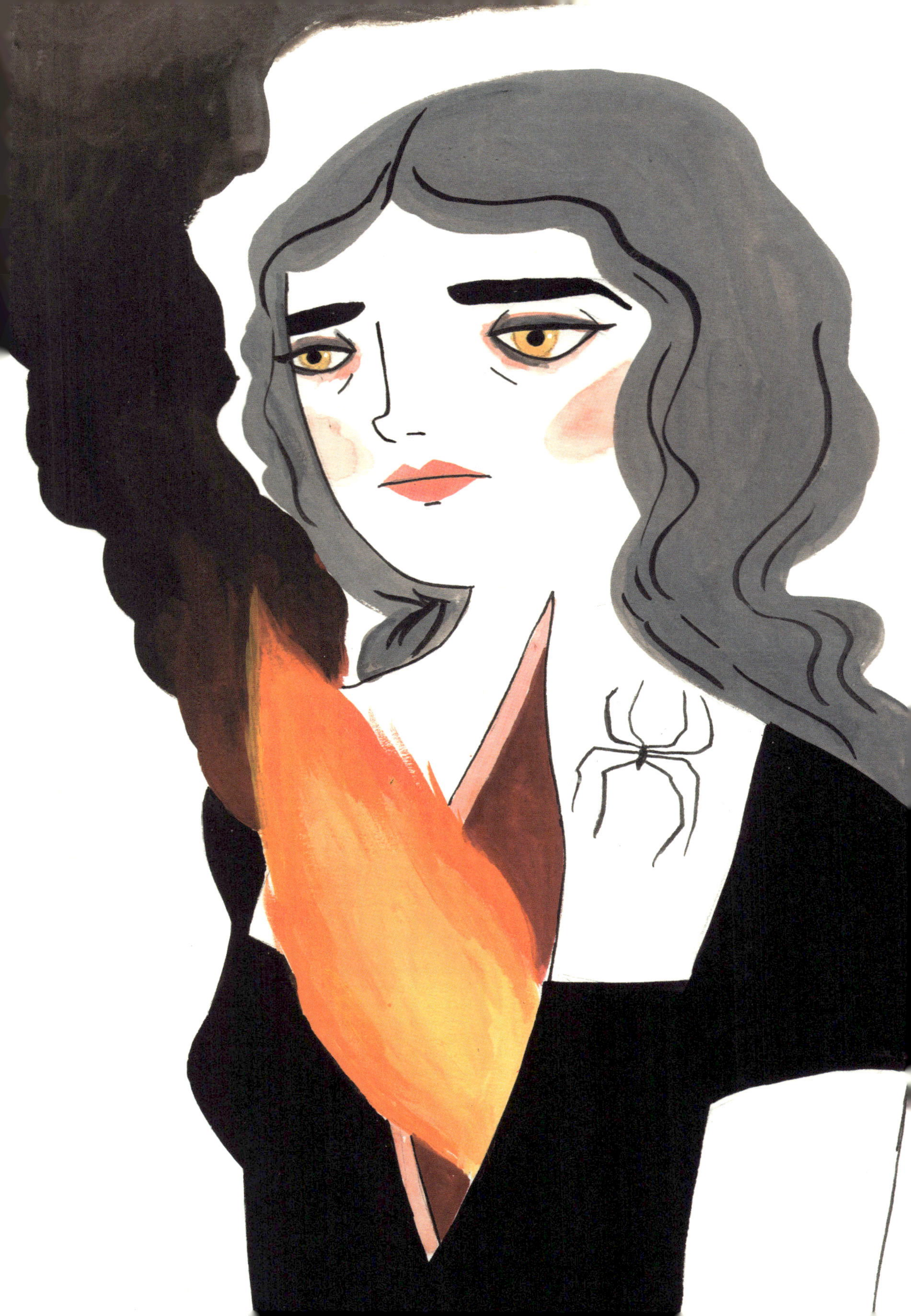

Este libro
se terminó de imprimir
en septiembre de 2024

María Hesse (sevillana de adopción, 1982) se convirtió en ilustradora a la edad de seis años. Ella aún no lo sabía, pero su profesora y su madre sí. Unos buenos años después, tras acabar sus estudios de Educación Especial, agarró los lápices y se lanzó a la piscina de la ilustración de manera profesional. Ha trabajado para distintas editoriales, revistas y marcas comerciales, y su obra ha sido exhibida en varias exposiciones. Tras el fenómeno editorial que supuso su primer álbum ilustrado, *Frida Kahlo. Una biografía* (Lumen, 2016, 2024), traducido a dieciséis idiomas y ganador del Premio de la Fundación Nacional del Libro Infantil y Juvenil de Brasil, Lumen ha publicado *Bowie. Una biografía* (2018), *El placer* (2019), *Marilyn. Una biografía* (2020), *Malas mujeres* (2022) y *El miedo* (2024). Su obra está presente en diecinueve países y en 2021 recibió el Cosmopolitan Influencer Award en la categoría de Arte.

Papel certificado por el Forest Stewardship Council®

Primera edición: septiembre de 2024

© 2024, María Hesse
© 2024, Penguin Random House Grupo Editorial, S. A. U.
Travessera de Gràcia, 47-49. 08021 Barcelona

«El bosque tenebroso de mi mente»: letra de Lorena Álvarez Barrero, © Copyright by Warner Chappell Music Spain / El Volcán Música; © 1999, Adrienne Rich, por la cita de Adrienne Rich; © 1981, Linda Gray Sexton y Loring Conant, Jr., albaceas testamentarias de Anne Sexton, por las citas de Anne Sexton; © 2020, Myriam Pizarnik, por la cita de Alejandra Pizarnik; © 1996, Tess Gallagher, por la cita de Raymond Carver; «Romance de la huida»: letra de Lorena Álvarez Barrero, © Copyright by Warner Chappell Music Spain / El Volcán Música; © 2012, Rachel Cusk, utilizado con autorización de The Wylie Agency (Reino Unido) Limited, por la cita de Rachel Cusk; © The Estate of Sylvia Plath, 2022. Todos los derechos reservados, por la cita de Sylvia Plath; © 2015, Piedad Bonnett, por la cita de Piedad Bonnett; © Lara Moreno, por la cita de Lara Moreno; «Il Futuro è Donna»: letra de Miren Iza, © Tulsa; «Pequeñas embestidas»: letra de Miren Iza, © Tulsa.

Penguin Random House Grupo Editorial apoya la protección de la propiedad intelectual. La propiedad intelectual estimula la creatividad, defiende la diversidad en el ámbito de las ideas y el conocimiento, promueve la libre expresión y favorece una cultura viva. Gracias por comprar una edición autorizada de este libro y por respetar las leyes de propiedad intelectual al no reproducir ni distribuir ninguna parte de esta obra por ningún medio sin permiso. Al hacerlo está respaldando a los autores y permitiendo que PRHGE continúe publicando libros para todos los lectores. De conformidad con lo dispuesto en el artículo 67.3 del Real Decreto Ley 24/2021, de 2 de noviembre, PRHGE se reserva expresamente los derechos de reproducción y de uso de esta obra y de todos sus elementos mediante medios de lectura mecánica y otros medios adecuados a tal fin. Diríjase a CEDRO (Centro Español de Derechos Reprográficos, http://www.cedro.org) si necesita reproducir algún fragmento de esta obra.

Printed in Spain - Impreso en España

ISBN: 978-84-264-2557-7
Depósito legal: B-10350-2024

Compuesto por Fernando de Santiago
Impreso en Gómez Aparicio, S. L.
Casarrubuelos (Madrid)

H425577

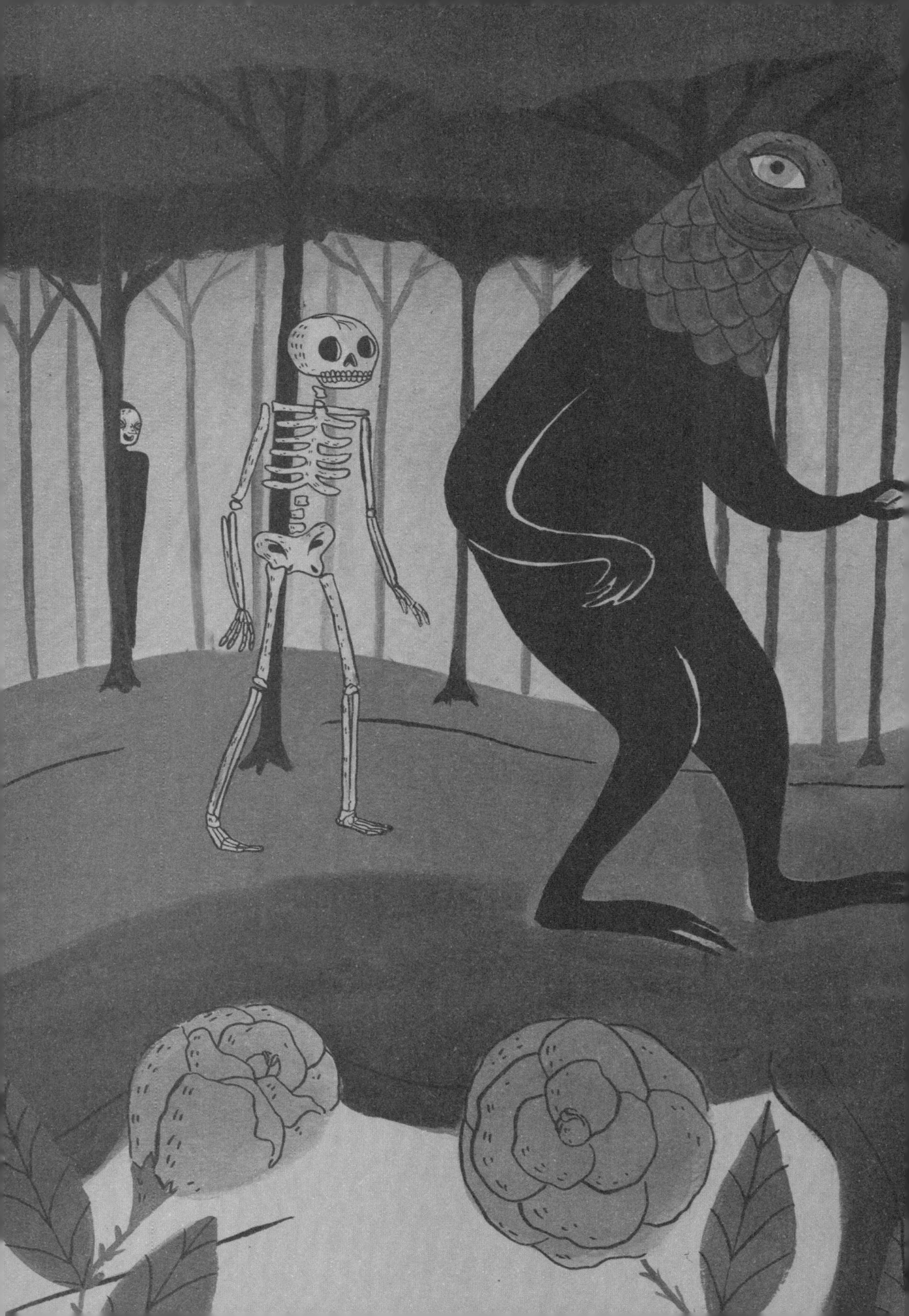